布鲁姆斯伯里图书馆之教育思想
BLOOMSBURY LIBRARY OF EDUCATIONAL THOUGHT

plato
柏拉图

［加］罗宾·巴罗（Robin Barrow）著　王爱松 译

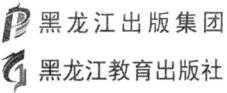
黑龙江出版集团
黑龙江教育出版社

版权登记号：08-2016-068

图书在版编目（CIP）数据

布鲁姆斯伯里图书馆之教育思想. 柏拉图 /（加）罗宾·巴罗（Robin Barrow）著；王爱松译. -- 哈尔滨：黑龙江教育出版社，2016.7
ISBN 978-7-5316-8836-5

Ⅰ.①布… Ⅱ.①罗… ②王… Ⅲ.①柏拉图（Platon 前427--前347）—教育思想—研究 Ⅳ.①G40-091

中国版本图书馆CIP数据核字(2016)第176270号

BLOOMSBURY LIBRARY OF EDUCATIONAL THOUGHT
Plato by Robin Barrow © 2007
This translation is published by arrangement with Bloomsbury Publishing Plc
Simplified Chinese edition copyright © 2016 by Heilongjiang Education Publishing House
Simplified Chinese rights arranged through CA-LINK International LLC
ALL RIGHTS RESERVED

布鲁姆斯伯里图书馆之教育思想
BULUMUSIBOLI TUSHUGUAN ZHI JIAOYU SIXIANG

柏拉图
BOLATU

作　　者	［加］罗宾·巴罗（Robin Barrow）著
译　　者	王爱松 译
责任编辑	宋舒白　张培培
装帧设计	冯军辉
责任校对	高秀革

出版发行	黑龙江教育出版社（哈尔滨市南岗区花园街158号）
印　　刷	北京鹏润伟业印刷有限公司
新浪微博	http://weibo.com/longjiaoshe
公众微信	heilongjiangjiaoyu
天猫店	https://hljjycbsts.tmall.com
E-mail	heilongjiangjiaoyu@126.com
电　　话	010—64187564

开　　本	880×1230　1/32
印　　张	9.25
字　　数	203千
版　　次	2016年10月第1版　2016年10月第1次印刷
书　　号	ISBN 978-7-5316-8836-5
定　　价	30.00元

谨将此书献给布丽奇特·凯皮尔（Brigitte Kappel）、休·劳埃德（Huw Lloyd）、杰克·马丁（Jack Martin）、尼尔·罗斯（Neill Ross），他们每个人都在我写作此书中发挥了重要作用。

目录

丛书主编序言 ·· 1

序 ··· 3

第一部分　思想传记

第一章　历史背景 ··· 3

第二章　斯巴达 ·· 11

第三章　前苏格拉底的古希腊哲学家 ······················· 17

第四章　时代的性质与苏格拉底 ····························· 29

第五章　智者派 ·· 32

第六章　结论 ··· 36

第二部分　柏拉图教育思想评述

第七章　《理想国》中的初等教育 ··························· 45

第八章　《理想国》中的中等教育 ··························· 51

第九章　理念论 ·· 61

第十章　教育的概念 …………………………………… 79

第十一章　天性与培养 …………………………………… 87

第十二章　道德教育、教化与审查制度 ………………… 98

第十三章　人文学科 ……………………………………… 113

第十四章　灵魂 …………………………………………… 130

第十五章　辩证法 ………………………………………… 140

第十六章　厄洛斯 ………………………………………… 148

第十七章　总结：一种教育理论 ………………………… 159

第三部分　柏拉图著作的认可与影响

第十八章　学园与柏拉图哲学遗产的一个轮廓 ………… 171

第十九章　20世纪之前教育哲学中的柏拉图遗产 ……… 178

第二十章　教育思想中的柏拉图遗产 …………………… 184

第四部分　柏拉图在今天的意义

第二十一章　关联性问题 ………………………………… 199

第二十二章　某些心理学问题 …………………………… 202

第二十三章　真理与知识 ………………………………… 208

第二十四章　教育分配 …………………………………… 214

第二十五章　价值问题 …………………………………… 217

第二十六章 哲学与教育理论 ································ 219

结语 ·· 228

附录一 有关智者派运动问题的注释 ····················· 231

附录二 有关柏拉图著作的真实性和分类的注释 ········ 238

附录三 有关实在的注释 ····································· 240

缩写 ·· 244

参考文献 ·· 246

总索引 ·· 268

希腊人名索引 ··· 274

希腊术语索引 ··· 277

致谢 ·· 280

丛书主编序言

教育有时呈现为一种基本的实践活动，关乎教与学、关乎课程设置、关乎学校开展的诸项活动。教育旨在运用某些方法达到某些目标，这些目标和方法通常早已拟定好，交由教师执行，而教师的职责便是热情、忠实地贯彻这些目标和方法。既然有如此清晰的目标，那么理论的价值何在？

近年来，不同国家的政客和决策者们旗帜鲜明地否认教育理论的价值或必要性。原因何在？20世纪90年代，英国教育大臣曾说过一句惊人的言论，从中可以看出端倪："对儿童如何学习、发展或感知，具有任何意见，都是一种颠覆之举。"这句话言简意赅地点出了理论的困境：理论颠覆、挑战、破坏了教育实践赖以生存的基本观念。

于是，教育理论家成了思想王国里的惹是生非者。他们对现状构成威胁，引导我们去质疑关于教育实践的常识观念。但这恰恰是他们应当做的，因为他们关于学校和教育的论述虽然简单，却蕴含着无数可争论的概念。这些概念在不同的用法中，反映了完全不同的教育目标、价值和行为。

《布鲁姆斯伯里图书馆之教育思想》（*Bloomsbury Library of Educational Thought*）这套丛书便是在含蓄地宣告：理论和构建理论对教育而言至关重要。从古希腊到当代学者，将这些最重要、最有趣的教育思想家的思想汇集起来，为一代学生和教育从业者提供既易于获得又具有权威性的资源，是本丛书的宏伟任务。本丛书各册均由该领域学识广博的领军人物撰写，之所以选择这些学者，既是因为他们学术成就卓越，也是因为他们擅长以通俗易懂的语言阐述复杂的思想，以飨广大读者。

对于本丛书呈现的重要思想家的名单，可能始终难以令所有人满意。有些人也许会质疑某些思想家被列入名单，有些人也许会对其他思想家没有入选而心存异议。这种情况不可避免。我们也决不认为《布鲁姆斯伯里图书馆之教育思想》提出的思想家名单是不容置疑的。不可争辩的是，这些思想家对教育都阐述过令人叹服的思想，而本丛书将其集结成册。因此，对教育研究者而言，本丛书不失为信息与灵感的强大源泉。

理查德·贝利（Richard Bailey）
伦敦，罗汉普顿大学

序

可以说，柏拉图发明了哲学学科，我们用哲学一词所指的全部东西都可以在他的著作中找到。按怀特海（Whitehead）的著名表述来说，哲学是"对柏拉图的一系列脚注"。柏拉图启动了整个西方的规划，我们的世界之所以是今天的样子，很大程度上是因为他的文化遗产。

毫不令人奇怪的是，从柏拉图时代直至最近这些年，柏拉图都赫然耸立于受过教育的人的思想地平线上，以致接受教育即意味着在一定程度上熟悉柏拉图。这不仅因为柏拉图几乎在每一实质性的哲学话题上提供了一个模板，我们迄今仍可以参照这一模板衡量我们自己的思想，而且因为他对教育兴趣盎然，教育是他的中心议题，他尤其关注"护卫者"的教育问题——这些护卫者将关心他在《理想国》（*Republic*）中所提出的理想国家的利益。他所有的对话录几乎都可以说关乎教育，某种程度上，甚至可以说无关其他任何话题。正如巴罗（Barrow）教授所指出的，是柏拉图令人信服地将人文教育课程确定为适合自由人的课程，因为他是认识到教育对人类的福祉和繁荣具有重要意义的第一人。

总之，柏拉图是第一位系统地提出一种教育理论、阐明政治与教育之间的共生关系的人。他也是最早觉察到教育是个令人烦恼、争论不休的概念并指出教育论争中的关键所在的人之一。

这样说只不过是承认历史的真相。然而同样必须承认的是，

柏拉图
Plato

我们的时代是格外不容易接受柏拉图的——如果不是和柏拉图格格不入的话。我们正处于这样一个时代：对种种哲学难题的回答浓缩到了原声摘播和标语口号之中，图像正在迅速取代书面语言。当提出那古老的问题"我应当如何度过我的一生"时，我们发现，心理学家已经取代了苏格拉底。我们不是用苏格拉底式的优雅和巧妙去对这类问题刨根问底，而是以社会科学的索然无味的发现（也许是最近的有关幸福的统计学汇编）、无所不在的自助书籍、油腔滑调的电视专家草率应付。

在教育中，我们发现了一种甚至更为危险的境况。我们时代的一种症候，是我们将"教育"当作工作或职业准备的宽泛的同义语，以致我们迅速遗忘了真正的教育理念——教育不同于为劳动力大军准备学生。这种术语的混杂是一种愈演愈烈的传染病，我们在每一层面都会与它不期而遇，无论是在辩论最近的中小学生课程建议时，还是在讨论高等教育的目标时，都是如此。商业和官僚主义的词汇引领我们按这类术语去思考和行动。因此，在所谓的高等教育中，我们目前正在见证我们各大学的一种快速而批量的转型，在这种转型中，古典的高等教育机构，正迅速沦为职业和技术学校，纯粹而单一，其唯一的职权范围是为全球技术工业社会培训学生。在旁听今日有关高等教育的讨论时，要想避免得出某些事情已经大错特错的结论，已困难重重，并且事实上所讨论的根本与教育风马牛不相及，有关的每一件事都是如何使大学、学院和职业学校更顺应国家规定。显著缺乏的，是对一种教育观念的全盘认可——这种教育观念是诉诸人的需要、欲望和灵感的，并且认为教育（区别于学校教育）可能是有关独特的人类心灵和独特的人类成就的，而不是有关对国家规定的种种需要必不可少的那些实用主义和功利主义的考量的。

有关我们为什么抵达了这一特殊节点，毫无疑问有一部有趣的历史。但毋庸置疑的是，我们的确已抵达这一特殊节点。在认真思考过这一问题的任何人看来，在我们的教育对话中，有些事已经严重误入歧途。

这本语言晓畅、雄辩有力的著作的一个优点，是巴罗教授在阐述柏拉图的教育思想的同时，也向我们表明了在教育的理论化过程中，目前最生死攸关的是什么，推而广之，我们所面临的正在丧失的风险又是什么。我们所急需的是一个视角，一个判定我们自己的时代、保卫某些对人类的福祉价值无限和必不可少的东西的有利视点。巴罗教授清晰地认识到，使古希腊人忧心劳神的种种关键教育问题，也是我们这一代同样亟待解决的问题。

对教育的常规研究很少纳入经典著作，这堪称一大怪事。约翰·帕斯莫尔（John Passmore）曾评论说："论学校教育的最好著作，最值得阅读的著作，这一领域的经典，差不多都是令人狂热入迷的，通过一种简单的秘诀给我们提供拯救教育的办法。"这一评论包含某种真理，而且的确有那么一些学者会将柏拉图的《理想国》当作这样一个合适的例子。然而正像巴罗教授所表明的，罕有思想家比柏拉图提供更多的洞见，或为我们对教育的思考提供更丰富的灵感源泉。是回归我们教育沉思的首要原则的时候了，在此过程中，很难想象有比罗宾·巴罗更意气相投或更明智清醒的向导了。

帕特里克·基尼（Patrick Keeney）
加拿大，大不列颠哥伦比亚省基罗纳市独立学者

第一部分 思想传记

柏拉图思想的兴起和发展中的两个关键因素，是他所处时代的性质和苏格拉底的形象。

第一部分 思想传记

第一章　历史背景

柏拉图（约公元前428年—公元前347年），公元前5世纪下半叶生于雅典，也卒于雅典。柏拉图原名阿里斯托克勒（Aristocles），由于他肩膀宽阔，因而赢得了plato的绰号（希腊文plato的意思是宽广）。那时是雅典与斯巴达及其同盟进行旷日持久的伯罗奔尼撒战争的时期，也是雅典内部政治大动乱的时期。在这一时期，民主政体受到严重挑战，暂时被一个残酷的支持斯巴达的僭主集团——所谓"三十僭主"所取代（公元前404年）。[①]但是，也正是在这一世纪，人们见到了民主制[②]、历史研究、悲喜剧、建筑杰作（例如帕特农神庙）、一大批杰出雕塑和瓶饰画、系统的医学理论、修辞学、哲学的诞生与最早繁荣。雅典人充分意识到了自己的成就，并且是最先提出如下主张的人之一：按历史学家修昔底德（Thucydides）对政治领袖伯里克利（Pericles）的话来说，这些成就是"所有希腊人的一门功课……不仅是同时代人的奇观，而且是未来世代的奇观"。

除了所处时代的波澜壮阔、鼓舞人心的性质之外，特别有五

[①] 民主制在公元前411年也曾经被暂停执行。参见：亚里士多德《雅典政制》，29ff；修昔底德，8.65 ff。

[②] 民主制的诞生通常可以追溯到公元前508年—公元前507年和克里斯提尼（Cleisthenes）的改革。当然，它不是完全突如其来的。后来将梭伦的改革（约公元前594年—公元前593年）视为其中的重要一步的雅典民主人士，是极有道理的。同样，民主制真正得到承认在公元前5世纪，也与民主制发展到全面开花结果有关联。

个因素对柏拉图的成长产生了明显影响：他与苏格拉底的友谊；他对智者派的反应；他与他那一时代顶尖人物之间的个人关系（正式的和非正式的关系），其中包括他与政治上相当活跃的亲戚克里底亚（Critias）和卡尔米德（Charmides）的关系；斯巴达的城邦；当然，还有他之前的那些思想家，前苏格拉底古希腊哲学家。

自己没写过任何东西的苏格拉底，是柏拉图的导师和灵感源泉，他在后者的大部分著作中被塑造成一个主要人物。苏格拉底是一位名人，以致德尔斐的神（那个时代政治生活中一个认真而强有力的角色）说没有比他更智慧的人了（柏拉图，《申辩篇》，21；色诺芬，《苏格拉底的申辩》，14）。[①] 按柏拉图所讲述的这一故事来说，这导致苏格拉底去质疑那些拥有公认的各种技艺、交易和职业的专门知识的人，并尝试找出这一神谕究竟可能是什么意思。众所周知，他的结论是，他只是在认识到自己的无知这一点上比其他人更为智慧：他知道自己不知道什么。尽管他履行自己的公民义务——服兵役并位居城邦的议事会，但他似乎既没有花许多时间追求自己身为一名石匠的技艺，也没有（尽管在这一点上他可能并不异乎寻常）花许多时间专注于自己的家庭。[②] 证据

---

① 德尔斐神谕和苏格拉底的故事总是打动我，因为它值得引起比现有的关注更多的关注〔参见巴罗（Barrow），1979〕。它是可信的吗？如果是可信的，那么它为什么没有对他的同时代人产生更多意义。

② 一般判定苏格拉底"避免积极参与政治活动"（《苏格拉底》，《牛津古典词典》，2003年），这也许是极为公正的，假如我们聚焦于立法机构中的持续活动的话。当然，应当注意的是，我们有清楚的证据表明，他曾经在波提狄亚（Potidaea）、安菲波利斯（Amphipolis）和代立昂（Delium）之战中充当"hoplite"（士兵），曾担任议事会主席之一，发言反对一种非法的（但成功的）意向——在阿吉纽西（Arginusae）之战后，判决将领们是一个群体，并在此事件中，处死其中的大多数将领（色诺芬，《回忆苏格拉底》，1.1.18；4.4.2；《高尔吉亚篇》，473a），无视"三十僭主"发布的逮捕一位无辜市民的命令（《申辩篇》，32c）。从我们的视角来看，这也许可以视为一种非同寻常的积极的政治生活。的确，即使按雅典人的术语来讲，考虑到是将其放在城邦（polis）公民生活中来理解的意义，而不是追求一种政治事业（尽管这一说法与时代不合），也可以认为他在政治上相当活跃。

表明，他主要的兴趣，是试图弄清人生理想对他来说应该由什么构成。但他根本不是象牙塔中的学者，并且不止一次挺身而出，被视为在政治上站在公众的对立面（《申辩篇》，32）。作为阿里斯托芬（Aristophanes）喜剧《云》（Clouds）中的主要人物，苏格拉底在被自己的大多数同胞（这些人认为苏格拉底傲慢、邪恶，对其深感恼怒）于公元前399年带上审判席之前很长时间，显而易见已是一位闻名遐迩的人物。对苏格拉底的这一审判及随之而来的被处决［在一处监狱中被处决，今天在古代的"集市"（agora）或者说市场中，仍可见到该监狱的地基］，以及其人生的榜样，显然对柏拉图思想的发展至关重要。

有关苏格拉底止于何处、柏拉图从何处开始——两人思想之间的区分在哪里以及如何加以区分，存在许多争议。不过，从考察和评价我们正在谈论的思想的视角来看，这并不特别有用或重要。因为事实是，除了色诺芬少量有关苏格拉底的写作、我们业已提及的阿里斯托芬的喜剧、亚里士多德的少量引用之外，我们所拥有的同时代人的证据，都是柏拉图的。我们所知道的那个苏格拉底，也是柏拉图式的苏格拉底。所以，即使一般认为，历史上的柏拉图与生俱来对形而上学问题和科学问题有兴趣，但我们只拥有他对社会和道德问题看法的直接信息。同样，亚里士多德所做的某些评论（例如，《形而上学》，1078b）表明，一般被称为柏拉图的理型论或理念论的东西，是对苏格拉底观点的一种发展，也许是一种极为不同的发展。这极有可能是对的。不过，考虑到柏拉图自己著作中的理论明显存在着发展，考虑到这种理论的复杂性，并且考虑到证据都来自柏拉图对主题的处理，尝试抽离出苏格拉底原始观点的精确性质，似乎远不是一桩紧迫的任务。

智者是一种重要现象。希腊语sophos一词指"有智慧的",但在具体语境中,sophistai应当理解为"演讲者""教授""专家"或"顾问"。甚至在一端,指"匠人",而在另一端,指"宗师"。尽管我们可能会发现有人提到"智者派运动",但在任何意义上它不真的是一场运动,在他们感兴趣的话题、如何引导自己、他们的完整性、他们的才能及其他许多方面,单个智者之间互不相同。(有关"智者派"问题,参见附录一)。例如,普罗泰戈拉在道德问题上看似一个认真的哲学家,他愿意接受学生,并做出真诚的尝试去教育他们。高尔吉亚(Gorgias)也是一位真诚善意的教师,但他是一位修辞术的教师(修辞术是一种实践技艺,而不是一种沉思的理论)。相比之下,希庇亚(Hippias)似乎是一个完全次要的人物,一个博而不精之人,他夸下的海口之一,是他做了自己穿在身上和带在身边的每一件东西(《普罗泰戈拉篇》,358d;《小希庇亚篇》,386b,参见附录一)。有些智者被人塑造为危险分子,有些则作为不诚实之人来到我们面前,另一些则只是缺乏才能而已。有时,证据难以做出评估:柏拉图三番五次地提到普罗迪科斯(Prodicus),而有人将这种提及解释为表明了一种慈祥的喜欢(如果不是对这位语法学家的尊敬的话),另一些人则将其解释为表明柏拉图正在冷嘲热讽一位吹毛求疵的书呆子。

其后的历史真相是,在公元前5世纪下半叶,这一年轻的民主国家的财富和自由,连同其更为安全的海域和更为安逸的旅行(感谢雅典的海军帝国),吸引了怀有天才看法和知识进行交流的人(例如历史学家希罗多德),聚集到任何一个可以聚集的地方的人、看到一个赚钱机会的人、某种意义上想要为自己做广告的人。从一个层面上说,在提到智者时,我们只是注意到,此时的雅典吸引了大量形形色色的具有各种各样才能和荣誉的周游四方的老师。但有三件事尤其应当引起注意。第一，智者一般被概括描绘为那些希望人们为他们所提供的服务提供报酬的人。第二，又一次概而言之，他们被描绘为教授各种类型的技能（technai），而不是开发智力，在这一方面，也许可以堪比当代的实践生活课程或自助书籍。这是十分重要的，因为它隐含了往好里说有争议的有关知、教、学的观点。有许多东西，特别是例如骑自行车、踢英式足球一类的能力，是在不连贯的身体运动、行为或系列行为意义上的技能，这类技能可以在专家指导下通过实践获得训练。问题是，你是否可以用这种方式传授所有东西，特别是传授对诸如道德、艺术或人类关系一类事物的认知。修辞术或公开演说，至少如果被视为运用各种演说修辞的问题，则可以被视为传授"交易巧计"的问题，但可以传授历史吗？无论对这一问题的回答是什么，智者都应当被视为承诺传授各种技能（例如，领导才能、道德、修辞术，尤其是世俗的成功）的个人。

要注意的第三点，也是关键的一点，我们对智者的大部分了解（正如同对苏格拉底的大部分了解一样）都来自柏拉图，而柏拉图的议程是透明的。他在与他的苏格拉底形象的深思熟虑的比较中，建立起了智者的一种形象：智者认为任何东西都可以教，仿佛它是一系列技能，智者声称要让你成功，而且智者收钱。苏格拉底不收钱，苏格拉底不声称他会让你成功，但他试图提高你的认识，而且苏格拉底不按机械论者的技能培养模式来看学问的各种重要分支。在柏拉图看来，追求知识与世俗的成功少有联系，或者根本没有联系：获取知识是为知识而知识；真、善、美是相互交织的，以致有时在柏拉图笔下，仿佛它们是一回事；沉思冥想的生活是理想的生活。它是柏拉图将哲学家苏格拉底和智者区分开来时所持的成败标准。正因为如此，今日"诡辩术"一词和"诡辩"一词，仍带有强烈的轻蔑暗示和"欺诈"的意味，尽管从词源上说，它们都来自用于表达智慧的词。

影响柏拉图思想发展的第三个因素，是他的政治背景。在何种程度上我们可以说柏拉图是反民主的，是有争议的。有些人提出，柏拉图反感他那时代某些过滥的雅典民主（并且的确存在过滥），但他会支持一般的当代民主。有人提出，柏拉图不喜欢雅典民主的所有实际的另类选择，他只是对解释所有形式的统治的理论上的力量和弊端感兴趣。有人将他视为专制主义统治的一个提倡者。事实上，在这里，正像在其他许多地方一样，历史表明，在柏拉图那里，你可以找到几乎你想要找到的东西（参见，例如：Russell, 1946,1950；Levinson, 1953；Wild, 1953；Popper, 1966；Bamborough, 1967；Crossman, 1971；Barrow, 1975）。不过，有两个重要因素是无可争辩的。无论他是否是一个民主主义者，他都是克里底亚（Critias）的亲戚和卡尔米德（Charmides）的外甥，这两人都是残暴的僭主集团"三十僭主"的成员。"三十僭主"在雅典最终被斯巴达打败之后，曾短暂统治过（如果不是说实行恐怖统治的话）雅典。柏拉图在他人生的晚期，也曾乘船到西西里的叙拉古城，担任未来的僭主狄奥尼修（Dionysius）的私人导师（希腊语表示僭主的词Tyrannos，并不带有任何"僭主"一词对我们来说所具有的必然的轻蔑意味。一个人可以做一个好僭主，正如有些人相信庇西特拉图曾经是雅典的一个好僭主一样。不过，"僭主"无论如何隐含着某一人的统治，因此不能被认为是民主的）。有人可能会反对这些观点的重要意义：克里底亚是柏拉图母亲的表兄弟,卡尔米德是他的舅父,他们并不是柏拉图本人,而且有证据表明,柏拉图赞同苏格拉底对"三十僭主"的勇敢抵抗(例如,《申辩篇》,32c)。训练一位未来的僭主或国王,也许是怀有为了所有人的利益改善其统治的希望,并不必然需要赞同独裁统治。不过,无论我们选择如何说,这两点普遍被视为是对柏拉图不利的,并且证实了这样的观点:他对民主的批评来自一种基本的反民主立场。而且不可争辩的是,他生来是一个赞成贵族政治的、出身名门的人。当然,同样确定无疑的是,他是在一片自由研究和思考的土地上滋养出来的,并且是一个为真理而真理、为知识而知识的真理和知识的热情洋溢的爱好者。(有关柏拉图出访叙拉古的证据的简明注释,参见附录二)。

出访叙拉古,表明柏拉图尽管信仰知识的内在价值,但他也关心对政治产生的某种实践效果:沉思默想的生活也许是理想的,并且是美好人生必不可少的一部分,但他也想让这种沉思默想通向某些实际的升华。因此,在渐近晚年时,他创立了也许可视为第一所大学的机构,这与他的性格完全相符。它被称为"学园",得名于英雄阿卡得谟(Academus),它坐落于一片神圣不可侵犯的小树林中,我们今天所用的词"学院"和"学院的",均来自"学园"(它位于古代"集市"约三公里之外,今日仍可见到其建筑的零星遗迹)。与我们对这一词的理解的某些方面相同,学园可能是学院的,而在这一点上,应当将柏拉图与同时代人(例如伊苏克拉底)区分开来。在如今,伊苏克拉底(不要同苏格拉底混淆起来)尽管不像柏拉图那么有名,但在他那时代同样也是一个不可小觑的人物,他也拥有追随者和学生。他现存的著作是有趣和易懂的,但同柏拉图相比,他更多是从事传授修辞学和实践政治技艺的工作。斗胆地说,也许可以将柏拉图的学园比作一所人文教育学院,而伊苏克拉底的兴趣,与一所"政治研究中心"的某些政治兴趣更为一致。或者,如果这是一种过于现代的类比,那么,也许可以说,柏拉图的关注焦点更多在理论,伊苏克拉底的关注焦点更多在实践。①

---

① 尽管如此,伊苏克拉底(公元前436年—公元前338年)毋庸置疑也是一个十分重要的人物,但其声望在柏拉图死后的盛名之下稍被遮掩。我认为相当奇怪的是,考克维尔(Cawkwell)声称:"柏拉图旨在教人思考什么,伊苏克拉底旨在教人如何争论"(Cawkwell, 2003)。(有趣的是,这种对柏拉图教条主义的判断受到了朱莉娅·安娜斯(Julia Annas, 2003)的驳斥,在同一卷她论柏拉图的词条中,她写道,柏拉图"试图激发思考而不是传递教条"。)真相是,尽管伊苏克拉底的著作一般来说是有趣的、发人深省的,但他所教的是什么依然不十分清楚,按考克维尔的说法,"既不纯粹是沉思的,也不是一种单纯的修辞训练"。他似乎鄙视占星术和几何学,认为它们没有任何实践价值,并且将辩证法与咬文嚼字的诡辩等同起来(参见第二部分,第十五章),因此与柏拉图处于一种理论上相冲突的航向上。当然,我好奇的是,职业的妒忌是否至少在一定程度上模糊了这两人之间观点的一种更基本一致。归入伊苏克拉底的关键段落包括:《泛雅典娜集会辞》(Panathenaicus), 30ff;《交换》(Antidosis), 231;《驳智者》(Contra Sophistas), 21。

第一部分
思想传记

第二章 斯巴达

对柏拉图思想产生一种重要影响的是斯巴达，尤其在政治和教育领域，更是如此。今日的读者，也许难以认识到斯巴达的重要意义，它是整个人类历史上的一种灵感源泉。例如，美国的开国元老，至少渴望像创立一个新雅典一样创立一个新斯巴达。就柏拉图有生之年的大部分时间而言，这两个城邦永远是不一致的，无论它们是否实际上陷入交战，而对两者之间的任意一方的钦佩和忠诚，堪称不分伯仲地普遍存在，并在某种程度上不断转换。人们普遍认为，民主的雅典像伯里克利所声称的那样，金灿灿的阳光和"教育普照所有希腊人"，这其实是一种严重的情感误解。雅典人自己（或其中的许多人）是新兴的民主政体的热心人，但大部分希腊世界并没有给人留下太深刻的印象，某些著名的雅典人同样如此，我们大部分现存的那时的资料碰巧也是如此。当然，民主共同体的一个特征，是很大程度的言论自由，并且随之而来的是，有可能存在比更封闭的社会更多的批评和异议的证据。在任何情况下，尽管它们的确突出了民主的某些可能危险和泛滥，但例如阿里斯托芬（Aristophane）的喜剧的讽刺和喧闹，不应当被解释为是反民主的。然而，被称作"老僭主"（the Old Oligarch）的一位匿名作者的小册子，色诺芬的著作，以及在更小的程度上，修昔底德的历史，都在一定程度上对民主持批评态度——如果不是对民主观念持批评态度的话，至少是对雅典版本的民主持批评态度，尤其是在阐释公元前5世纪末4世纪初的各种事件时，更是如此。而在某些人看来（著名的有色诺芬），斯巴达显然是一个更令人羡慕的可替代选择。

斯巴达是一个小城，包括伯罗奔尼撒南部欧罗塔斯（Eurotas）河边五个紧挨着的村庄。在神话中，它以作为墨涅拉俄斯（Menelaus）及其妻子海伦的王国而著称（在现代斯巴达城河对岸的山上，依然可以看到墨涅拉俄斯和海伦的一个纪念碑），海伦被帕里斯（Paris）引诱导致了特洛伊战争。同样按照传说，但明显参照了某种历史真相，在公元前800年至公元前600年的某些时间点上，一个名叫莱克格斯（Lycurgus）的领袖带领斯巴达人以一种戏剧化的、严格的方式，重组了自己的社会和政治体制，因此产生了一种独特的生活方式。从其本身来说，在柏拉图一生的大部分时间，这种生活方式依然行之有效。[柏拉图被认为卒于公元前347年，与底比斯人进行的留克特拉（Leuctra）之战，是在公元前371年进行的。留克特拉之战，带来了斯巴达重要性和力量的终结]。

斯巴达人原本是大约公元前1000年从北方侵入希腊的多里安人（Dorians）。他们因此是不同于雅典人中的一个种族爱奥尼亚人（Ionians）的，并且喜欢强调他们是土著的希腊人，或用他们自己的话来讲，是古希腊人（Hellenes），并且不同于他们在拉哥尼亚（Laconia，斯巴达周围的地区）及随后的相邻的麦西尼亚（Messenia）地区所征服的人。到公元前700年，斯巴达的多里安人已经在政治和军事上取得了对其他多里安人定居地的优势：这些邻近地区的多里安人被称为"珀里俄基人"（Perioeci，意为"那些生活在四周的人"），并且名义上是独立的——鉴于他们在外交政策事务上（特别是在战争上）追求斯巴达，而活动则基本限于手艺和贸易（这些活动是禁止斯巴达人自己参与的活动）。更重要的是，拉哥尼亚和麦西尼亚的所有非多里安人居民，都被归入了奴隶［并且被称为希洛人（helots）］。

莱克格改革（Lycurgus reform），可以看成是对一小群斯巴达人（大约一万人）如何能够控制数量大得多的希洛人和珀里俄基人问题的回答，答案是将这群斯巴达人中的男性所谓"公民"（homoioi），"平等之人"①变为专职士兵，将斯巴达城变为一个永久的武装营地。从这时起，拉哥尼亚最好的土地被分成小块，并且在斯巴达人中平均分配，每个斯巴达人都将其土地交给希洛人耕种。希洛人有义务向斯巴达的土地所有者提供固定量的食物——他们千方百计生产所有东西，生产的量多于他们能够为自己保留的量。

斯巴达人的风俗、习惯和生活方式变得与众不同。一个斯巴达男人在20岁时加入syssition或餐饮俱乐部，他向该俱乐部提供一份取自自己财产的食物，并且此后一生的所有时间每晚都会出席，除了生病或在战争中缺席之外。婚姻也遵循一种不同寻常的模式：男人居住在兵营之中，直到30岁才允许结婚。结婚之时，新娘将其头发剪短得像一个男孩，她的丈夫只在晚上才与她相会。这可能折射出了由军队生活的亲密同志之情所培育出的某种同性恋情感。当然，婚姻的主要目的，明显是生儿育女，以保持尽可能多的纯种斯巴达人。这种考虑如此重要，以致没有子女的夫妇，被公认允许女方拥有一位（斯巴达）情人，以希望她怀上孩子。（正如我们将看到的，柏拉图也接受一种相同的立场，出于

---

① 有人认为，与"平等之人"相比，"同等之人"是homoioi的一个更好翻译，其形容词的字面意思是"相同的"。

优生学的关切而提议公共的性关系)。

斯巴达的政体,是柏拉图所熟知的,某种程度上是他所欣赏的,并且在他的政治思考中曾加以引用。亚里士多德也讨论过斯巴达的体制,不过,尽管我们要注意这些善于分析的头脑,但时至今日,还是可以争论是否要将这种体制视为一种僭主制、君主制、民主制,或者,看似最自然的一种混合形式的政体。有两个世袭的国王,其中至少有一个通常被认为即使在战争期间也留在斯巴达。国王有各种宗教和象征的任务,在战斗中充当指挥官(至少在早年如此),不过在任何意义上,国王都不是国家的最终权威。当然,他们被追求自己的斯巴达人捧得非常高,而这些人有些是十分有钱有势的人。国王连同其他28个年龄在60岁以上的斯巴达人组成元老会(Gerousia),或者说长老会——其功能之一就是提出议案,以提交给公民全会。因为存在一个(年龄30岁以上的所有斯巴达男人的)全会,一种制度通常是和民主制联系在一起,而不是和僭主制联系在一起,更不用说和君主制联系在一起。有关公民全会的权限,还存在巨大争议,但是,的确他们最终选出了五个执政官(ephors)——代表这一制度的最终因素的长官。也许可以将执政官视为政府的一个执行机构,不过,也存在证据表明,在此时大部分时间之内,这是真正产生影响的地方。

我们不需要关心进一步的细节。重要的是,这种国家模式是纪律严明、可以预测的,涉及一定程度的专业化(例如士兵、生意人、农民)和随之而来的专业知识,伴有公有制的影子(不管怎样,在斯巴达男人自身内部,就是如此),而且以忠诚、义务、公益等品格为典型特征。这种国家模式,在柏拉图及其他同时代人看来,充当了雅典无处不在的民主设想的有力对立面。有证据表明,斯巴达在古代世界并不完全是独一无二的，但在柏拉图看来，她却是一种在某些方面更有吸引力的另类政治理想的活的化身。

但是，如果他的政治观要归功于斯巴达，他的社会观，特别是教育观要感激的则更多。斯巴达人的培养制，名正言顺地决心培养某种性格，对这种性格来说，其最高要求是以为国家生、为国家死为荣。从出生那一刻起，斯巴达的孩子就被认为处于国家的照顾之中。被城里的长者而不是父母判定为病弱的孩子，会被弃之于荒野。7岁时，所有男孩都会前往兵营生活。他们只有在30岁之后结婚时才会离开兵营。他们以连或团组织起来，受到年长孩子的监督，所有孩子都服从督导（Paidonomos）或者说舍监的最终管理。重点是培养体能、勇气、忍耐力和建立伙伴关系。12岁时，培养制（agoge）变得更为有章可循和严厉残酷，部分且真正地集中于生存技能的训练。

在这种培养中，很少与艺术——我们会称之为人文科学的东西有联系，甚至与一般所说的知识的学习（在区别于例如军事的非凡能力等职业技能的知识时）很少有联系。斯巴达人以对文学缺乏兴趣而著称，许多故事证明，他们吝于言辞（因此，我们的"简洁"一词，即意味着言简意赅——正如拉哥尼亚人或斯巴达人一样）。考古学的记载不经意地全盘证实了这一点：斯巴达从公元前6世纪中期开始，就成了孤立主义者，不再参与造船和贸易，排斥外国人，不采用货币制度（取而代之的是，保留笨重的铁条，这不会促进跨国交换），更引人注目的是，在瓶饰画、诗歌或文学上，没有任何发展或提高。他们所维持的兴趣，显然集中在公共活动或团体活动之上，而不是在个性方面。

考虑到柏拉图与知识之间的关联，将斯巴达当作其教育观的一个关键来源或影响因素,的确可能看似是奇怪的。但事实显而易见是如此。确实,柏拉图给斯巴达模式添加了许多东西,并且他所添加的东西就其大部分来说是更有趣和更重要的。但事实依然是,他对斯巴达钦佩有加,他将这些钦佩的东西整合到了《理想国》他自己的理想教育体系之中。在《法律篇》中,他也同样利用了这些东西,并利用了克里特的例子,而其中某些东西,我们仍然可以发现存在于今日的教育体系之中。最显而易见的是,柏拉图被共同体和公共利益的观念所吸引,被专长和专门知识协调一致的观念所吸引,被忠诚、勇敢、忍耐的价值观所吸引。尽管按我的看法,柏拉图并不像一些批评家所坚持的那样对艺术和文学心怀敌意,但毫无疑问,他表现出了某种斯巴达的清教主义和对感觉、情感的不信任(参见第二部分,第十三章)。斯巴达人的纪律的确对他有吸引力。当然,所有这一切,都要在与被他视为民主的雅典的恶习相比较的意义上加以理解——这些恶习包括:被翻新出奇所吸引,缺乏稳定性,关心肤浅的表象,任何人都可以像其他任何人那样做任何事的观念,拒绝做出必不可少的区分。(可能看似稍微有点奇怪的是,在斯巴达的例子中,柏拉图没有看到试图停止变化所暗含的种种危险。无论他在斯巴达那里看到了怎样的优点,他都目睹了在公元前371年留克特拉之战中底比斯人对斯巴达的有效毁灭,而这基本上是斯巴达的生活方式中缺乏内在适应性的一个结果)。

第一部分
思想传记

第三章　前苏格拉底的古希腊哲学家

　　与大多数思想家一样，追溯他们的思想传记，就是要追溯先于他们的、能解释他们领域的语境的思想发展，并且确定对他们构成特殊影响的那些个人和观念。在柏拉图这里，尽管可能还存在广泛的方法，但由于他处于有记载的哲学研究的开端，其处境因此非同寻常。我们只有柏拉图可能读过或知道的极少书面文献的残篇，我们对他有关自己各种前辈的思考的了解，也极不完备。我们所拥有的这类了解，大部分不得不东拼西凑，来自后来作者的后来引用和评论，尤其是来自柏拉图自己。所以，在一定程度上，解决对柏拉图思想影响的问题，就是从他自己的文本中做出阐释和推测的问题。

　　强调我们会认为是理性研究的东西出现得十分突然，同时这种研究最初又具有粗糙浑朴的性质，是十分重要的。当然，我们的证据相当贫乏（且不说支离破碎），而且都由孤立的评论所组成，通常属于后来几个世纪的某一时期；而且，这些早期思想家在构想和把握新观念方面的成就，也许可以认为是巨大的。不过，必须强调的是，我们目前所依据的，并不是一种被人们心平气和争论的理论。

　　在公元前6世纪之前，希腊就有了口头文化。他们最早的"文学"，荷马的《伊利亚特》(Iliad) 和《奥德赛》(Odyssey)，即属于一种口头文化，并通过吟游诗人的记忆得以保存，直至在雅典记录下来，可能那时庇西特拉图是君主（公元前6世纪中叶）。所有的写作，无论被认为是神话的、历史的、哲学的或科学的（希腊人还没必要考虑这一类的区分），最初都采取了诗的形式。今日将会归为理性论争的那些标准、模式和期待，那时还没有发展出来。虽然如此，从公元前6世纪初开始，突然有了一种清晰的意识，试图超越巫术和神话，并培养理性的认知。首先，焦点清晰地落到了宇宙学或世界的本质上。提出的问题在形式上是形而上的或有关存在的。尽管科学还未曾与哲学区分开来，经验的科学方法还有待发展，但最初的追问者，例如米利都学派（比如，泰勒斯、阿拉克西曼德——以散文写了最早的著名的哲学论文），阿拉克西米尼，基本都对世界是如何产生的、由什么构成、出自何种元素感兴趣。因预言了公元前585年的日食而著名的泰勒斯相信，宇宙起源于作为原始物质的水。阿拉克西曼德（约公元前610年－公元前540年）认为世界不是起源于水，而是起源于他所称的"无定"（apeiron），意味着像"无限"的某种东西。阿拉克西米尼则宁愿认为本质是气。在这里，过多地追踪这种神秘而复杂的争论，似乎毫无意义。尽管有人为这种物质或另一些物质争论不休，但关注的焦点都在世界的本质，而研究的方式都是冥想式的。

我们需要注意的第一个人，是巴门尼德（Parmenides）。他出现在柏拉图的《巴门尼德篇》的对话录中（这有一点违背历史）。据说巴门尼德（约公元前515年－公元前440年）认为，到那时为止给出的所有答案可能都是不正确的，因为没有任何一种东西——无论它是气、火、水或任何东西——可以变为许多不同的东西，因此他解释了我们所知的世界的许多特征。按他的看法，只存在永恒的、连续的"本然"（what is）。假如现代人听来这有一点令人困惑，请不要担心，因为尽管柏拉图熟悉这种论证，并且对宇宙论问题存有浓厚兴趣，他的处理却稍微更为易懂（是否只是因为他的著作以完整形式幸存了下来），并且无论如何，对他的社会观、道德观或特有的教育观并不重要。不过，特别出于两个原因，需要提一下巴门尼德。第一，尽管不像阿拉克西曼德，他继续以散文进行写作，但他是我们所知的其著作试图论证自己的意见、而不是声明自己的意见的第一人。假如这样的前提是可以接受的话，循序渐进地，我们来看随后的结论。第二，人们似乎普遍公认，巴门尼德的论证，导向了不可能存在任何变化的结论。我们看到的世界，我们感觉的世界（它似乎是一个变化的世界），因此不可能是真实的。无论对过去的思想家来说，还是对今日的思想家来说，这一看似荒谬的悖论都将具有重大意义。恩培多克勒（约公元前492年－公元前432年），他本身是一个引人注目的思想家，并且按亚里士多德的说法，是修辞学家高尔吉亚的老师（第欧根尼·拉尔修，8.57）——提出，因为巴门尼德正确地说出了"多"不可能出自一个最初的和最终的实体，不可能存在任何一个第一原理（arche，太初）或基本元素。取而代之的是，恩培多克勒提出了世界起源的四种基本元素：火、水、土、气。他也许受到了毕达哥拉斯思想的影响（参见下文），并且的确应该已经知道泰勒斯提出了水、阿拉克西米尼提出了气、赫拉克利特提出了火（参见下文），赫拉克利特认为火产生了其他元素。显然，这些不同的思想家都注意到了其他的思想家。巴门尼德也主张，爱和冲突也是带来世界上的运动与变化的因素。而且，尽管我们不再以同样的术语进行思考，但对巴门尼德基本点的认识，依然隐含于我们当代对如何可能存在一个世界的本源问题的关切之中——不论目前的科学探索已到了哪一步。有些东西如何可能出自无？对柏拉图来说，巴门尼德的影响，在于让他将可感的世界视为"存在"与"非存在"之间的某个地方的"存在"；更重要的是，它是他理念论的部分基础，这种理念论认为，理念，作为本然，代表实在，并且是知识的真正对象。柏拉图的许多对话录，都或隐或显涉及巴门尼德的思考：《蒂迈欧篇》（*Timaeus*）明显显示出其影响（例如270），《理想国》的语言同样如此（例如，477ff，508ff），更不用说以其名字命名的那篇对话录。柏拉图可能也多少受益于巴门尼德的理解世界的理性（Nous）观念。（不经意地，《蒂迈欧篇》也透露了恩培多克勒的影响，《美诺篇》（*Meno*）也是一样，提到了恩培多克勒有关孔道和视觉的理论，这提醒我们，柏拉图是一种传统的继承人，尽管他只是一带而过，例如：《蒂迈欧篇》，79c，45b，67c；《美诺篇》，76c）。

那么，柏拉图受惠于前苏格拉底的古希腊哲学家的一个地方，是他们开启了对理性论证和论争的寻求。大约在一百年之后，当他自己加以运用时，这种论证和论争（以散文进行的写作）已变得十分复杂。对巴门尼德和其他探究世界之本质的人的议题来说，至关重要的另一件事（相应的，也是柏拉图的一个关键议题），是表象与现实之间的区分。追问世界是否起源于气或火、万物是否能改变，等等，隐含在某些层面上，万物不只是它们看上去的样子。

不经意地训练阿凯劳斯（阿凯劳斯又训练苏格拉底）的阿拉克萨戈拉（约公元前500年—公元前428年），是另一个质疑感觉是否充分的人。在塞克斯都·恩披里柯看来（《反对数学家》，7.90），"由于它们的弱点，我们难以辨明真理"，并且他举了一个例子：

如果我们取两种颜色，并将一种颜色一点一点地注入另一种颜色中，我们的视觉将难以辨别出渐进的变化，尽管变化是存在的。像巴门尼德但又不同于巴门尼德，阿拉克萨戈拉接受了这一点，相信一种了解万物的人格化的或对象化的心灵，因此确定在他看来存在真理。当然，他似乎没有感觉到，除了只能推断真理之外，人类还总是能拥有普遍真理的直接知识的。不过，心灵被视为是物质世界的动因，这一理论苏格拉底在《斐多篇》(*Phaedo*)(97b)中批判性地讨论过。

为了将故事的一部分作结，有关宇宙或Cosmos（隐含秩序和规律的一个希腊词）的基本元素的争论，已经来到了留基伯（大约公元前5世纪下半叶）和与柏拉图差不多同时代的德谟克利特（约公元前460年—公元前370年）的时代。人们对前者所知甚少（事实上，以其名字命名的思想流派伊壁鸠鲁学派的奠基人伊壁鸠鲁，便否认有留基伯其人）。但德谟克利特认为，尽管在一个层面上，我们面前的桌子是它表面的样子，但在另一个层面上，它由无数的可分的微粒所构成（我们的"原子"一词即来自希腊词atomos，即使今日的理论物理学家对它们进行了细分），这些微粒可以加以"重组"并因此"破坏"了桌子，但它们本身不可能遭到"破坏"。虽然不同于德谟克利特的理论，本身要更为数学化（这可能多少要归功于毕达哥拉斯，参见下文），但柏拉图在《蒂迈欧篇》(*Timaeus*)中也提供了一种萌芽期的原子理论。按格思里的说法(Guthrie, 1978: 242)，维尔纳·海森堡(Werner Heisenberg)认为，柏拉图的原子论相当接近现代的概念。柏拉图自己从来没有提及德谟克利特〔尽管这并不十分重要。他从来没有提阿拉克西曼德，但在《斐多篇》(108e)中，却让苏格拉底接受了阿拉克西曼德的观点：地球不受水或任何其他东西的支撑）。在表面上，他们持有相互冲突的观点。德谟克利特是一个唯物论者，柏拉图是一个实在论者（在这一语境中，指有时被相当混乱地称为唯心论者的意思：唯心论者相信理念是真实的）。问题可能会让人进一步困惑不解：德谟克利特写过一篇论"理念"的专论，涉及他的原子观念。他们的确是不同的：德谟克利特不相信宇宙的任何总目标和任何阿拉克萨戈拉派的给万物以秩序的心灵，而柏拉图在深层的意义上是一个目的论者，相信每一事物都有其正在努力追求的一个目的或目标。但是，他们都是他们时代的产物，是同样的思想传统的继承人，并且两人都相信只有心灵能够把握现实或真相，我们的感觉是模糊而不是揭示现实，而表象则欺骗人。亚里士多德在几个场合将德谟克利特和柏拉图联系起来，他说，苏格拉底是认真着手定义万物本质的第一人（毫无疑问地开启了理念论和一般的哲学分析），但德谟克利特对这一话题做出了最初的贡献（例如，《论动物部分》，642a；《形而上学》，1042b, 1078b；《物理学》，194a）。也许最引人注目的是德谟克利特的只言片语，"做错事的人比受害者更不快乐"（残篇，45），这极易令人联想起柏拉图和苏格拉底的观点：不义者是不快乐的（例如，《高尔吉亚篇》，499e）。还有一个残篇，专门涉及教育问题，并且与柏拉图的观点具有某些亲和关系："训练（而不是自然性情）具有引领作用，但它可以改变一个人的性情，以致美德成为第二天性"，亚里士多德随后也回应了这一观点。

迄今为止，我集中对柏拉图之前并影响柏拉图的科学思想进行了简单说明。尽管其本身聚焦于本体论问题，但正如我们将看到的，它自己衍变成了直接与柏拉图的认识论相关的思考，并且转而对认识他的教育观至关重要。将谈论"存在"和"本然"变换为谈论"何者为真"及"何者是可知的",不是一大步。此外,部分由于在这些早些日子,因为最初的步伐是趋向系统的认知,因此词汇是粗糙的,区分是模糊的,科学的思想者,有时会走向我们将不再认为是科学的问题。此外,有人有意识地对有关世界和物质之外的问题感兴趣。例如,德谟克利特不仅明显地发表了有关训练美德习惯的教学法观点,而且也写到艺术,同意柏拉图的观点——按西塞罗(Cicero)和贺拉斯(Horace)两人的说法,伟大的诗人是像神一样具有创造力的(例如,参见:贺拉斯,《诗艺》,296)(尽管这也许是像某种同时代的老生常谈),并且写到一般意义上的道德伦理。他的立场,在他那个时代相当典型但在今天则不那么时兴的立场,是重点应当落在避免而不是矫正之上,例如,落在如何促进道德行为而不是如何回应糟糕行为之上,无论是通过惩罚、劝告还是补偿。不过,在前苏格拉底的古希腊哲学家之中,也存在一丝与道德和宗教知识问题直接相关的思考。

赫拉克利特(Heraclitus,约公元前540年—公元前470年)是最难以理解的思想家之一,即使按前苏格拉底的古希腊哲学家的一般标准来讲,也是如此。人们经常说,你可以在他那里找到你所要的一切。他是"万物皆流"(panta rhei)和"你不可能两次踏入同一条河"一类莫测高深、耳熟能详的评论的作者。柏拉图在《克拉底鲁篇》(Cratylus, 402a)中引用过这两则评论,可能是意译,因为现存的残篇没包含这种精确的引文。无论赫拉克利特的准确意思是什么,他的现存残篇相当清楚地表明,他聚焦于这一类看法:每个人对处境的感知都不同,感觉可能误导人,我们倾向于按我们自己的形象重造世界。柏拉图的确这样来解释他,并且在此过程中将他与智者普罗泰戈拉（Protagoras）联系到一起（《泰阿泰德篇》，160d）。亚里士多德明确地说（《形而上学》，987a），青年时期的柏拉图熟悉赫拉克利特的学说，并且持续到晚年。同样，色诺芬（Xenophanes，约公元前570年－公元前470年）认为，假如动物有诸神，它们也会按照动物的形象描绘诸神，并且他似乎说，尽管可能存在真理，但我们有可能永远不知道我们知道真理。

色诺芬和历史学家希罗多德都说，希腊人的诸神观是由诗人赫西奥德（Hesiod）和荷马所赋予的。言下之意是，在这两人的诗歌中，传统的神话被捧上了神坛（H. 迪尔斯、W. 克劳兹：《色诺芬残篇》，10；希罗多德，2.53）。这一点柏拉图牢牢记在心上。他提议审查诗人（参见下文），因为进一步来说，"诗人将他们（诸神）描绘为不道德的"。色诺芬论诸神的残篇按其自身的品质来说是有趣的，似乎很有可能，这些思想影响到了柏拉图。总而言之，它们表明，诸神的传统画像都将他们表现为不道德的（《残篇》，11）和地方性的人，因为"埃塞俄比亚人将他们的诸神想象为是黑的和鼻子扁平的，色雷斯人将他们的诸神想象为是蓝眼睛和红头发的"（《残篇》，16）。毫无疑问，他继续讽刺道："假如牛、马和狮子有手……马会按照马的形状来画诸神，狮子会按照狮子的形象来画诸神"（《残篇》，15）。相比之下，色诺芬自己致力一个"一神"的概念，这个神"在任何意义上，无论形体还是灵魂都不像凡人"（《残篇》，23），"他总是停留在同一个地方……但不费吹灰之力，凭借其灵魂的意念，就能让万物瑟瑟发抖"（《残篇》，26，25）。

也许可以说色诺芬的总体结论是，"无人拥有确定的真理，甚至不存在了解诸神或我所说的每件事情的人；因为即使他成功地表明了什么是真的，他也不是拥有知识，而只是拥有意见"(《残篇》，34)。这种观点，尽管可能比普罗泰戈拉后来的相同观点更为温和，但有效地概括了一种相对主义和怀疑主义，柏拉图将着手反驳这种相对主义和怀疑主义，虽然他与色诺芬在某些方面所见略同。

甚至对前苏格拉底的古希腊哲学家个体的这些浅尝辄止的涉及，也可能引出无休止的争论。翻译准确吗？我们了解语境吗？我们如何解释它们？不过，我们完全有信心得出四个结论：在他持之以恒地对宇宙学问题的兴趣之上，柏拉图的思考某种程度上来自前苏格拉底的古希腊哲学家的思考。他受惠于他们开辟了致力于理性论证的事业。更特别的是，无论他们的意图是什么，他们都开启了表象与现实之间的关系、知识的本质这两个至关重要、引人入胜的问题，这两个相互关联的问题对柏拉图的哲学来说相当关键。我们下面将要考察的他的理念论，是一种按照和这类问题相关的实质性的（虽然是相对近的）思想传统发展而来的理论。

但柏拉图的兴趣，远不只是限于宇宙学和认识论问题。也许主要由于苏格拉底的影响——亚里士多德曾明确说过苏格拉底（《论动物部分》，642a)，并且在《申辩篇》(*Apology*)中，苏格拉底已丧失了最初的对宇宙学的兴趣，尽管阿里斯托芬将他塑造为依然保持有这种兴趣——对政治、社会和道德，我们也许可将其概括为与物理问题相对的人的问题，他具有一种显著兴趣。而在这里，他和苏格拉底也都有他们的先驱，其中最著名的是毕达哥拉斯和高尔吉亚（对后两人的思考，参见下文第五章）。

毕达哥拉斯（约公元前570年－公元前490年），出生于萨默斯岛，但后来迁移到意大利南部一个希腊殖民地，在那里，他似乎建立起了人们对他的崇拜，成了焦点人物。如同所有这些个人一样，我们难以将事实和虚构剥离开来：我们依赖的是许多后来的资料，这些资料在任何意义上都不是始终如一的，而且毕达哥拉斯又是一个没有留下任何书面著作的人。此外，在他去世之后，存在许多毕达哥拉斯团体，并且，不可避免地，存在许多大同小异的毕达哥拉斯思想学派或流派。毕达哥拉斯被誉为一个素食者，尽管证据是相互冲突的。更令人奇怪的是，他敬畏豆子并戒吃豆子。对这种禁忌可以给出许多理由，包括豆子像睾丸、豆子中含有逝者的灵魂。看似相对确定的是，他相信灵魂的轮回，并且特别相信灵魂可以以另一种动物或一种蔬菜（例如，一种豆子）的形式归来，正如可以更为直接地以人的形式归来一样。

他和他的追求者对数学和数字感兴趣。我们也许可以回想一下毕达哥拉斯定理：就直角三角形来说，斜边的平方等于另两直角边的平方之和。但更重要的是对数字与音乐之间的关联的普遍兴趣，以及一种随之而来的稍显神秘地对宇宙中的和谐的信仰。毫无疑问，尽管柏拉图只有一次提到毕达哥拉斯的名字，但他却既认同毕达哥拉斯对轮回转世的信仰，也在某种意义上认同毕达哥拉斯对宇宙和谐的信仰——他认为，有时区分也许可以称之为与天文学相关的数学计算和更多与占星术相关的玄学计算是极其困难的。即使如此，而且尽管我们不能确定柏拉图在何种程度上受到毕达哥拉斯的直接影响，但这类思考从柏拉图生活的时代以来，就是柏拉图遗产的另一部分。也存在着对柏拉图思想来说肯定不会弄错的一个精神侧面，而且这也可能多少直接归功于毕达哥拉斯的理论，即使在柏拉图的思想明显区别于毕达哥拉斯的理论时，也是如此。我们还应当提一下的，是毕达哥拉斯学派的阿尔基塔（公元前428年—公元前350年），一位数学家和儿童拨浪鼓等东西的发明者。他曾经在公元前361年派一条船将柏拉图从狄奥尼修二世那里营救出来。还有几何学者西奥多鲁（公元前465年—公元前398年），在《泰阿泰德篇》中，他被描绘为苏格拉底的一位同伴，同时也是泰阿泰德自己的老师。

按第欧根尼·拉尔修的说法（1.12），毕达哥拉斯赋予了"哲学家"和"哲学"这两个术语以新的含义。故事混乱不清，而且赫拉克利德·彭提乌斯声称他发明了这些词语，这实际上不是真的。但重要的也许在于，要强调爱奥尼亚人超然的科学沉思和毕达哥拉斯更注重精神的、社会的和道德的兴趣之间的差异。的确，在毕达哥拉斯学派看来，哲学是和生活方式紧密联系在一起的，思想尝试是和臻于完善的理想联系在一起的。他们的价值观包括节制、适度和秩序等典型的希腊价值观，而且他们似乎整合了某些奥菲士的信仰（the Orphic belief）：不朽依赖于努力，特别是完成适当的仪式，在毕达哥拉斯学派这里，即过一种正确的生活。在《理想国》（50c）中，苏格拉底写道："一个其精神集中于真实存在的人，的确是没有时间去鄙视琐碎人事的，或是充满怨恨和嫉妒，与人争斗不休；他的眼睛永远直视固定的、不变的事物，他看到这些事物相互既不伤害，也不被伤害，而都是按照理性有秩序地运行；他模仿它们，并且愿意尽其可能地使自己适应它们。一个人对他虔诚神交的东西能不模仿吗？而哲学家，与神圣的秩序神交，会在人性所允许的范围内变得有秩序和神圣。"A.E.泰勒（A.E.Taylor）将这一原则——一个人会不可避免地在与其环境的同化过程中成长起来——看成柏拉图早期的主要教育原则。当然，他也十分正确地将其视为一条真正的毕达哥拉斯派原则。

可能影响到柏拉图的毕达哥拉斯思想的两个其他层面，是按照其本质定义万物的观念和对灵魂的看法。据亚里士多德的说法（《形而上学》，1036b），正如同阿弗罗德西亚的亚历山大所解释的，毕达哥拉斯学派认为，对某物的正确定义，必须是找到其本质、性质或形式，而不是将它具体表现出来的质料：一个雕像按其石料（或青铜）不能获得充分的定义，它需要按照其设计和它所表现或意指的东西加以定义。尽管这不完全相同，但却是一种思路的开端，它通向了苏格拉底对宇宙定义和理念论的寻找，同样，毕达哥拉斯学派灵魂是各部分的和谐总和的观点，肯定也是柏拉图灵魂的美德是节制的观点的先驱〔他将sophrosune（适中）注释为一种和谐〕，它涉及三部分：爱好、灵魂和理性协调一致。

这将我们带回到了数字时代，因为毕达哥拉斯认为，和大多数其他东西一样，和谐与音乐本身基本上并最终只能用数字加以解释。他们理论的本质，似乎是将一种用数字所做的定量描述用于所有现象，无论是音乐、行星的运动还是正义。《蒂迈欧篇》是柏拉图最显而易见的毕达哥拉斯式的对话，很大程度上涉及数字、宇宙的和谐、天体的乐曲。亚里士多德追问例如白、甜或热这一类的性质如何可以是数目的（《形而上学》，1092b）。但正如格思里（Guthrie, 1962: 238）所说的："今天，对物理世界的每件事物的科学描绘，都采用了数字等式的形式。我们感受为物的性质的东西——颜色、热度、光亮、声音——都消失了，并且被代表波长和质量的数字取代了。"

第四章　时代的性质与苏格拉底

正如前述，显然，柏拉图思想的兴起和发展中的两个深层关键因素，是他所处时代的性质和苏格拉底的形象。由于成长于民主的雅典，特别是因为与政治上相当活跃的人是亲戚和朋友，这使他直接面对必然给他的思考带来影响的各种问题、观念和经验。柏拉图见证了雅典的巨大成就，军事上的、艺术上的、政治上的、社会上的，目睹了雅典对这些成就的巨大骄傲，并在后来看到了雅典的衰落和屈辱。到他30岁时，他不仅已是世界已知的第一个民主政体的见证人，而且是以"三十僭主"的形式存在的一种极端形式的残酷暴政的目击者。他见到了从整个帝国输入的各种物品、人员和美德，他听到了有关人生的极为不同的观念和论争，他的生活中充满了自由和变化，但他也看到了自由和开放在一夜之间或多或少地风消云散，并且经历过野蛮的压迫和报复的时光，在那样的时光，过于公开地高谈阔论将承担丧命的风险。他见到了各种有关宗教、道德、政治的传统看法，见到了它们受到质疑和挑战。① 直接地，他看到了许许多多的忠诚与背叛、勇敢与懦弱、谦逊与自大（Hubris，一个特殊的希腊概念，通常被注释为失败前的骄傲，但隐含有意地羞辱他人的意

---

① 他也许恰好熟悉希罗多德的《历史》，尤其是在描绘埃及人的风俗和习惯时，希罗多德的著作对文化差异提供了详细描述。

思)①，大部分人是一种心智健全、令人平静的有影响力的人，而同样的人也可以是一种渴望复仇的暴民。他知道或碰上形形色色的政治领袖，例如，严峻却有雄心壮志的伯里克利，趾高气扬、刚愎自用但在某些方面又出类拔萃的阿尔基比亚德，谨慎而保守的尼西亚斯，精于算计的克莱昂。他经历过战争与和平，看过欧里庇得斯、埃斯库罗斯、索福克勒斯的悲剧，阿里斯托芬的喜剧，那时，世界的大部分地区根本还没有戏剧或喜剧的概念。假如环境在人类的形成过程中是重要的，并且假如丰富而多变的环境有利于强健而富有想象力的知识分子，那么，柏拉图会处于一个有利的位置。当然，正如他是第一批提出这一观点的人一样，我们不只是我们所处时代和环境的产物（或不是所有雅典人都会拥有一种柏拉图的声望）：我们最终是我们的经验和我们的内在自我相互作用的产物。所以我们必须承认柏拉图与生俱来的天赋是一个因素；不过，认为在不同的时间和地点，天才有可能也无法施展才能，也是有道理的。

苏格拉底是对柏拉图影响最重要的人之一。这一判断合理地基于柏拉图在对话录中对苏格拉底的描绘。（有关柏拉图对话录的题目清单和对它们写作的先后次序的一个注释，参见附录二。）频繁地将苏格拉底当作对话录中的一个中心人物并不那么至关重要——毕竟，许多作者反复将某个人当作代言人而并不必然意味着对某个人佩服得五体投地。例如，《欧绪弗洛篇》(*Euthyphro*)《申辩篇》(*The Apology*)《克里托篇》(*Crito*)《斐多篇》(*Phaedo*)《会饮篇》(*Symposium*)等早期对话的性质和品质就是如此。在

---

① 有关自大（Hubris），参见 N.R.E.费希尔（N.R.E.Fisher, 1992）；也可参见亚里士多德：《修辞学》，1378b。

这些对话录中，柏拉图给我们提供了一个智慧、幽默、可爱（也被人爱）、富有同情心、体贴、勇敢的男人的画像：具有完整正直和勇敢无畏的理性，同时又富有想象力和情感的人。《申辩篇》是柏拉图版本的苏格拉底对自己审判的辩护词。《克里托篇》是对苏格拉底在监狱中最后时光的叙述，它们都是苏格拉底在各个层面对柏拉图具有影响的有力证明。可以肯定，对苏格拉底的审判、指控他不相信雅典的诸神且败坏年轻人，对柏拉图来说，是一个情感和思想的转折点。（这一审讯可能意味着公众对苏格拉底所提倡和参与的自由思想的一种反应，这种反应因一些外因而加剧，例如：几年之前被斯巴达羞辱性地打败，最极端的是"三十僭主"，其中有的人还是苏格拉底的同伴，甚至"学生"。）苏格拉底仅凭他生和死的榜样，就深刻影响到了柏拉图。当然，此外，他所提出和阐明的各种观念、论点、问题，也代表了有人也许会将其称之为柏拉图的正规教育的一部分。

第五章 智者派

柏拉图可能从苏格拉底那里继承来的最重要信仰之一，是坚决抵制我们用后见之明可称之为诡辩术的东西。通过柏拉图，从苏格拉底那里，我们发出了对真理事业的第一声清晰的呐喊，发表了第一声明确的宣言：真理是因其本身而价值无限的，真理有别于成规、时尚、趣味或那些掌权者和权威人士的意志。它是这样一种信仰：存在真理，真理是可知的，寻求和坚持真理，是我们最高的呼唤。而尽管存在一些（也许是大部分）名声在外的智者，但所有形形色色的巡回流动的教员带到雅典的信息表明，其结果在苏格拉底和柏拉图看来都是负面的、危险的。总之，智者似乎代表了职业教育，而不是为教育而教育；代表了有用的知识，而以牺牲追求为真理本身的知识做了代价；代表了应用知识，而不是纯粹知识；代表了教人们如何达到成功，而不是如何做到出类拔萃或度过美好人生；代表将知识当作一种可买卖的商品，而不是合作探求的结果；代表告诉人们，存在道德和政治方面的专家，正如同在造船或补鞋方面存在能手一样；代表告诉人们，所有领域的知识，都在于掌握少许实践性的技巧或技术，而不是在一种抽象的层面上理解各种原理。在这些方面区分创造智者和苏格拉底的过程中，柏拉图奠定了他自己最重要的教育观的基础（他对敌方的错误哲学观念的描绘，也在一个令人沮丧的程度上预见到了"急遽下降"——这种"急遽下降"带有如此多的现代的修辞特征)。

普罗泰戈拉(Protagoras)是另一个出现在以其名字命名的柏拉图对话录中的人。该对话录集中于美德是否可教的问题,而且普罗泰戈拉在对话中的表现并不太坏。尽管如此,他似乎更多地充当了柏拉图思考的一种陪衬,而不是他思考的一种源泉。他最著名的地方,是概括了"人是万物的标准"这样的学说。尽管正如赫拉克利特的相同说法可以争辩一样,普罗泰戈拉脑海里的确切意思是什么也是可以争辩的,但总的说来,普罗泰戈拉似乎是在表明一种形式的相对主义(也许只是在人区别于物理事务的范围之内)。换言之,我们在这里碰到了该理论的一个早期版本(也许预示了色诺芬的诸神观):道德上的正确,不是一个客观真理的问题,而是要么是社会成规的问题,要么是个人兴趣或利益的问题。假如这是正确的,那么,普罗泰戈拉所代表的,在与柏拉图联系起来时便格外重要,因为它是柏拉图花费自己一生的大部分时间试图去反对的一个中心观点。当然,我们不必确定柏拉图是否是专门回应普罗泰戈拉,我们需要注意的是,这里是另一种看法,在他自己的思想最初得到发展的时候流行和占据主流的另一种看法,并且因此是对柏拉图思想的兴起做出贡献的许多因素的一个侧面。

高尔吉亚(Gorgias),像已经提到的某些其他人一样,可以被归为要么是一位前苏格拉底的古希腊哲学家,要么是一位智者,并且他也是以他的名字命名的一篇对话录中的一位人物。要准确地说明他,难度不亚于说明这一时代的任何其他人。他被誉为一位极好的修辞学家,修辞术或公共演讲是智者所讲授的最重要课程之一。任何人的词汇中的修辞都有其两面性。我们都尊重并且应当尊重丘吉尔和罗斯福一类的伟大演说家的修辞,并且当一个伟大的演说家将他的雄辩口才用于善的一面时,理所当然我们会热爱它。但有人说,希特勒也是一个伟大的修辞学家,纵然我们大多数人不喜欢他。除了将修辞用于邪恶的目的之外,做一个好的修辞学家、一个伟大的演说家是可能的吗?回答是"可以的",而问题也正好隐含在这里。

在公元前5世纪的雅典,口头文化和民主制依然占主流地位,公共演讲术极其重要。对那些羞于演讲、笨嘴拙舌或不能整理出一条论据的人来说,演说的自由有什么用呢?在雅典的人生成功,除非你仅将其定义为你买卖的成功,否则或多或少取决于在公共范围内的成功,而政治的成功的确要求巧舌如簧的能力。"巧舌如簧"是另一个意义含糊的成语。它可以意味着恰当地说话(依赖于语境,意味着是否有逻辑的、连贯的、机智的、委婉动人的),也可以意味着在争取人们站到你这一边来的意义上有效地演说,而不论你如何去做——按阿里斯托芬的说法来说是,"使最坏的理由看起来更好"。

高尔吉亚所做的是有争议的。他论诸神和特洛依的海伦的著作的现存残篇确实表明,可以说,他意识到了自己行业的诀窍,通过运用这些诀窍,一个人可以引导人们出于坏的理由接受中听的结论,或不中听的结论,或两者兼而有之的结论。尽管他可能是一个风格大师,但他也是我们现在所称的诡辩术的大师。虽然柏拉图在以高尔吉亚名字命名的对话录中对高尔吉亚怀有某种尊敬(正如同他对普罗泰戈拉一样),但可能毫无疑问的是,无论他认为他个人如何,总的来讲,智者承诺教会人们如何成功或使最坏的理由看似更好的理由,的确是柏拉图所认为的异端邪说的东西。有关政治和伦理问题他必须说的每一件事,进入他对苏格拉底的描绘之中的每一件事,都告诉我们,柏拉图所恐惧和憎恨的东西,莫过于对真理的操纵和让知识屈从于意志。的确,柏拉图自己也被他的某些批评者指控为操纵真理(下文将探讨这一问题),但即使我们认同在特定的语境中他乐于控制和审查材料,但我认为,柏拉图献身于理性、认知和真理,是不容置疑的。①

---

① 提到演讲术或公开演说,要追溯到荷马。不过,也有可能在公元前5世纪的雅典,教授公开演说"技巧"的观念就已经生根了。也许,最初,它是为顾客写作令人印象深刻的讼词的专业人士的问题(正如伊苏格拉底为各种各样的诉讼当事人写诉讼词),但慢慢地,脱生出了我们今天都过于熟悉的这种观念:任何事情(包括修辞术在内)都可以当作一系列技巧加以传授的观念。柏拉图直接谈及这一问题(《斐德罗篇》,271a),他提出,一种可接受的修辞术,必须基于了解人类灵魂一类事情之上,而不单纯基于技术要点;他也主张(271b),不存在任何普遍的技巧:演说者必须适应他的每一个听众的特殊性,他必须考虑"通过何种特殊的论证说服或不说服何种灵魂"。这和当代有关教学方法的研究的争论有关系。在许多实证研究之后,隐藏着一种未明确说明的推测:存在许多有效的和无效的教学策略;一刀切不适合所有人,每个教师根据其特殊情况(不只是他的学生)循序渐进、因材施教,这样的可能性明显还没有得到承认。而且,越注重这一点,对教学的科学研究的看法就越成问题。(我毕自己的一生之力提出这一观点,但收效甚微。特别参见:巴罗,1984,1990;巴罗和弗尔曼·佩克,2005)。

第六章　结论

柏拉图的教育理论，难以与他更广泛的哲学观的一般方面分开。它甚至与其宇宙观联系在一起，尽管我们在这里不会详细追踪这些联系。但是，必须将其放在他的认识论或知识观、灵魂观或人性的完美观、德行观的上下文之中加以理解。这些观点无疑是凭借他个人的智慧形成的，但它们是以许多因素作为基础的，并且受到这许多因素的影响：他所生活的时代，民主制与僭主制对立，传统信仰和价值观受到挑战，词语改变了自身的意义，怀疑主义和相对主义盛行；他思想的先驱；他的同时代人，其中包括智者派；斯巴达和雅典的竞争模式；他的个人经验；当然，还有苏格拉底的形象。

前苏格拉底的古希腊哲学家正在寻找对存在的解释。他们也许没有令人满意地回答这一问题，但他们为迅速地从有关存在的本体论问题推进到认识论问题开辟了道路：所涉及的是认识什么（区别于相信什么）和什么是可知的？他们也引进了对为知识而知识的追求。其他的文化，特别是埃及，也拥有知识，但重点是落在应用性知识之上。埃及人知道如何处理石头，可以拿石头派什么用场，但他们对追问石头的本质是什么显然没有兴趣。前苏格拉底的古希腊哲学家，在脱离神话和巫术的（宽泛地说，宗教的）解释的同时，将一种理性的、可理解的秩序观引进到了天地万物；他们发展了科学精神——不是我们今天所理解的意义之上的科学,而是以证据和理性为基础的系统思维,无论是归纳的还是演绎的。从毕达哥拉斯的思想中,柏拉图获得了神秘而充满激情的一面,以致在他看来,追求真理不是一种学术操练(轻蔑意义上的),而是全身心献身于这样一种观念:正确的认知,是人的存在的实现(假如他不是从毕达哥拉斯学派获得这一点,他也和他们一样,认为灵性与知识水乳交融在一起)。

假如我必须挑选出可以说是促进柏拉图的一个原因的话,我要说,它就是我们将其与智者派联系在一起的认识论上的(特别是道德的)相对主义。(据说,苏格拉底的老师阿凯劳斯是相信对与错是一个成规问题的人。假如确实如此,他教给苏格拉底的比他所知道的要更好。)当时的争论——从例如修昔底德(Thucydides)、阿里斯托芬(Aristophanes)、欧里庇得斯(Euripides)等的非哲学资料来看相当清晰——集中于许多关键对子,按从高度抽象到更为实际的递降次序来排列,例如:表象对现实,诸神对科学,意见对知识,唯名论对实在论,法对自然(nomos vs phusis)、花言巧语对实话实说、利益对公正、手段对目的、专业论对业余论。柏拉图或多或少坚定地站在每一对子的后一组术语一边,并且他应当也看到了两者之间的关联。

主张文化现象(例如,法律、道德价值观、词语)受自然(phusis)支配的人和声称恰恰相反文化现象是习俗(nomos,亦称"法"或"规则")的产物的人之间的分歧,是无处不在且针锋相对的,而对柏拉图来说,似乎迫在眉睫的是要确立善是一种给定的真理,而不是一种变动的成规。(例如,《高尔吉亚篇》中的卡利克勒便提出,各种约定俗成的正义原则,违背了强者剥削弱者的自然权利,这种观点,且不论是对是错,有些人将其视为是尼采观点的先兆。)同样，尽管柏拉图可能钦佩一位高尔吉亚的技巧，但修辞对真理的诚实的追求来讲，却是一种危险。修辞术据说是由两位西西里人科拉克斯（Corax）和提西亚（Tisias）于公元前5世纪初"发明"和开拓出来的（西西里也是高尔吉亚的出生地）。它直接被视为这样一种行当：训练人们利用手边的任何证据以赢得争论，训练人们实践并因此在提出自己的主张时拥有正反两方面的证据。例如，如果受到侵犯某人的指控，取决于自己个子的大小，一个人也许可以设法提出这样的"论据"：要么是"像我这样的小个子要攻击这样的大个子是不可能的"，要么是"因为像我这样的大块头会第一个受到怀疑，而显而易见，我不会攻击他"。这是一种只论效果、不问真相的做法，普罗泰戈拉会将其发展成一种自吹自擂——他可以将无理变成有理（亚里士多德《修辞学》，1402a），而阿里斯托芬将其讽刺为让最坏看似更好。柏拉图对这种诡辩术深恶痛绝。

利益和正义之争，是该时期的另一明显特征。当柏拉图对话录中的众多人物认为道德上正确的东西等同于符合他们自己利益或掌权者利益的东西之时，他们根本没有回应当时的政治现实。提及专业论对业余论，也许看似有那么一点奇怪，但是应当认识到，一个雅典的"真实而正直的人"（kaloskagathos，字面上即"美丽或漂亮的和善良的"，更好一点即"出色的和可敬的"，但实际即老式的"绅士"），反感这样的看法——某些内行的专业人士也许可以向他的儿子传授美德。这种根深蒂固的信仰，相信一个人凭借属于一种正确的家庭和与正确的人交往而获得美德。我认为现代大致持有相同信念的人，是那些真正憎恨和不信任指导老师的人。这些人认为，处理忧伤、丧亲之痛、婚姻崩溃等——是个人及其圈子的事，不存在任何教给人们如何应对这类问题的真正的科学或艺术。在这一问题上,柏拉图事实上分裂成了两半:其本能应当是与贵族气质的业余观保持一致的,但他可能明确地看到,在实践中,好人的儿子们不会变得有德行。简言之,柏拉图的结论是,成为有德行之人的确涉及知识,所以它是可教的,不过,不可能由假冒内行的智者来传授;需要的是来自那些具有真正哲学认知的人的指导。

所有这些,都汇集到了一种也许可以称为教育观的理论之中。柏拉图反对一种技术主义的观点——按照这种观点,教育基本被视为一个传授技术的问题。正如我们将看到的,他的确对教学方法拥有有限的兴趣,但他的基本设想是,我们应当教的东西是关键问题,而不了解知识的本质及什么是真的和重要的,便难以做出回答。

最后,应当提一下关键词aretē。该词习惯上被译为"德行",并且的确是文艺复兴时期的德行概念的先驱——德行概念相应地又转译为流行于私立寄宿学校和军队一类机构之中的品性观念和荣誉法则。柏拉图的著作,假如要选择一个词来概括的话,可以概括为是对aretē的研究(尽管它也可以同样概括为一系列其他有效的短语)。因此,简单地评述一下希腊人对aretē的感知,是值得的。

正如耶格所说的,"aretē的观念是早期希腊贵族教育的精华"(Jaeger, 1939:5)。荷马史诗中所描绘的社会是一个贵族社会:凭借其财富、权威和权力被选出的相对较少的一批武士贵族,统领占绝大多数的工匠和农民。但这些贵族或首领并非不想追求荣誉。他们有(或旨在拥有)好名声,他们想受到高度评价,被人景仰,受人钦佩。他们有强烈的责任感——一种对可耻的强烈反感。但他们视为自己义不容辞的东西,他们所珍惜的价值观,是足够自然地与他们社会的特殊性质联系在一起的。显而易见,这些价值观包括身体上的勇猛和威武,特别是在婚姻和运动的语境中尤其如此。不过,它们也包括一种奥德修斯式的巨大狡黠,或是一种涅斯托耳(Nestor)与菲尼克斯(Phoenix)式的滔滔雄辩和远见卓识。而对妇女来说,则有例如端庄、审慎等其他美德。这些价值观也许不都是我们的价值观,但对贵族来说,最生死攸关的是胜过他人,是他的价值观被认为是值得尊重的。因此,在追求德行的观念中,被植入了理想主义和强烈的责任感。而阿喀琉斯在受到阿伽门农的羞辱时极为愠怒并拒绝参战,可以说是正确的:因为他已经被后者傲慢自大和鄙视轻蔑的对待所羞辱。骄傲是贵族身份的一个重要组件,它也与宽宏大量、慷慨大方等性格特征紧密结合在一起。

由于社会的变化和贵族制的统治地位的衰落,特别是由于polis的发展且成为个人成就的一个中心地点,这种贵族式的"德行"概念不可避免地出现了变化。Polis通常被译为"城邦",但是我们需要意识到它的不同特性。希腊语的polis一般来说是一个十分小的共同体(雅典和斯巴达是例外,它们合并了自己城邦之内的大片土地)。它在纲常伦理上也是同质的。对一个城邦的一般公民来说,后来的对世界主义或多元文化论的兴趣对他们来讲少有意义。恰恰相反,他(因为妇女没有任何专有的公民权利或政治权利)是一个具有共同血缘、文化和宗教的牢固共同体的成员。当亚里士多德写下"人天生是一种政治动物"(《政治学》,1253a)时,标准的翻译"一种政治动物"可能模糊了他的所指和我们所理解的"一种政治动物"之间的差异。亚里士多德的主要观点是,小型的、自足的和同质化的城邦是理想的社会形式,而且应当总是牢记在心的是,柏拉图也认为理所当然，他是在某些这类相同的紧凑的公民实体之上进行理论概括。希腊城邦的另一个相关特征，是政治组织的相对类似。就所有有关政体的哲学争论来说，并且就那些将自己的特征概括为民主或僭主的人之间的真实战争来说，城与城之间的实际的管理机构大同小异。例如，雅典和斯巴达之间的对照，尽管是真实的（尤其是在文化和意识形态层面），却极有可能被误导性地描绘为可以与例如中国和英国之间的区别相比拟的差别。

随着城邦的兴起，贵族的德行概念自然不得不加以修改。在不同寻常的斯巴达的个案中，它似乎坚持强调有男子气概的勇气，不过将其范围扩展到了所有真正的斯巴达公民身上。但在雅典，理想主义、责任感、胜过他人和受到好评的推动力，必须附属于一系列新的价值观，同时也扩展到了整个公民群体。在柏拉图看来，德行也许依然可以说成是"教育的精华"，但必须以这样一种方式对德行进行重新界定：接受教育或培养一个人的德行，是使一个人成为城邦的一个好公民。（而且值得注意的是，在古希腊世界，现代对独特个性的全身心关注实际上是不存在的。）这与智者派对techne（"技能"，我们的"技术的"一词即来自该词。其复数形式为technai）的强调形成了对照。至少，柏拉图的部分意图，是要保留古代的性格教育观念，不过在做的过程中，参照了一种对所要求的好性格的人的新理解。他的目的，是界定和概述各种方式，从而为城邦时代培养Kaloskagathos（"真实而正直的人"）。

尽管以各种实际方式牢牢嵌入了自己的世界之中，尽管今天已大名鼎鼎，但柏拉图要么几乎不被列入苏格拉底等同时代人指名道姓地提及，要么不被亚里士多德等直接后继者指名道姓地提及。当然，在那时，除了苏格拉底圈子中的人和表达了他力图加以质疑的观点的某些智者之外，柏拉图自己也很少指名道姓地提及他的前辈和同时代人。更令人吃惊的是，亚里士多德的大量著作没有大量征引或关注柏拉图的思想，虽然存在一些引人注目的例外，例如他对理念论的批评（例如，《后分析篇》，77a；《论题篇》，143b；《形而上学》，1028b；《大伦理学》，1182b）。尽管如此，他的影响是相当大的，他的观点最初在学园活色生香，并且随着学园的各色人群继续向前，有时是另行创建他们自己的学园，柏拉图的观点传到了学园之外。早期基督教哲人对柏拉图思想的吸收和改编所具有的重要意义，以及随之而来的文艺复兴时期对其著作的重新发现，不能过分夸大。经过浪里淘沙的希腊著作是如何传给我们的特别是通过亚历山大和以弗所（Ephesus）的众多图书馆，并且，尽管经历过大火和蓄意破坏，部分地要感谢阿拉伯的学术研究，它们又是如何幸存下来的，这样的故事引人入胜但却过于漫长，在此一言难尽（参见，例如，Casson, 2001；Canfora, 1989； Reynolds and Wilson, 1968）。

柏拉图是一个生活在一个极不同于我们所处的时代和环境的人——那一国家实际上是一个大约有一千平方英里的城邦，其中生活着大约五万名男性公民，同样数量的女性和十万名奴隶。[①]然而他仍然在直接向我们说话，并且受到了他以后两千五百年间最重要的学者和思想家们的极认真对待。就阐明和洞悉教育及其他许多方面的思想而言，就理性而言，就西方传统而言，他都是所有这一切的实际源头、"根源"（the fons et origo）。

[①] 同样应当引起注意的，是长期居住在雅典但没有完全公民权的大量的外国人，他们以"外邦人"（metics）著称（可能多达两万人）。"外邦人"是雅典经济和生活方式的一个重要组成部分。

第二部分 柏拉图教育思想评述

教育事业的确是一个培养灵魂的过程。

第二部分
柏拉图教育思想评述

第七章 《理想国》中的初等教育

柏拉图对教育思想的最有趣和最永恒的贡献，是和他更一般的哲学议题紧密联系在一起的，我们在后面将当作一系列不同的话题加以思考。不过，在他最货真价实的对话录之一《理想国》中，他的确描绘和讨论了一种特殊的教育，我们在此将对其加以概述。在他最后的对话录《法律篇》中，柏拉图做了同样的事情。《法律篇》涉及一个克里特人、一个斯巴达人、一个雅典人（不是苏格拉底）之间的一场讨论（在适当或有用的地方，我将援引《法律篇》，但不会将其当作一个整体加以概述）。①

《理想国》形式上是一场有关正义的对话。苏格拉底与形形色色的相对主义（例如，由色拉叙马霍斯最具挑衅性地提出的相对主义）论战，试图提出：不管出于实惠或名誉上的考虑，个人为人正直、行事公正比为人不正直、行事不公正要更好。色拉叙马霍斯则坚持，我们称为公正的行为只不过是适合掌权者的行为，它因此也适合掌权者哄骗我们，使我们认为为人诚实之中存在着天生的善的东西，等等。但在现实中，这是胡说，而看穿这种欺

---

① 《法律篇》（特别是641—655）将教育描述为主要是让年轻人通过实践为追求成年生活做好准备的问题。但是，在柏拉图用交易和技巧做类比时（"未来的学徒在游戏中应当学会估量或运用线条"），他没有将教育和工作或职业的准备等同起来。相反，无论是否断然鄙视技术，柏拉图所关心的都是以他们作为成年人将必备的善或美德的诸种形式来训练年轻人。有一个有趣的段落（645d），论述酒宴是教育的一种媒介，更具体地说是增强自控的一种手段。正如斯托林（Stalley, 1983: 124）所评说的，"通过保护他不受所有诱惑的侵蚀，人们做不到鼓励一个人培养起真正的自控"。当代的保姆式国家和空想的社会改良家，请注意了。

骗的任何人，无论什么时候能够逃脱惩罚，他就都会通过不诚实获取无论什么好处。在回应这种说法以及格劳孔和阿得曼托斯更为冷静提出的相同观点之时，苏格拉底进入了对国家正义之本质的专题演讲（国家的正义被视为对应于个人的正义），这进一步引出了对理想政体或理想国家的详细讨论，并引向了对理想国家来说必不可少的教育的陈述说明。

柏拉图明确表明，一种恰当的教育，是建立和维护一个健康社会的关键（424a）。在提出这一主张时，他也许想到了斯巴达，正如在否定色拉叙马霍斯的论证时，他的确是在挑战被他视为许多智者派中人所拥护的学说。对斯巴达来说，尽管其"培养制"不等同于该共和国的教育制，但不像雅典，斯巴达的确拥有一种国家的培养体系。最异乎寻常地将斯巴达和柏拉图联系到一起的，正是这样一种信念——国家既应当在原则上，也应当在实践上关心其公民的教育——而不是《理想国》中的倡议和斯巴达的情境之间的一般其他相似点。

《理想国》中所概述的理想国家的基本原则，是特殊天赋原则：人具有不同的兴趣和能力，而其推论是，为了有利于作为一个整体的社会平稳运行与和谐一致，应当参照这些互不相同的能力，将各种角色分派给众多个人（370b，415a）。的确，正义被正式定义为"在某种意义上，做特别适合自己的事"（433a）。柏拉图将角色和工作与阶层、地位、报酬的考量剥离开来，并且提出，如果不冒昧评估它们是否相对重要，个人应当理想地追求他最适合自己的那种行业、专业或职业。

但他敏锐地意识到，这提出了我们在多大程度上是天性或培养的产物的问题，提出了我们在多大程度上是生来要成为一个（举例来说)学者或被我们的环境塑造成一个学者的问题。尽管如此，柏拉图的某些批评者，有时因为受看似合理的政治关切的激发，仍然极不公正地提出，柏拉图采取了过分简单化的观点——我们都是生来如此这般的；他们更进一步地提出，他们生来是治人的，而另一些人则生来是被人治的，有时还加上相当无谓的暗示——柏拉图将那些生来治人的人与已经存在的贵族等同了起来(参见，例如 Crossman, 1971；Popper, 1966: Russell, 1946, 1950)。

这是个大话题，但在这里足以说，尽管他确实介绍了一个神话(415a)，大意是说，在人们的灵魂中，有些人拥有金，有些人拥有银，有些人拥有铜，这脱离语境的话，可能被认为意味着我们都不多不少都是我们的遗传所造就的，但显而易见，柏拉图的观点是，我们最终成长为成年人，是天生的本性和我们的环境持续相互作用的结果。他对我们一般将人置于其中的文化背景和更广阔的环境背景的关注，以及对教育的重视，是独特的。没有这一推定便没有任何意义。

所以，在确定了在理想国中那些最适合于做各种各样的厨子、土地管理人、教师、技工、医生等的人应做自己适合做的事之后，柏拉图(通过苏格拉底这一人物)转向了将维护国家抵御外部敌人和内部纠纷的那些人所具有的特定作用，他将这些人命名为"护卫者"(the Guardians)。护卫者教育的最初阶段，由学习音乐和体操构成，对应于为他那一时代贵族出身或富有家庭的雅典人之子所提供的典型"初等"教育(顺便说一下，柏拉图期望正式教育持续到一个人的15岁，并且详述了教育各阶段的时间长度。我对这些将略而不提)。他的提供这种教育的理由，似乎也符合他那时代的典型理由。教育最初阶段的目标，除了培养读写能力之外，就是培养性格。在这一年纪"学习音乐"，对希腊人来说并不意味着学习和声，甚至品味和享受音乐。"音乐"主要指对朗诵的伴唱，特别是对荷马作品的朗诵的伴唱。荷马的作品，正如已成为陈词滥调的话所说的（考虑到宗教信仰的衰退，是一种相当老掉牙的说法），是希腊人的《圣经》。这就是说，年轻雅典人获取他们的理想、他们的宗教信仰、他们社会的行为举止是否恰当的感觉、他们的历史感和认同感，都来自他们所拥有的有关荷马的知识，正如同对许多维多利亚时代的孩子来说，《圣经》代表了他们阅读和世界观的全部。更宽泛地说，从词源上来说与"九缪斯"联系在一起的mousike（音乐），代表"文化"或"艺术与文字"。一位mousikos（音乐家）是一个有教养的、完美的或优雅的人，他能够复述抒情诗，弹奏里拉琴，但他也是一个行为得体、举止优雅的人。也许可以用维多利亚时代的学习音乐和钢琴、今天的上芭蕾舞班的作用做一种近似的类比（不过，它也只是"近"似。首先，钢琴和芭蕾对我们来说依然只是少数富有之人的兴趣。相比之下，所有社会等级的希腊人，在社交和宗教场合中都唱歌、跳舞、倾听、弹奏乐器）。还应当强调的是，柏拉图所持有的音乐风格本身（无论是否伴有言辞、动作等）可以影响道德品格的观点似乎已广为流行。音乐理论家达蒙在公元前5世纪中期就表达过这类观点，而例如阿里斯托芬的喜剧则认为它们理所当然。亚里士多德相当详细地讨论了这一话题（《政治学》，1339a），并且接受了这一广为流行的观点。[①]

[①] 斯托林（1983：127）提出，"音乐风格的变化是社会变化的征候，而不是社会变化的原因"。这可能是正确的，但柏拉图相当清楚地支持达蒙的观点——它们是社会变化的原因（424c）。

体操也普遍被认为是希腊人教育的一个基本组成部分,这不仅因为希腊人看重身体健美本身,而且因为他们看重竞争因素和力争完美,另外还因为体育和体操是他们社会生活的一个有机组成部分。所以,柏拉图这里的主张没有任何非凡卓越之处。总的说来,在这一阶段对音乐和体操的关注,是为了分别协调身心,在年轻人中培养一系列普遍的准道德态度和社会态度。正如柏拉图对普罗泰戈拉所说的:"从雅典孩子懂事时起,他所接触到的所有成年人基本关心的都是让他尽可能变好。在后来阶段,也期望教师更多关注良好行为,而不是关注文字或弹奏里拉琴"(《普罗泰戈拉篇》,325)。就柏拉图来说,这依然是对的,尽管我们应当将"文字和弹奏里拉琴"视为用于培养性格,而不是视为不那么重要的独特活动。

柏拉图后来说:"体操、几何和所有初级教育的分支……应当在童年时期就加以介绍,不过不是以义务教育作为幌子。强制练习对身体不会造成任何伤害,但强制学习不会让人牢记在心。所以要避免强制,让你的孩子的功课采取游戏的形式。这有助于让你看出他们天性适合什么"(536d)。这一方法论的要点,后来将被人们与标题为《美诺篇》的对话录的一个相关段落联系起来,但在这里,也许值得注意的是,柏拉图没有致力论教育本质的所有意识形态立场——数年前,这种立场被人们用于与"游戏方式"或"以孩子为中心的教育"一类术语联系起来,并且依然流行于某些"进步的"或"民主的"观点之中。他提出了两个具有简单实践性质的要点:如果你试图向儿童强行灌输知识,它极有可能不起作用;如果你想鼓励他们做自己喜欢做的事,你必须给他们一个机会去显示他们自己的才能和兴趣。他也毫不怀疑早年在教育上极为重要:"你认识到……在任何任务中,一个人如何开始是最重要的事情,特别是当人与任何年轻和柔弱的创造物打交道时,尤其如此。因为这时,它最具有可塑性,你希望给它造成什么样的印象,它就会接纳什么样的印象"(377b)。

这教育的第一步,显然不关心智力问题,而是旨在培养读写的基本技能、乐感和身体健美,以及一般的社会态度,同时给教师某些机会去了解学生早期的取向。对柏拉图的雅典同时代人来说,或对我们来说,这里并无特别引人注目之处。更具有争议的是,柏拉图是否乐意审查材料。他后来在《理想国》(595ff)回到了这一话题,我们在本书后文中也将回到这一话题。在本阶段,我只是要提一下:审查制度(基本是对荷马诗歌的审查制度)在任何意义上都不是美学的,而是完全关乎所涉及的道德、宗教或政治的,在这一点上,我们是在谈论什么东西适合孩子去读,而不是谈论广义上的审查制度。在这里,一如既往,柏拉图所关心的是年轻人的文化环境,是在引入现代建议的古代对等物。现代的类似建议,的确是关乎要将什么样的影响摆在年轻人面前的,是否是通过电视、电影、书籍、互联网或电子游戏的媒介,并且关乎施加某些控制是正当的。

第八章 《理想国》中的中等教育

数年前,我试图为柏拉图辩护——有人指控他只是对"护卫者"的培养感兴趣,而"护卫者"是一个自我固化的集团,所以那些生于父母在这一集团之外的家庭的人,永远不能期望成为"护卫者",相应地,"护卫者"的后代将总是被培养为"护卫者"(Barrow, 1975)。我现在依然相信,我那时提出的某些观点是正确的、重要的:为"护卫者"的孩子提供的教育的某些特征,例如熟习一般的信仰和态度,必定已经适用于所有其他孩子,否则,取得和谐一致和利益认同的目标便难以达成;柏拉图的确关心不是"护卫者"的人的教育,即使它采取了不同的形式,正如同他的确关心他们的利益一样——雅典共和国明显旨在所有人的最佳利益,并为所有人提供幸福(Eudaimonia);生意人和工匠为自己的角色做好准备,正如同掌权者为自己的角色做好准备一样,对整体的和谐至关重要(420b;446b;519e;同时参见:415d)。当然,"护卫者"群体的后代和非"护卫者"群体的后代之间的流动,的确存在规定(415a);"护卫者"不是(相当明显不是)根据出身的区分标准(例如,财富、出身名门或出自实际上的权贵家庭)来限定的,而是根据他们的教育旨在培养的品质来限定的;读过《理想国》的人,没有人会怀疑柏拉图所指出的:同某种程度上的天生品质一样,文化环境具有塑造和改变人性的力量。

话虽这么说,但不得不承认,我如今不那么自信柏拉图实际上预见到了"护卫者"后代和非"护卫者后代"之间定期和常规的流转。因此,在大多数情况下,我们处理的是一个世袭的群体,柏拉图关注的是这一世袭团体的教育。这一问题对我随后的论证至关重要,因为我主要感兴趣的是柏拉图的政治哲学。我们现在很少关注柏拉图的教育观了,因为,尽管可能确实如此——我错误地认为柏拉图相信"护卫者"和非"护卫者"之间的流转,但这样说却是正确的:在教育方面,柏拉图相信多种多样的天赋观,相信作为互有差异的天赋和能力的开发的一个结果,存在从一个群体或组织类型向另一个群体或组织类型的流转。因为柏拉图的确相信"护卫者"群体内部各类型之间存在流转。①

当柏拉图提出需要将"护卫者"再区分为"统治者"和"辅助者"两个群体时,我们认识到这一点:正如他们的名称所表明的,"统治者"是最终的领导者和权威;作为内部的警察机关和防御外部的军队,"辅助者"是王权之后的力量。这一区分的基础,参照了期望所有"护卫者"所具备的品格的优点("智慧、精力充沛、敏锐、勇猛",376c);统治者必须是最好的,也就是说"最顾及国家的",并且进而意味着"在监守和关怀整个国家的利益方面,是最有智慧和最具有能力的"。统治者必须是最热爱其同胞公

---

① 我希望,在正文中我表现了合适的谦卑之后,我也许可以加上一句,我依然认为我原有的立场是正确的。423c在我看来清楚而明白地表明,阶级之间的流转是可能的,它涉及一项"任务……当护卫者的后代变低劣时,便将其降级,而当低等阶级自然变得更优秀时,则将其擢升至'护卫者'阶层"。这在任何意义上也不矛盾,正如凭434b推测出的一样,434b在提及"一个鞋匠或天性要做生意人的任何其他人力图想方设法爬进军人阶层,或一个军人要爬进立法和'护卫者'阶层"时,苏格拉底得出结论说,这种"互换和相互干涉是国家的毁灭"。这单纯意味着,正如它明确所说的,当占据了适合其天性的角色的个人仍然要改变自己的角色、进入他不适合的角色时,就会有麻烦。这按定义从任何观点来看都是正确的(一个与他所承担的角色不合的人,是根据事实本身而言与其不合),而且完全与前面的观察相匹配:某些人生于他们不适合的群体或角色之中,而当是这种情况时,就应当将他们转移到他们合适的位置上去。

民的人(412b),是最少受非理性说服或影响的人,是最少漫不经心和胆怯害怕的人。

柏拉图那时提出,应当告诉所有孩子(我认为这其中必定包括非"护卫者"、工匠、生意人和农民的孩子)一个神话:地母如何生了所有人,却赋予了不同的人以不同的才能和品质,使有些人适合一种生活方式,而另一些人则适合另一种生活方式(415a)。

在这里,需要了解神话在希腊文化中的重要意义:柏拉图是在利用他自己的文化传统,正如他在区分统治者(斯巴达的"公民")、辅助者("珀里俄基人")和生产者、工匠、生意人("希洛人")时利用自己的斯巴达知识一样。不过,我们应当看到,这不同于向孩子讲述童话故事以逐渐灌输宗教的忠诚、美国的生活方式或一种意识形态。柏拉图想要人明白这一神话的要点明显在于:(1)尽管我们是不同的,但我们都是一个家庭的组成部分;(2)我们在社会政治角色上的差异是和互有的能力联系在一起的,因此是恰当的。这一神话,对"使他们每个人更倾向于关心作为一个整体的共同体和关心彼此"具有"良好效果"(415d)。从教育角度看,运用神话极为清楚地表明,尽管柏拉图极为信奉环境,特别是教育的力量,但他也相信天生才能和取向的程度之分;他相信应当对具有不同取向的人加以一定程度的因材施教;他不反感在和年轻人打交道时使用非理性的说服或影响技巧。

现在,注意力转向了"护卫者"、统治者和辅助者都将会采用的生活方式(415d)。这与教育有一些关联,因为很明显,柏拉图认为,所有对性格形成和智力、道德、身体培养的潜在影响,都是除"课堂"教学或正式学校教育之外的教育的题中应有之义。考虑到柏拉图明显相信作为一个整体的国家可以并且应当全盘监管人的成长,例如这样的看法是极有道理的——柏拉图将会赞成当代意义上的寄宿学校。无论如何,"护卫者"要在全国范围内的寄宿学校中度过他们的一生,而又一次,部分的灵感必定来自斯巴达。"护卫者"将生活在公共营房里,没有私人财产,他们的食品将由其他公民供给(正如"希洛人"为斯巴达人提供食物一样)(415ff)。所有这一切的政治目标,是将权力或权威与物质回报分离开来,以使人们不致受到诱惑,去攫取对个人有利的政治权力,并且使政体排除贪婪和物质主义等腐败情绪(417b)。并且,继他的各种论证之后,柏拉图承认(他的许多同时代人如果不是革命性的话,一定觉得这种观点是激进的),一切适用于男人的也适用于女人(424c ff)。因此,女人也许可以经历同样的培养并最终成为统治者;因此女人也要过公共生活,孩子将属于群体而不属于父母个人。①这种彻底的共产主义引领柏拉图思考到谁可能和谁睡觉的某些细节——要避免母亲和儿子、兄弟和姐妹等同床共枕的可能性(毕竟,给我们提供了俄狄浦斯故事的,正是这种文化)。我们无须拘泥于这些细节。[在色诺芬的《会饮篇》中,安提斯泰尼问苏格拉底,如果他坚持女人能完全像男人一样接受教育,那为什么他在教育自己妻子粘西比(Xanthippe)之上没能获得成功。可能顺带要注意的是,有人认为毕达哥拉斯主

---

① 尽管我认为,柏拉图的许多同时代人会发现他有关女人和性关系的建议是"激进的,如果不是革命性的话",但值得注意的是,希罗多德(4.104)已经记载,阿伽杜尔索伊人(Agathyrsi)"女人是公有的,所以他们也许人人皆是兄弟,而且作为单一家庭的成员,能够没有嫉妒和仇恨地共同生活在一起"。阿里斯托芬的喜剧《吕西斯特拉忒》(Lysistrata)(411)和《伊克里西阿》(Ecclesiazusae)(又译作《公民大会妇女》)(392)也对妇女进行了描绘,其描绘方式一定程度上预见到了柏拉图更认真严肃的观点。人们认定的公元前5世纪雅典女人的实际角色与戏剧和神话对她们的许多表现(例如美狄亚)之间的区别,通常是引人注目的。的确,有些人受到诱惑,在这种明显区别中看到了这样一种观点:标准的女性角色观也许是错误的。

义是乐于接受女性的，那些著作是献给一个叫萨洛（Thano）的人的，这人可能是毕达哥拉斯的妻子。第欧根尼·拉尔修〔3.46〕也提到学园中一位名叫阿克希奥迪亚（Axiothea）的女学生。〕

柏拉图教育模式的最重要部分（或至少是其顶点），是统治者应当成为哲学家；只有通过成为具有原则和理性，并且因而具有智慧的个人（这是柏拉图所说的与智者相对的哲学家的意思），他们才能适合担任领导角色。将导致真正哲学家的兴起的功课，是以可能是所有柏拉图著作中最重要的段落来开篇的，在这些段落中，柏拉图介绍了他的理念论，他的太阳、分界线和洞穴的影像或隐喻（502d ff）。

下面将详细思考理念论（也称作理型论）。在这里，足以说明，柏拉图区分了万物的特殊实例和所有东西共有的本质或理念，或它们都分有的理型。因此，每张床之所以是一张床，是因为它是抽象之床（bedness）的一个实例；每一场恋爱之所以是恋爱，是因为它是爱的理念或理型的一个实例。殊相的知识必然是有限的和不完美的（没有任何一张实际的床是完美的；没有任何恋爱的实例是不可亵渎的；没有任何一块实际的石头对所有人来说看上去是一模一样的）。但床、石头和恋爱的理念却都是完美的和永恒的。真正的哲学家是拥有有关理念知识的人，而不是限于了解特殊实例的人。

善的理念据说（按总的来说并不清晰的说法）是知识的终极对象，并且与所有其他理念处于一种与太阳和可见世界一样的关系之中——它自身是可知的，又是其他理念的可知性的缘由，正如同太阳既是可见的，又是其他万物可见性的缘由一样（507 ff）。线被用来表现心理意识或启蒙的不同阶段：经由"想象"（eikasia，例如，简单地、不加批判地在一个人心灵的眼睛中加以描画），通过"信仰"(pistis)、"理智"(dianoia，逻辑推理和批评分析的力量)，并最终达到作为掌握理型或理念之能力的"理解"(noesis)(509c ff)。正如每一位评论家都指出的，最适合转译柏拉图的专有名词的术语都是极富有争议的，他所给出的线的划分比率所具有的重要意义，以及分配给线的每一部分或理解的众多类型的物的精确分类，同样是富有争议的。我们可以确定无疑的是，线的两个较低阶段，我称之为"想象"和"信仰"的阶段，一起构成了柏拉图所称的"意见"(doxa)或"看法"，而"理智"(dianoia)和"理解"(noesis)则是"知识"的阶段。思想发展的道路，广义上说，是从单纯的影像收集到分析性地掌握例如爱情、正义、真理、知识本身以及最终的善等抽象的基本组织性概念的旅程（在柏拉图的观点中是否存在一种观念的等级，有一点不确定。但是，尝试并提出这种等级详细说来是什么，将是鲁莽的）。

洞穴的寓言更容易透彻理解(514ff)。我们被告知一个洞穴中有一些囚犯，由于受到限制，他们只能辨识出由火光投射在洞壁之上的物体的影子。那就是他们"知识"的范围。但一旦他们摆脱他们的锁链，他们就能够看到物体本身而不只是物体的影子。摆脱洞穴之后，在太阳光中，他们能够看到真正的现象，而不只是万物的模型或它们的影子。但他们最初不能凝视太阳——继困在黑暗的洞穴之后，他们的双眼会被太阳光刺瞎。最终，他们逐渐能够凝视太阳本身。显然，连同太阳和线的类比，这是一个隐喻，一个用来解释我们流行的无知和需要攀登到哲学所提供的更大认知的隐喻。但在这一隐喻中也存在另一明显信息：假如这些凝视太阳的人重返洞穴，他们将不能像一直待在洞穴中的人那样发挥作用，因为他们的眼睛已经被太阳所眩惑，他们不再能安逸地待在黑暗的影子世界中。所以，尽管他们已经实际上见过真实的世界和太阳，他们的穴居同伴却会认为他们特别盲目和愚蠢。哲学家、真正受过教育的人、那些掌握了理型的人正好也是如此，他们冒着智力远比他们低的人的仇视、敌意和嘲笑的风险。

在这一认识论命题之后（我们还将回到这一命题），隐藏着一条信息：教育是一个按照正确方向改变头脑的进程。它不是一个掌握身体技能的问题，正如斯巴达人所认为的那样；不是一个培养互不相关的思想技能和策略、就业技能或获胜方法的问题，正如智者派所认为的那样；它不能限于修辞术或教人们如何争论的事务，正如伊苏克拉底所设想的那样；它不是关于有用信息和传统态度的，正如许多同时代雅典人毫无疑义地认为的那样。它是有关掌握抽象思想且专注于某一套道德和人文主义的概念的。

柏拉图那时作为一种在抽象思维方面爬得更高的方法所提出的功课，由算术、几何、天文学、和声所组成（524e ff）。又一次，柏拉图的教育思想最特别且因此可能表面看来最相关和最有用的层面，事实上根本不是这一类东西。需要考虑的，不是是否应当在初中的最后一年引入和声的学习，而是教育在其推进的过程中是否基本上、主要是一个培养抽象概念思考和分析的取向的问题。

这不是暗示柏拉图对自己提及的科目问题的兴趣严格限于其作为一种手段的用途，也不是暗示人们不能在今天沿柏拉图的思路论证学习数学具有重要意义。毫无疑问，柏拉图认为数学（涉及算术和平面、立体几何）是具有内在价值的，并且作为认知的一个分支是具有价值的；同样明显的是，数学无论在过去还是现在都同天文学和某些方面的音乐理论有紧密联系。柏拉图依然受到前苏格拉底的古希腊哲学家感兴趣的宇宙论问题的影响，在例如《蒂迈欧篇》的对话录中,他对天体的和谐刨根问底,或带着明显的献身精神,更乏味地追究宇宙的运行。也许可以举一个例子来说明,大致在柏拉图的基础上(学习数学能制约一个人,使他用不完美的、物质的殊相相对的抽象概念和理想概念行事),学习数学是学习哲学的良好准备工作。然而,我意识到,不存在任何真正有说服力的论证或证据去肯定或否定这一主张,也许应当认为,这一主张应当与一种由来已久的主张——受过古典教育的人会造出最好的计算机程序设计器——不相上下。不过,不考虑人们在这一问题上的众说纷纭,这样说似乎是保险的:柏拉图主要关心的是提供一门课程,培养以理性和抽象术语思考基本的道德和人文主义问题的能力,最终达到完美掌握理念本身。如果我们想要最终把握柏拉图的教育哲学而不是他对学习数学的价值的信奉的话,我们需要感受、探讨并最终加以评估的,正是这种信念。

尽管在他对话的整个过程中,柏拉图显示出了对教育的强烈兴趣,但我们应当记住,《理想国》最终不是谈论教育的,而是有关政治正义和个人正义的。因此,大量的篇幅包含柏拉图的某些关键论点,这些论点与我们这里的论题并不直接相关,但却应当提及。更引人注目的是,《理想国》引进了精神三分的学说(435 ff),对政治制度的各种可能类型进行了考察和评价(545d ff)。柏拉图相信,正如他的理想国家包含了宽泛来说的三种人——理性的统治者或哲学王、坚定而强壮可靠的辅助者、大部分遵从本能和欲望的相对不那么理性的多数人——一样,在每个个人内部也存在三种不同元素:理性的、精神的、非理性的或口腹之需的部分。在这里选择恰当的词是困难的,但需要点明的是,柏拉图并没有将灵魂中的第三种元素(口腹之需或欲望)对应于政治的大多数当作下贱的或低贱的。

显而易见，他认为哲学王是最全面发展的人，而且他致力这样一种观念：理性是最高的人类才能。但是，尽管如此，他还是认为，我们都具有本能、欲望和口腹之需，这些东西本身根本并不必然有错。那些智力上未得到开发的人，因此不应受到无视或利用。有人可能会合乎情理地指责柏拉图是家长式作风的，不过，无论对灵魂的欲望部分，还是对公民群体的政治大众，他的敌意都不会比一位父亲对待一位他虽然认为没有得到充分发展的儿子要多。对柏拉图来说，重要的事情不是去否定、压抑或谴责口腹之需或欲望，而是理性地对它们加以组织。被正式定义为"做适合于自己的事情"的正义，因此在国家层面上，具有理性认知的人执掌权力，而在个人层面上，则是个人的激情和欲望得到理性评估，个人拥有个性的力量去坚守"做适合于自己的事情"（对灵魂的更全面讨论，参见第十四章）。

那些研究柏拉图的政治观而认为柏拉图提倡极权主义的批评家，应当好好仔细阅读他对各种类型的政体的讨论（543 ff）。柏拉图对财权政治、僭主制和民主制有苛评，但他最尖锐的言辞是为僭主保留的。他的实际观点是，所有类型的制度中都存在好的和坏的可能性，但事实上无一是可接受的，因为在实践中，没有任何统治者（无论是一个、少数或许多统治者）会优先考虑理性和善，将它们摆在其他所有过于熟悉的目标（例如，名誉、财富、权力、多变、放纵或自利）之前。《理想国》的简单信息是，直到我们可以说服那些真正有智慧、对权力不感兴趣的人承担责任，尘世都不会存在任何和平、稳定、幸福。同样，只有当理性得到全面的培养，允许个人按照善的理念组织我们的人生观时，个人才会得到全面的实现。

柏拉图
Plato

有关《理想国》中的审查制度问题(595 ff)(我们还将回到这一问题),有关灵魂的不道德的讨论(灵魂的不道德在柏拉图看来是一种重要的现实,尽管必须强调的是,由于古希腊的独特的宗教观,信仰根本不意味着我们所说的宗教一词意义上的任何宗教的东西,尽管在柏拉图看来,它的确具有其神秘的一面),有关正义的人或非正义的人是否会带来一种更幸福的生活的直接思考,还有更多可说的。但是,独特的教育观点,我们现在是已经穷尽了。

我们需要追问的问题,不是那些围绕他有关实践性的建议展开的问题。那些问题显然是受环境限制的,他的原则和价值观也是如此。例如,争论他对公共营房的看法是否可取,是没有特别益处的,但是,他明显相信国家应当控制教育——从提供托儿所到掌控课程——却是值得思考的。他独特的课程提议,大部分归功于数学是他那时少数发达的领域之一。对我们来说,问题更多:他是要证明(1)中等课程的本质应当由培养心灵所组成吗?(2)它应当在特定的意义上,尤其是将其引向抽象的概念思维和道德思考的意义上来这么做吗?(3)他对技术和职业训练轻描淡写(如果不是实际上蔑视的话)是正确的吗?(4)他认为"职业教育"在术语上是一种悖论是正确的吗?在审查制度方面,尽管他的特殊例子都要归因于他所处的时代和地理空间,并且删改荷马诗歌对我们来说已很难是个问题,但控制、选择和审查的原则是极为重要的,正如相关而不同的教化问题极为重要一样。例如,我们如何区分性格塑造(我们所做的)和教化(我们不赞成的人所做的)?

还有一些问题需要更详细的追问。但最大且最迫切的问题是,柏拉图的认知理论是由什么构成的,它们基于何种基础之上。

第九章　理念论

柏拉图的对话，总共在25篇至28篇之间，具体数目取决于我们是否认为其中的三篇是真的。它们涉及广泛的领域，特别是考虑到那是书面论证的黎明期，是作为一种系统的、有条理的活动的哲学的诞生时期时，尤其如此（也许我们应当说，柏拉图之所以涉及广泛的领域，是因为我们所熟悉的知识领域中的许多分支、区分和部门那时还没有被人们认识到。对柏拉图对话录的标题和整理的简述，参见附录二）。他的著作致力于政治理论、伦理学、数学和形而上学，甚至以一种理论而不是实证的方式致力科学。他涉及宇宙论问题，正如爱奥尼亚的前苏格拉底古希腊哲学家一样；他冒险涉足占星术。既通过他的认识论，也通过对话形式的性质，他对哲学方法造成了重要影响。而且，在为这许多科目或学科奠定了基础的同时，他还为我们提供了与诸如友谊、爱情、完美、正义、勇气、美学等基本范畴，以及例如转世重生、共产主义等话题相关的最早有文字记录的研究和论证。就我们的目标来说，焦点是他对人文学科、哲学本身的贡献，尤其是对教育的贡献。但值得记住的是，在一种宽泛和非正式的意义上，他所有的著作都是和教育有关的，因为潜在的假设是，柏拉图的对话录所探讨的诸多问题，都是受教育的人应该研究的各种问题。众所周知，他曾对苏格拉底说："未加考察的生活是不值得过的"。而这一观点，与更广泛的古希腊情感极为一致，这种情感在铭刻于德尔斐神庙之上的"认识你自己"(Gnōthi seauton)的禁令中略见一斑。这样的观点囊括了如下设想：生而为人就需要接受教育，进而需要一种经过思考的、与一个人应当如何生活的普遍问题联系在一起的立场。不用柏拉图所采取的方式思考更特殊的问题，例如善是什么、美是什么、我们对法律的义务是什么，我们就难以采取一种理性立场，对一个人应当如何生活的问题做出回答。假如人们必须拈出柏拉图思想的一个方面作为钥匙，那可能就是他的认识论或知识观，尤其是他的理念论或理型论。

他对理念世界的重视和对与理念世界打交道的实践意义的重视，在声称思考抽象理念在日常世界中具有实践价值时似乎是矛盾的。然而这既是他无所不包的主张，又是自他那一时代以来的哲学中最有影响又众说纷纭的主张。（大多数情况下，柏拉图所使用的古希腊词语，是意指理型或模型的"idea"和"eidos"），我喜欢译为"理念"(idea)，尽管它可能冒着一种风险——会混淆我们对这一英语词汇内涵的理解和我们对柏拉图这一术语的理解。由于柏拉图的理念确切是什么是有争议的，所以，尽管有时难以避免，但在这一语境中提及"概念""观念"或"思想"也是问题重重。我有时想弄明白，"理念论"是否不是最佳的名称。但我还是坚持用理念论或理型论（the theory of Ideas or Forms）互换着使用。在下文中，在提到柏拉图意义上的理念或理型时，第一个字母"I"和"F"我总是用大写。

在与《理想国》的关联中我业已提到的理念论，并不限于《理想国》中的思考。事实上，这一理论在柏拉图一生中都在发展（这在不同的对话录的处理中表现得很清楚），他自认为这一理论提出了许多难题；并且从亚里士多德开始，理念论就获得了批判性的回应。因此，在《游叙弗伦》的对话录中，游叙弗伦（Euthyphro）认为，就虔敬行为来说，共有相同谓项的各种实例，都具有可称之为虔敬的一般共同特征（6d ff）。这与柏拉图的理念论不谋而合，我们理所当然应当提到它，但它滑上了一条没有明确勾画出这一完整理论轮廓的漫漫长路。尽管在各种对话录中还存在对这一理论的其他提及、评论和批评性研究，但唯一试图以一种系统方式说明这一理论，包括论及独立于现实或超验存在的理念的（这是一个问题重重的问题），则仅出现于《斐多篇》中（在《斐多篇》中，"理念"一词本身较晚出现，103e）。在这里，构成美本身、平等本身等（在古希腊，包括"美的""平等的"，语言的转向可能对柏拉图的思考具有某种影响）的理想界和我们所感知到的日常世界或现象界之间的区别得到了区分。在正常谈话中，我们大多数人会认为后者是真实的世界，但柏拉图提出的悖论是：事实上，真实的是理想界。因为，神圣的、不朽的、可理解的、统一的、不可分解的和难以改变的，是美本身，或正如我们现在可以说的，是美的理念，而一个美人的美（例如，现象界中美的一个实例）却不是神圣的，而是世俗的、非理性的或费解的、多样的、可分解的和可变的（80b）。

值得注意的是以下两者之间的区分：一方面总是必须以一种殊相表现出来的理念，正如奇数必定总是数字三的一个特征，一方面则不是理念的东西，例如一个人的不足。这种区分，进一步引出了我们现在可称之为特征的东西和一个概念的意外事件之间的区分。但《斐多篇》的主要意义，不是告诉我们存在理念，例如美和善的理念，它们是真正的和真实的，但却难以凭感觉来理解，而只能在经过理性推理之后借助"Nous"（理性）加以理解。

我们的灵魂或心灵（就我们目前的目的来说，这两者可以互换），可以通过先于我们身体的当前存在的一种存在熟悉它们，而我们感觉的目标、现象或日常的实例，可以驱使我们回忆起它们，但是，真正掌握它们却有赖于智力。

讨论该理论的最初问题，是要确定在柏拉图的有生之年，它是否有极大的发展，如果有，它又是如何发展的。更进一步的一个问题，隐藏于这一问题之后，也就是如何确定这些对话录的写作次序。本质上存在四种试图确定这些对话录写作的相对日期的途径：追溯哲学发展的模式，比较文体特征，评估相关文献的品质，利用互相参照和对外部可确定年代事件的参照。这些方法没有一种是十分可靠的。就我们的目的来说，追溯一种哲学发展模式，除了困难重重之外，还回避了问题的实质，因为我们力图确定对话录的时间，目的是为了辨明哲学发展的模式。比较文体特征，尽管现在一般采用计算机来进行比较，带有某种科学的表象，但却根本不真的是科学的比较。评估相关文献的品质，甚至更明显是判断的问题，并且事实上能够表明的是，涉及来自不同学者的截然不同的判断。最后的方法也许天生是最可靠的，但没有足够的资料去解决所有这些难题。看似十分可能的是，存在着一种从苏格拉底的立场到柏拉图的立场的发展，前者聚焦于需要定义和今天我们也许可称之为分析的东西，后者则似乎提出了理念的一种独立的真实存在——有人也许会以别的方式认为它是形象地内在于特殊的实例之中的。不过，确切地确定这一点是困难的，而且对我们的目标来说是毫无必要的。据此，我没有追求阐明这一理论的发展，而是要对作为一个整体的这一理论做出阐释，坚定地以柏拉图的阐述为基础，而不去追踪他自己所提出的每一质疑、追问或细微的修正。我随后会思考那些辩驳这一理论的人的批评所具有的广泛特征，并最终提出，宽泛来说，批评是没有说服力的，该理论是正确的（有些人可能更喜欢"貌似有理的"一词），并且依然具有十分重要的意义。

柏拉图的假设是，在我们的日常生活中，我们与万物和经验的特殊实例面对面，而这些特殊实例在各种意义上都是不完美的，我们对它们的看法无可避免也只是片面的。因此，我碰到了这一张床：它是一张不完美的床（没有任何木匠或机器能够令人信服地造出一张各方面绝对完美的床）；它不是一张理想的床；我们不能参照这张床来精确地、全面地定义床（因为如果对这张床的精确详述定义了"床"，那么所有其他的床就证明不是真正的床，而这是荒谬的）；但不仅这一床的特例是不完美的，有别于一张床的定义上的特征（因为，尽管它符合定义一张床的标准，但它的特征与这些标准并不是同样广泛全面的），而且同样显而易见的是，这张床是暂时的，我们对它的感觉和把握永远不是确定的。这也就是说，第一，这张床将逐渐地屈从于自然磨损，改变自己，也许会变成一张破烂不堪的床，且最终四分五裂（毕竟，我们不曾拥有任何柏拉图所理解的床；它们都会老化并消亡）。第二，尽管在一个层面上，我十分熟悉这张床，但我永远不可能理所当然地将它当作一个整体来理解；从一个角度来看，它具有一种表象，从另一个角度来看，它又具有另一种表象；因为它随着时间的变化而改变自身，因此我永远不能精确地沉思这同一张床。你感知的这张床永远不可能完全是我感知的这张床。那么，在一种直白而确实无可否定的意义上，一张特定的床尽管是一个足够真实和坚固的物体，却的确是"特定的"：它不是一张床的缩影，它不是抽象的床，它本身不是一张床的理念（或永远不是一张床的理念）。正如我们今天也许可以这样说：这是一张特定的床，本身是一个物体，但它区别于一张床的概念或抽象的床的概念，这种概念不是物理的和独特的，而是理念，其特征是代表了标准，任何独特的物体都需要与这一标准相配或被当作是床的一个实例。

尽管柏拉图提出了是否存在对应于每一事物（无论它是具体的还是抽象的，微不足道的还是至关重要的，令人愉快的还是丑陋不堪的，否定的还是肯定的）的理念的问题却没有做出清晰的回答，但可以肯定的是，这一理论不仅限于例如床这样的物理的人造物。一块石头，尽管不是人造的，而且按其本质来说是相当坚固的，但它仍然像一张床那样屈从于变化和衰朽。雨水在逐渐磨损石头的同时，也因此改变着石头的性质，同样，对从不同角度、具有不同眼光或在不同背景中来看的人来说，它看上去是不同的：水中的石头看上去不同于陆地上的石头，正如更具戏剧性的那样，一根笔直的棍子在被半浸入水中时，看上去就像弯曲的。这一理论也明显覆盖了例如爱情和友谊这样的抽象观念，并且重点也在这里，因为最终，虽然也许试图将这一理论用于从泥土到诸神的万物，但柏拉图的真正兴趣不在物质实体，而在抽象概念，特别是那些与做人为何及作为人应当如何生活的大问题联系在一起的抽象概念（为了避免所有可能的混乱，应当注意的是，尽管所有的概念，无论是石头、床还是爱情的概念，按其本质来说都是非物理的或非物质的，但显然可以存在物理的和非物理的事物的概念。所有概念都是抽象的，但某些抽象概念是抽象理念的抽象，而某些则是例如爱情一类不可直接感知现象的抽象，某些则是具体实例的抽象）。

柏拉图论点的肯定的一面，仅涉及已经做出的论证的反转：抽象的床、爱情或友谊的概念不是特定的、物理的事物。它们是抽象的理念。就这点而论，它们不屈从于世界的衰败或衰退：它们是永恒的或不朽的，因为它们的存在不依赖于任何物理法则。它们不会因为不同观察者的互不相同的视角而以不同的伪装出现于观察者面前。友谊，一旦我们理解了或定义了这一理念，并且假定我们完美地把握到了这一理念，则友谊便是友谊，并且无关乎在何处找到友谊，观察者的视角可能是什么。此外，友谊的实例，只有在它们符合界定友谊理念的标准的范围内才是友谊。举一个数学的例子：三角形的概念是，三条直线组合在一起，构成一个三角相加等于180度的形状。这就是三角形之为三角形（用另一种表述，即"三角形"一词的意思），它是所有三角形所具备的并将继续具备的东西，因为定义提供了作为一个三角形的必要和充足条件。没有任何实际的三角形可能是完美的，因为，尽管我们也许不可能用眼睛或仪器去查证这一点，但事实上，没有任何所画的线会是绝对直的，也没有任何角会恰好是人们所设想的那样子。当然，对你和我来说，没有任何一个三角形的实例看上去是相同的，因为我们是从不同的位置来打量它的，而且地球上的任何实际的三角形形状都不会是永恒不变的。但是，三角形的概念是永恒的，是超越物理变化的。它也是判断物理实例是否是三角形的理念、模式、概念、标准框架。

我将在五个话题之下思考理念论的问题重重的特征，其中最后一个在我看来是为了理解柏拉图的教育思想而需要搁置一旁的唯一一个话题。

1. 语言：柏拉图比大多数哲学家更多地写到供他支配的语言不完全敷用的问题。针对他不具备一种现成语言，他自己介绍了至少两种新看法：他区分了我们会称之为"特性"和"事故"的东西，正如我们看到的，他同时对两者未置一词；同样，他区分了"矛盾对立"和"他者性"，但他在这样做的过程中，不得不说运动和存在的理念是不同的却可以兼有，而动和静的理念却永远不可能兼有。在将这一思想之后的词汇标贴牢记在心的同时，在我看来，人们应当保持高度警觉，不要过于重视柏拉图所使用的准确词汇（尤其是当我们要补充一句——我们不得不意译它们时，更是如此）。当然，对有些人来说，存在的一个问题是，当他提到理念时，柏拉图使用了各种各样的不同说法。他不仅有时候谈到"idea"，有时候谈到"eidos"，有时候使用另一些迂回辞令，而且在不同的时间写到它们是"存在于"殊相之中的，是"通过其"殊相来显示其典型特征的，是它们"使"殊相具有了殊相所拥有的特征，无论是通过它们的"在场"还是它们的"联结"。有时，殊相"拥有"一种理念；有时它们分享理念；有时它们带有理念。与这一般观点联系在一起的是，柏拉图是否将一组词当作或多或少的同义词或一组可以互换的概念，并不总是一清二楚。大概当他似乎要确认"善"和"美"时，他并不声称这些词汇是同义的（尽管同英语相比，在古希腊语中这些词远不那么矛盾，kalos意味着"美好"或"合适"一类的东西，具有两者的言外之意），但有人也许会想，在多大程度之上，他的存在、不变性、绝对性不可分的观点，逐渐变成了它们本质上是同样的东西的观点（《会饮篇》，210a），或者"神圣的"意思是否比"不可见和永恒的"意思要多。而einai（"有"）的各种不同意思，的确对柏拉图想要指的精确含义具有影响(参见下文)。

2. 存在每一事物的理念吗？柏拉图是否相信存在每一事物(从例如床一类的人造物，例如谈情说爱一类的情感状态，例如幸福一类的理想到例如泥土、卵石和头发一类微不足道的事物)的理念，并不显而易见。特别不确定的是，他是否想象过存在一种否定的或邪恶的本质的理念。确实，例如，他在《理想国》中提到了"抽象的床"，那时他提出，画家对床的了解甚至比木匠对床的了解还要少，他自己并不必然全面把握到了床的理念，但可以认为，柏拉图在这里只是在阐明有关艺术家远离真实知识的观点，他并没有真正对是否存在"抽象的床"的理念这一问题提出任何看法。同样，由于理念总是代表着我们应当加以追求的知识对象，那么，有关理念并非如此或不值得看重的观点，就有那么一点奇怪，而柏拉图相信可能如此却不是不可能的。我们不应当被这样的段落误导——其中说，"我们习惯于"为每一组叫同样名称的事物"提出"一种理型或理念(《理想国》，596a)——进而要么认为这确凿地为每一事物确立了一个理念，要么认为一个理念只不过是一个词语。这里的言外之意是，一个理念对应于某种类、别或属，而不是任何可识别的属都有一个相对应的理念，应当完全毫无疑问的是，对柏拉图来说，名称的目的，是为了根据独立于被命名之物的本质进行归类(《克拉底鲁篇》，388b)。我怀疑柏拉图没有在自己脑中完全构想出对这一问题的回答，因为无可争辩的是，他的焦点集中在与人类和美好生活相关的基本的、评价性的、有机的概念之上。换言之，他的兴趣在例如美、勇气、友谊、正义等观念之上，而不是在泥土或背叛之上。

3. 存在理型的分层吗？这一问题自然跟随前一问题而来，也许还与稍有不同的一个问题——他是否相信理念和殊相之间的居中实体。亚里士多德对第二个问题的回答是,柏拉图相信,特别是提出了例如"相等数目"的数字体——它区别于"相等"的理念(《形而上学》,987b)。问题在于,在《斐多篇》中(74a),柏拉图提到了"相等本身"和"相等的事物本身"(例如,区别于相等的棍子或相等的线),而亚里士多德将这解释为意味着存在一种区分。赞成这一解释的观点是,情况正是如此:正如谈论特定的自然圆圈和圆的理念一样,我们也许可以用复数谈论抽象的、理想的圆圈。不过,我认为相互交切的两个圆圈在一幅画中既不像特定的自然圆圈那样是缺乏想象力的,也不是圆的理念。圆的理念是单数的,所以它们必然是其他的东西。(要注意的是,这适用于数学的实例,但不适用于像"美的"东西:存在着美的观念,在自然界也存在着美的实例,但我们能够想象圆,却难以想象"十全十美"。)我倾向于否定亚里士多德的看法,同时要再一次注意到,尽管认真对待这一问题显然是对柏拉图展开的学术研究的一个合理方面,但评价柏拉图的一个更重要任务,是要弄清他在谈到最让他感兴趣的道德理念和社会理念时说了些什么。出于同一原因,尽管在某种意义上明显存在一种理念的分层,因为显而易见,善的理念是至高无上的,但试图重构这种分层却是次要的(或建构这种分层,因为同强调善的优势地位相比,柏拉图在这一话题上是否说得更多,现在依然不很清楚)。

4. 第三人。柏拉图自己在《巴门尼德篇》(Parmenides)中引入了一系列更富有逻辑的狡辩,这些狡辩并且获得了亚里士多德的附和,其本质即所谓"第三人论证",简而言之,即像这一类的论证:假如殊相像它们的理念(圆圈像圆),那么,由于相像是一条双行道，理念必定类似于殊相（圆类似于圆圈）。但如果圆类似于特定的圆圈，那按柏拉图的说法，必定是由于两者有了一个进一步的理念，如此，等等，以至无穷。这是我发现自己同情那些认为哲学是一种琐碎无聊、吹毛求疵、咬文嚼字的活动并且纯属浪费时间的人的少数几个地方之一！这并不是我拒绝逻辑，甚至于希望不去关注那些不具有任何实际结果或利益的议题（尽管巴门尼德、柏拉图自己和亚里士多德持有可能不同的观点）。不过，我拒绝这种论证思路的灵感，依赖于对所有这些已经被意识到的问题之根源的理念论（也就是柏拉图所坚持的理念是真实的，且具有一种独立存在）持有异议。如果不是如此，如果例如我们所处理的是我们现在所称的"概念"，那么所有这些问题就都不会出现。

5. 超验界。这一重要问题不存在于理念论或理型论自身之中，而存在于以下看法之中：柏拉图相信存在一个与我们所熟悉的世界并列的超验界，理念在超验界中拥有真实存在。当然问题的确也就在这里：这个世界在何处？正义、抽象的床、爱以何种方式存在于这一世界？这两个世界的关系的本质是什么？这一特定的床是如何区别于散布在那另一世界之中的抽象的床的？

批评柏拉图的人坚称，这一理论是违背直觉的，是难以置信的，假如不完全是错误的话。尽管我们的感觉和表象可能会欺骗我们，万物确实会随时间改变，但物理世界依然明显是真实的世界，断定存在一个理想的世界或多或少是难以理解的。

确实，柏拉图使用了理念的"真实""分有""存在""完美""不灭"等说法，所有这些说法，如果从字面上来理解，都表明理念的确是实例的对应物，它们的世界与我们所知的物理世界并列，在科幻故事中即是如此。但这忘了在柏拉图写作的年代，他所使用的语言是力图要处理完全新奇的概念和观点。人们只要想一想古希腊人谈论他们诸神的方式，就能够看到，无论是因为他们的语言滞后于他们的思维，还是因为他们的思维基本上是受世俗约束的，他们都的确不曾拥有自那以后被创造出来的各种形而上的、精神的和宗教的概念。无论他们是否想，古希腊人都不曾拥有语言去谈论例如"三位一体"或特定的基督教的救赎、原罪和天堂概念。而且，如果这一点还不够的话，更进一步来说，即使在今天，也的确不必逐字去对待柏拉图的语言。

我要提出，柏拉图希望传达出的重要意义和实质上的完整意思是，理念的世界比物理的世界更真实，是存在于以下特定的意义之上的：如果我们要最完整地了解和掌控我们的生活，我们需要逐渐把握的就是理念的世界。声称"爱"的理念是不朽的，实际上一点也不奇怪，有文字记载以来它就的确流传至今；声称爱的理念在爱的实例很少有意义上是完美的，也不神秘。任何概念都不必是十全十美的，甚至丑恶或残暴的概念也可以合乎情理地被说成是天生完善的，当然不是在十全十美、美妙绝伦的意义上，而是在十足丑恶或绝顶残暴的意义上。说爱的理念"存在"并不像某些人所声称的那样是令人费解的——它的确存在，以致它有时会将为爱而自杀的罗曼史带到我们之中。当然，假如我们将"存在"[或古希腊的einai（"有"）一词]解释为指拥有肉身的、躯体的或物理的化身，我们的确就会面临一个问题，因为在某些非人间的空间中存在具有物质在场的具体化的理念，这样的想法是不能认真加以对待的。不过，我们不需要这么做。既可以用einai来指本义类型上的存在（狗就是），也可以用来指比喻类型意义上的存在

(神就是),更不用说用来指断言、鉴定、类别归属、定义以及一个陈述的真相的存在(参见Kahn, 1966)。当走向理念是否是真实时,同样的选择摆在了我们面前:在自然珍珠是真的、人工珍珠不是真的,肉体的切割是真的、比喻的冷落不是真的意义上,也许可以来谈它们是否为真。有人认为,尽管柏拉图语言装饰华丽、富有创见,以致格思里评论说,他谈论理念的超验性顺带着"谈论了不朽性,有翼灵魂在天堂之上的一个地方遇见真理、对无形的美的看法"(Guthrie,1975:250),但当提到它们"是"("being")"存在""拥有实体"时,主要的意图却只是要传达和强调理念的不变、不灭、不朽的本质。这种观点不仅使他的理论众所周知地貌似有理,而且,我猜想,它本质上是正确的。

也许可以说,以这种方式论证,是使柏拉图的理念仅成为概念,这是例如格鲁伯这样的评论家明确反对的:"将理念视为任何类别或形式的概念都是一种错误,因为直到一个大脑想到它,一个概念不可能借定义而存在,并且这是柏拉图的理念左思右想拒绝承认的。理念准确说来是概念相对应的客观实在,无论我们是否知道它们,它们都存在。假如整个人类是无知觉的野蛮人,正义的永恒理型在任何情况下也会照样完全存在"(Grube, 1980:49)。[参见下文第十五章,以及Adam,(1902)1965:第二册,168页]。我实际上不是大部分不同意这种观点,但我会引出不同的结论。的确,柏拉图相信,正义的理念在某种意义上是存在的,无论谁想到或未想到它,但为什么不应当是意味着存在连贯一致和不连贯一致的概念呢?没有人可以设想一个正方形的圆,尽管我们可以谈论这样一个圆,但爱却是在任何时候都可以构想的,甚至当它事实上不被人构想时,也是如此。对柏拉图来说,重要的确实是这样的观点：万物是不完美的，为了理解（并扩大来说，掌控和改善）生活，一个人需要掌握抽象概念——在它们永远在那儿被人构想的意义上，抽象概念也许可以说是永恒存在的。说理念是概念相对应的客观实在，尽管在表面上十分自然，却回避了问题的实质。一种可替代的解释说，概念本身拥有客观实在：人们也许可以说，三角形是一个等着人去构想的概念（这是否正好可以用来谈论善，是一个进一步的问题。这里我只是坚持认为，这种对柏拉图所说的理念的实在和存在是什么意思的解释，是像其他所有解释一样貌似有理的）。

这种争论归结为，人们一般将柏拉图解释为相信"爱"就是爱之为爱，是像一只蝴蝶一样等着被捕捉并被给予正确命名的一个理念。另一种替代性的解释则说，存在原则上说是人们所给出的各种对爱的连贯一致的解释，或各种爱的理念，以及各种不连贯的解释。任何可构想的连贯一致的解释都是一种理念。（尽管柏拉图明显不是按照存在各种合理的爱的概念和形式来进行思考的，但他很难辩驳存在属的不同类，而就这点而论，与他所说的观点根本没有关键冲突。他谈论一个爱的理念，但推而广之，在他的话里，他根本没说使存在每一类型的爱的一种理念这样的观点站不住脚的话）可以构想的东西，是作为一种理念而存在的，无论任何人是否喜欢它。毫无疑问，在柏拉图那里，都可以找到用来支持这两种看法的段落。不过，在促成这后一种解释的同时，我将促使读者注意柏拉图的清晰说明：词语最终或者在逻辑上不得不追随概念，而不是倒过来——概念追随词语。[①]

[①] 我引用过《克拉底鲁篇》（388a），但这一对话录作为一个整体并不完全是直白的。请参见第二十六章对这一对话录的进一步简评。

在这一话题上，需要区分三个问题：柏拉图的立场事实上是什么？对文本什么样的解释是可能的？考虑到思维之上的变化和发展，假设柏拉图活到今天，他会说些什么？我的观点是，我已经介绍过的两种解释都是合理的（正如其他略有变化的解释一样），到今天，柏拉图的确会取我所提出的观点（仅仅因为他会是我们的时代之子，不会致力一网打尽的诸种理念），而这种观点极有可能是他所持有的观点。从教育的视角看，最重要的一个方面，是要证明一个观点：将理念论解释为我们现在所称的概念分析的一种特定看法，不会削弱它与教育的关联性——在培养对理念认知的意义上，它依然隐含着对客观性和知识的一种信仰，对教育的一种承诺。柏拉图说，爱是永恒的或永恒存在的；当我们说，"总是存在一种爱的理念"，在任何特定的时间，独特的个人可能都会唤起并力图阐明这种爱的理念时，我们是在说和柏拉图同样的事。柏拉图的言外之意是，爱因为它是爱而必须被我们看见；我们则更喜欢说，只有用某种方式，爱才能获得连贯一致的理解。

也许看上去，以这种方式为柏拉图辩护等于是大骂小帮忙，因为，比起假如我们承认它部分是形而上的和存在论的来说，这种论点现在远不那么令人兴奋、非同凡响。而顺便说一句，我不是否认柏拉图持有神秘的和来世的观点，我接受他照原文来说对灵魂转世的信仰，我也能够轻易地信服他确实相信来生。但是，在他的著作的任何地方，我看不到任何证据表明，他认为当一个灵魂于重生之前在某些实际的（物理意义上的实际？）阴间四处流落时，在字面的意义上"碰见了""肉身化的"理念。所有这些，除了没有任何明显的文本依据之外，都是毫无必要的。不过，这不是一种空洞的辩护，其缘由在于，又一次，语境——柏拉图所处的时间和地点——赋予了他的观点以重要意义。

今天，也许可以说，这只不过是说柏拉图相信共相（universals），而且尽管分析概念是至关重要的，但这是一种耳熟能详的立场。不过，当柏拉图第一次提出来时，它却并不是耳熟能详的：它是革命性的。此外，尽管自那以后，在哲学家中它已成为某种老生常谈的东西，但我们不应当无视这一事实：不过仍然有人不承认这种分析的重大意义，而另一些人甚至争辩这一有限主张的真相。因为有趣的是，柏拉图在历史上所做的，以及按某些人的判断，他出色而成功地所做的，将驳倒赞成主观主义和相对主义的观点——现在，有人正借某些人乐于称为后现代主义的东西的名义，重新兜售这类观点。

在这里，我们没必要纠缠于"后现代主义"一词本身。我是指这样一些当代信仰和观点，大意是：不存在任何真理，只存在争执不下的观点；不存在任何知识，只存在着意见；不存在任何对与错，只存在时尚、趣味或习俗；不存在任何专门技能、任何高与低的成就、好与坏的生活方式，人或权力或欲望就是万物的标准。这些高度有害的学说，今天不仅在我们的学术理论研究中影响我们，而且在引导我们自己的方式上影响我们。这类学说正好是柏拉图希望与之搏斗的学说：他的理念论，即使是剥去其更诗意的部分和某些具有争议的问题重重的部分，也正如我们所知的，第一次决定性地、全面地摧毁了这类学说。通晓这种理念论的人，无人不能看穿"后现代主义"的空洞无物的修辞和冗长乏味、误打误撞的得分。

柏拉图的观点以及它对教育具有的巨大意义在于，尽管确实如此——古希腊人和野蛮人的习俗和价值观是不同的,雅典喜欢民主制而斯巴达喜欢僭主制,习惯和信仰会随着时间改变,甚至物体也只能从相对的位置来感受——但是,不断变化的表象世界却不应当引领我们去拥抱虚无主义的、相对主义的或客观主义的观点。存在真理,而且真理的知识是可能的。但矛盾的是,为了超越表象,它最终不依赖于对物理世界的感觉或实证,它依赖于我们走向与万物的真正的或理想的本质面对面,或者,如果诸如此类的物理隐喻继续误导我们,则依赖于我们对万物的真正的或理想的本质的分析和逐渐认识。一旦我们知道一种真正的或理想的民主制涉及什么,那么我们就可以进而设法创建一种民主制,或者判断一个特定实例是否接近或远离完美,而不复从前。的确,假如哲学家们本身更好地注意到柏拉图的观点,那么,数世纪以来就有可能少浪费些时间争论他是否是一个"语言实在论者"或是否相信一个理念世界的存在,因为宽泛地来说,这两种争论依赖于人们所说的"实在论"和存在分别指什么。同样,他是否是一个"本质主义者"或"唯名论者"的问题,也就是说,他是否相信他的理念或理型(或现在有些人会称的共相)在本质是独立于我们的定义而先天赋有的,或准确说来,只不过是从殊相之中抽象出来的定义,可能早就会被搁置一旁。正如前面已经谈到的,柏拉图的语言对哲学论辩的任务来说是崭新的,且还没有成为时尚,不总是允许我们准确地去理解他,但是,他是否是一个本质主义者的问题的唯一有趣部分,的确是前面已经谈到的那一问题:在何种意义上,他认为自己的理念是"真实的"且拥有"存在"(可进一步参见附录三)。

从他哲学的这一方面,可以直接或间接地导出许多教育命题，并且由柏拉图自己以一种或另一种方式导出了许多教育命题。首先，由于取得对真理的认识对人类来说是最高的目标，而教育无可争议的是一种以能够使年轻人茁壮成长为成年人的方式培养年轻人的事业，它必须主要关注认知的培养。第二，无论精确的细节是什么，目标都是为了达到获得抽象概念思维的能力。第三，尽管对各类理念可能是什么存有疑问，但柏拉图相信，集中关注基本的概念，具有最重要的意义（例如，集中关注正义）。第四，而且相关的是，虽然对科学不是抱有明显敌意或乃至毫无兴趣，但柏拉图明显相信，主要应当集中关注的是社会概念，而不是科学概念。第五，他明显憎恶，并且相信我们应当培养年轻人憎恶一般来说将表象与现实或真理混为一谈，尤其是在价值观的领域内将趣味或时尚与客观真理混为一谈。第六，虽然它明显隐含于上述命题之中，但他确实认为，哲学应当是教育课程的压轴戏。

第十章　教育的概念

在《法律篇》中，柏拉图评论说，教育是"最好的人可能拥有的首要和最公平的东西"（644a），所以立法者必须不能听其自然，或将它当作是第二位的（766a）。"一种好的教育，是力图改善身心的教育"（788c），"一个接受过真正培养和教育的人，会获得圆满和健康，而假如他忽视教育，他一生将走得一瘸一拐"（《蒂迈欧篇》，44c）。

柏拉图认为教育至关重要是显而易见的，而他的教育观正如我们这里所做的一样，可以总结到一起。不过，当我们牢记两点之时（最杰出地提出概念问题至关重要这一观点的，是苏格拉底；早期柏拉图的对话录频繁地集中于和社会概念相关的问题），有趣的是，教育是由什么组成的这一问题，从来没有被直接提出（在柏拉图是否相信存在与所有共相有关的复杂问题或只是与重要的有机结构范畴相关的复杂问题方面，这有可能提供思想食粮）。不过，尽管他没有正式追问"什么是教育"，但他在自己的整个写作中，间接提供了对这一问题的回答。在他的时代语境之内，他的观点不是革命性的，甚至不是完全新奇的，因为正如我们已经看到的，他在某种程度上利用了他前辈和同时代人的观点和实践。然而尽管如此，在某些方面，它与标准的古希腊看法完全不符。

无须说，每个孩子（除了那些被抛弃致死的），无论是穷是富，是奴隶还是自由，是男性还是女性，在古希腊都得到了抚育。不过，集中于雅典的话，尽管瓶饰画表明女孩子都接受某些初等教育，但教给她们的，不过是接受被认为是适合于一个女人的行为举止，并培养各种对完成一个女人的职责必不可少的技能，例如编织、处理家庭账目；穷人家的孩子将仅限于接受自己家的生活方式，并学习做一种生意，通常是子承父业。只有富裕和贵族家庭的男孩子，才会获得可被我们认为是一种正式教育的机会。

我们所知道的第一所学校，是"历史学之父"希罗多德告诉我们的那所屋顶坍塌的学校，学校坍塌那个晚上的时间，可以确定在公元前5世纪（第一卷，27）。在柏拉图的时代，大多数情况下，男孩子们可能去很小的本地的一间房子的学校。他们通常由一位仆人陪伴上下学，这位仆人专职充任"教仆"（paidagogos）或儿童陪护员。孩子有三种类型的老师：身体训练导师（paidotribes），音乐教师（kitharistes），文字导师（grammatistes）。这最后一种老师教孩子们基本的读写技能。Kithaistes的名称，本义是指弹奏一种像竖琴的乐器或里拉琴，并不以我们今天在一所学校中所熟知的方式教授音乐。他堪比受雇教授钢琴、小提琴或其他乐器的入门知识的家庭教师。这种教学的目标，是提供一种社交技能，让人能给史诗集（特别是荷马史诗）的朗诵伴奏。史诗为这种教学提供了全部内容，它也是被当作死记硬背的材料和被效仿的理想与标准来提供的，而不是被当作任何类型的思想食粮。

换言之，雅典男孩子的正式教育，将意味着只不过是一种十分基本的初级或初等教育。毫不奇怪，苏格拉底给雅典的年轻人造成了影响，而更普遍的是，智者派有这样一批热心的听众。因为正是在对这些个体的教授之中，我们最先找到了适合于我们自己的教育理念的某些证据。当然，这种联系远不是偶然的：尽管将苏格拉底和智者派当作好与坏的两个极端，柏拉图仍然在他们的教学中看到了一种全新的教育概念的本质，他随后发展了它并间接地传给了我们。采用一种极像例如色诺芬和巴门尼德利用前苏格拉底的古希腊哲学家的方式，柏拉图开始构建一种神的概念体系，更多是一种无形的"力量"而不是传统古希腊宗教中的人格化的神和女神，它最终找到了进入基督教并间接进入其他大量宗教的道路，所以他可能是一种主要的当代教育概念的单个的最重要的源头。

这种教育概念的关键是，它涉及这样一种观念——教育主要是要关注心灵的培养。这立即提出了柏拉图对待其他类型的抚养的态度。在对柏拉图的批评中，存在一种强烈的倾向，认为他对体力劳动、职业、手艺心怀敌意。这部分基于将《理想国》解读为一部旨在压抑和奴役无价值的大众，为了准许"护卫者"的统治和知识生活的小册子，部分也许基于他对斯巴达的感同身受的兴趣。但确实一清二楚的是，无论在那一城邦他所钦佩的是什么，他严格意义上的教育理想都不应归功于斯巴达。在斯巴达，真正的自由思想或独立思考的观念，都是可憎的东西。也不应当将《理想国》解读为对大众心怀敌意。一次又一次地，它明确声称其意图是为了满足他们的福祉和最佳利益。我们也许不喜欢家长制，我们也许拒绝柏拉图的某些观点和倡议，但我们没有任何正当的理由无端地认为他在撒谎。确实，他相信，大多数人不需要"护卫者"的教育，也没能力从"护卫者"的教育中获益。但是，说他鄙视与大多数人会经验的手艺或职业联系在一起的职业或技术培养,却是不正确的:他频繁使用来自各种行业或手艺的类比,并不意味着蔑视。他最亲密的导师苏格拉底,就职业来说就是一名石匠。多数人的教育,就应当类似于他绝大多数同时代人所喜欢的东西。实际的情况准确说来是,他并不认为所有人都能够应对他为一些人所提出来的高级认知教育或智识教育(他无疑认为是最高形式的教育),并从中受益,他认为一种更技术的或更职业的课程,按其自身的意义来说,是同等重要的。

如果这实质上是正确的,那么,柏拉图比我们今天的许多人更处在同样的位置上,面对一个同样的悖论:我们的确相信所有人都一样能够接受同样的教育并可能从中获益吗?或者,我们的确认为不同的才智和兴趣可以合理地导致不同类型的教育或至少是不同类型的课程吗?存在着从不同类型的教育中取得的意义重大的社会效益吗?或者,所有人以同一种方式学习同样类型的东西,是重要的吗?在这一话题之上,当代思想和教育是极其没有说服力的:口头上倾向于延续"教育面前人人平等",但实际上却倾向以五光十色的方式卷入分化。

从柏拉图有关教育的文字中所得出的推论包括:第一,在技术或职业培训与教育之间,存在一种区别,前者是获取与一门手艺或一种职业有关的特殊技艺的问题,后者是培养理论认知的问题。[1]第二,有些人不适合于后者,无论因为这些人是生来缺乏合适的取向,还是因为在培养的过程中由于这种或那种原因遭

---

[1] 警觉的读者会注意到,我往往经常提到"职业的或技术的"。这两个词都相当不正确,因为无论柏拉图还是我,都不是主要集中关注一种真正的职业准备(例如,为神职),或是例如自动力学培训意义上的技术教育。我在本书中希望做出的具有重要意义的区分,存在于以下两种培养之间:一种关心心灵和性格的一般培养(教育),一种聚焦于被认为是对生活中的某些特定角色有用的一套有限的技能和信息。

到淘汰。第三，最完整意义上的教育，是获得对抽象观念的理解——尤其是对构成我们人生观的基本人文主义概念的理解——的问题。

第一点似乎无可争辩：可以在职业培训和教育之间做出一种区分，而且在这样的标签之下，或者在诸如"为教育的教育""为人生的教育""为工作场所的教育"一类大同小异的标签之下，有关它们之间的关系的争论在今天仍热火朝天。某些这类说法表明，还可引进为工作场所和为人生的应用知识之间的进一步区分，一种职业观也同样如此——试图将职业技能观和理论认知观联系起来，所以一位外科医生不能简单地被视为一个熟能生巧的操作员，而是一个在认知实体机构中工作的人。柏拉图没有探讨这些分叉，但是，要说他面对按技能有别于认知来看待每一事物的现代趋势会兴高采烈，是不可能的。他实际上会同意制陶工或石匠拥有技能，这些技能可以通过演示和实践传承下去。不过，他是否会接受这样的看法——教学、咨询、富有想象力、批判性思维可以通过模仿和实践一系列技巧来加以一模一样的传授——似乎是有疑问的。他的确会认为，尽管在投入这些活动时，存在着显而易见的某些技巧，或是职业的诡计，但最终是否成为一个好老师或好顾问，做到富有想象力和批判精神，却是一个总体认知的问题，其中特别包括懂得好的教学（或好的建议，或富有想象力和批判精神）意味着什么；懂得可算做好的教学的教学，是以知道说某人获得了优良教育是什么意思作为前提的。柏拉图不反感培训（"护卫者"将从事体能训练，在早年会接受读写和行为技能的指导），但他认为，教育必须超越单纯的培训和技能的习得。

在取向、能力和兴趣方面，个人相互之间有差异，这似乎也无可争议。但这一点是否足以使差别化的学校教育具有合理性，是更具有争议的，正如应当提供何种差别化对待的问题具有争议一样。对柏拉图来说，由于引进了智力上有天赋的人和具备实践倾向的人存在差异的观点，问题可能看上去便不那么重重叠叠。社会的确需要主要兴趣在实践活动之上的人，社会也的确需要能在理论层面清晰而富有建设性思考的人，而有些人十分明显适合这一种，另一些人则适合另一种。当然，这种观点的一个问题在于，难以知道如何和何时去确定这种取向的差异。我已经提出，断定柏拉图认为这是一个简单的出生时即可发现和表现出来的取向问题，是不正确的。唯一清楚的一点是，他的部分策略涉及当个人落后于课程时，让这些个人退出这一特定的课程选项，例如那些不能在最高层次竞争的"护卫者"退而将就附属者的生活，而最有能力的人进而学做哲学王。但是，即使在这里，也有一个有待进一步讨论的问题：谁来决定一个人落后了，并且如何来决定。

按当代的话来说，又一次，情况十分错综复杂，伴随着对差别化学校教育、差别化课程、背景、流动、相同的中等教育但不同的高等教育等的众说纷纭的提议。而从任何观点来看，要弄明白一个人如何可以避免这一问题，是困难的——在第二次世界大战之后的全盛期，英国的三方教育体系的运作，生动说明了这一问题：即使人们接受差异的前提，但人们如何去确定这些差异？因为有大量证据表明，分类是困难重重的、容易出错的，在对一个人进行归类时，他是脑力型的、实践型的或是其他什么型的，他自己至少在对应于那一类型之上所起的作用很小。当然，这类复杂性不应当让我们无视这样的事实：人和人之间存在差异，这些差异是和教育相关的；柏拉图将一个人的取向视为一个相关因素，是正确的。

他最重要的贡献，仍然在于阐明了教育即认知的培养的概念，并进而力图开发一种适当的课程。对现代力图参考知识的重要分支以开发出一门课程的尝试，这里不存在任何直接的帮助，因为在柏拉图的著作中，显而易见缺乏对各种新兴的研究分支的差异的任何探讨。他谈到书面语的利与弊，他讨论过诗歌教育的优与劣，当然，他也的确阐述过一门涉及数学和音乐的课程。但是，他的确没有谈到历史、戏剧或虚构作品（后者还没有真正被认为是一种艺术形式，而戏剧准确说来还不像当代的戏剧概念），他也的确没有关注经验科学（在这一点上，他是个十分典型的古希腊人），更不用说社会科学、宗教研究或课程时代的任何更异乎寻常的当代候选科学。当然，尽管如此，他对我们思考教育课程所做出的贡献，仍是十分重要的。

柏拉图为我们提供了最早的且在那一时代最令人吃惊的建议：人类成就的最高峰，教育的顶点，不是完成这样或那样的任务的能力，不是对行为、规则、主张和观点的死记硬背，并且不只是他的确赞同的真正的古希腊Kaloskagathos（意指身强体健、品德优秀）的理想，而是心灵的培养，它指的是获得对抽象观念和思维模式的认知。这是最具有独创性的，而且是最著名的对智力意义上的教育的阐述之一。更特别的是这样的主张：哲学的认知或概念的认知，或按他的说法来讲，对理念的理解，是一个受过教育的人的标志。

当然，教育哲学家（或其他什么的哲学家）可能会发现，这是十分令人心动的。事实上也确实如此。任何富有成效、受到尊重的学科，例如科学，都依赖于按照一套得到清楚阐释的概念而进行的自我组织。换言之，在科学之后，如果它是好的科学，无论个人实践者是否了解它且自己在哲学上是否倾向它，都隐藏着科学哲学。同样，其他受到尊重的学科，例如历史、文学、数学（柏拉图的主要例子），尽管它们不需要一种先于它们的兴起、存在、标准、价值的得到清晰说明的哲学，但都依赖于一套哲学上听上去不错的起组织结构作用的概念。当我们将那些否定大屠杀的人蔑称为糟糕的历史学家时，我们正超越历史数据，并隐含着诉诸一种历史是什么的理念。没有这样一种理念，我们便不能判断众多历史主张是否有效和公正。

柏拉图的阐述的另一潜在意义，在此值得说一下。哲学研究本身，是一种抽象的、非实践的活动，但是认为它不切实际则大错特错，这也是柏拉图所有观点的主要推动力之一。哲学研究的实际价值，基于它能使我们以一种连续一致的方式做出有关行动的判断和决定，那些知道历史是什么的人就是如此，他们是唯一能够洞察糟糕的历史并以糟糕的历史本身为耻的人。哲学王正好也是如此：他们研究哲学的目的，是为了更明智地进行统治。概而言之，我们也许可以说，获得或培养哲学分析的技艺，不仅取决于我们的认知，而且也使我们（无论我们可能是谁）能够阐明并实现更明智的行动过程。

简而言之，尽管柏拉图承认需要基本的和职业的技能，并认可其价值，他也承认取向的差异并认可它们可能是内因和外因的产物，但他认为，最完满意义上的教育是心灵的培养。高度发达的心灵，是具备最有价值的认知的心灵。最有价值的认知是对理念的认知，特别是对善的理念的认知。

第十一章　天性与培养

我们已经几次提到天性与培养的问题。现在是到了仔细思考柏拉图对这一问题的看法、考察他的思考如何与我们的思考相符的时候了。有些批评家认为他是支持教育孩子就等同于填鸭这一观点的一个样板，但更为奇怪的是，有些人又将他视为一个相信教学应当被认为是等同于培养一株植物的早期"进步"思想家：正如同为种子提供恰当土壤一样，为小孩提供恰当的土壤，可以让他们自然地发育，长大成人或开花结果。

这种两个极端立场之间的对立争论，在教育界司空见惯，并且一般来说没有太多可加推荐的。有人也许可以补充说，那种运用类比的观点是十分可疑的（尽管柏拉图是类比和隐喻的一个杰出使用者）。类比具有某些显而易见的力量，例如，十分经常地，具有生动性并便于记忆，但他们很少是完美的（因为"每一事物是它们自身而不是另一事物"），①使用类比往往会回避问题的本质。例如，如果我们试图用类比解释我们并不完全理解的某件事物，我们如何知道这一类比成立或在哪一方面成立？如果我们完全了解最初的概念，那我们又不需要类比。确实，可以争论的是，在柏拉图最倾向用类比、明喻和隐喻的地方，尽管他可能达到了诗的高度，但他依然是朦胧隐晦的。在任何情况下，极端对

---

① 这是约瑟夫·巴特勒（1692－1752）主教的说法。作为前言，附录于G.E·摩尔的《伦理学原理》（1903）。

立的问题依然是：我们并不必须要在填鸭和使种子开花结果两种意象之间加以选择，一般的教育，尤其是教学，被极其糟糕地概括为这两种意象，而显而易见的是，教学的艺术，涉及材料的某种移植、适宜的环境的某种培养等许多东西。

但柏拉图可能会被归纳为一个填鸭大师却并不过于令人吃惊。金属的神话（415a ff）自然可以拿来指人与人之间在智力、性格、才能（也许还有需要和兴趣）方面的显著内在差异，而他在《理想国》中的写作基调（在《法律篇》中更是如此），以及他走到了认为生活的所有事务都要由统治者指导的地步，都表明存在着知识——拥有知识的人，要将这种知识传递给不曾拥有这种知识的人。而且的确，他不属于认为根本不存在所谓客观知识的思想学派。

通过比较，认为柏拉图是一位"进步的"或"以孩子为中心"的柏拉图，这是令人吃惊的。它基于一种十分薄弱的立论基础——声称柏拉图认为理想的教学方法是"发现－学习"（下文会讨论），也许还会进一步提到他相信我们拥有出生之前另一个世界的完美知识，所以学习可以说是一个"回忆"或"追忆"的过程，还会提到他明显相信文化环境的重要意义。《理想国》的一个显而易见的前提，是我们学习什么和如何成长主要依赖于我们所处的环境。但主要的并不等同于唯一的，而且，主张有一套舒适的环境，孩子在其中努力上升到与自己相称的知识层级，并最终为自己洞明真理，这样的一个柏拉图的形象随后会使更早的柏拉图形象——工于算计地将知识灌输给空空如也的脑袋的柏拉图形象——不再可信。

为了理解他的立场，我们需要聚焦于业已提到的无可争辩的观点：柏拉图的确相信个人的内在品质（取向、兴趣、能力），他也可能相信它们大部分是遗传的，或也许全部是遗传的。不过，他还坚信环境的力量（确实，在缺乏这种信念时，《理想国》可能就没写到）。他相信客观知识，同时充分意识到了我们的大部分知识主张是可以质疑的，并且存在表象和实在间的差异。他相信灵魂的转世，并且因此能推断在我们出生之前，我们的灵魂寄居于一个所有东西都是已知的世界中，所以在转世重生时，囚禁于新的肉体中的灵魂，可以说是拥有知识的，但这种知识需要帮助（教育）去唤醒它。这些设想，除了对灵魂转世的信仰外，今天普遍被人们所接受，而认定他的立场是今天所有开明的人所持有的立场，的确不十分困难。

遗传学领域最近的研究证明：第一，我们的遗传主要存在于我们生来具有一组基因的意义上，这组基因能引导并限定我们可以成为什么样的人；第二，我们的基因组成是遗传的。当然，同样清楚的是，准确说来，遗传基础将带来什么，依赖于我们所处的环境：这种环境，其中包括教育，不仅影响或准确塑造基因的重要意义，而且可能实际上改变基因的配置。因此，对长期存在的、不切实际的趋于两个极端的争论的回答（一个极端是例如形形色色的马克思主义者极端推崇环境，一个极端是例如某些宗教信仰者极端推崇天生品质），是我们要通过两者之间的相互作用而获得发展：它是天性借助培养的问题，而不是天性与培养对立的问题（Ridley, 2003）。这不仅是当代的主流观点，而且是并且总是公认的观点，是柏拉图所赞成的观点（没有采用遗传学的词汇）。

正确地理解柏拉图的立场，会让我们重新短暂地回到某些困扰过他（或可能困扰过他，假如他追问过这种问题），今天也依然困扰我们的问题,这些问题涉及我们应当设法在多大程度和哪些方面提供差异化教育。我们目前的认识,的确没有表明我们每个人都是生来具有十分独特的差异的。我们宁愿谈论各种让柏拉图感兴趣的广泛差异(有才智的或没有才智的,勇敢的或懦弱的,艺术的或实践的),而不是谈论天生就是一个会计师、一个出租车司机或一个哲学家。正如我认为柏拉图已感觉到的,还存在所有孩子应当共享的某些方面的培养,例如基本的读、写和计数的技能,对社会价值观的认识和适应,体育活动和身体健康。单独考虑这些考量,似乎存在着追随柏拉图的一个强有力的实例:正如我们事实上普遍所做的,仍在继续为所有人提供共同的基础教育。当然,虽然不能说柏拉图认为某些人比另一些人更适合追求学术知识是错误的,但可以批评他在过于僵硬的意义上来看待这一点(部分是因为,他没有对我们所认识到的除数学和哲学之外的许多学术领域表现出兴趣):他敏感而恰当地指出,通过从一开始便谨慎地监督孩子的成长过程,我们可以在他们的成长中对不同的天性保持警觉。不过,我们不必将自己限于学术与非学术之间的区分,正像例如文法学校与现代初中的英语分科之上的趋势一样。通过将个人区分为这种人或那种人,特别是通过更多默许在各种研究之间来来往往,尤其是做出与特殊科目联系在一起的区分(例如,在数学上相对优秀的,在音乐上相对优秀的),而不是和普通科目联系在一起的区分(例如,在思想课程上相对较好,在运动课程上相对较好),我们可以承认多种多样的学术研究,可以在估量个人的潜能之上比柏拉图更为慷慨,可以采取某些步骤以预防创造例如一个木匠或一个化学家的危险。考虑到我们所做出的这种精心规定,柏拉图的确正确地看到了在通常被称为"背景"的东西之上做出这种区分的意愿和合理性，但在他所赞成的实际上是一种"分流"的范围内，他却是错误的——这种"分流"意味着一种总的分类，例如学术的/非学术的，"A等"学生/"B等"学生，这种分类区别于一种更具体的判断，例如"数学不好"。

对柏拉图在我们的心灵和性格多大程度依赖于内因和外因这一话题上的观点的思考，自然引上了对他在教学法上的观点的思考。有人认为，应当将他归为某种进步教育家，这种教育家提倡发现－学习、重视作为学习者的学生，教师起促进作用而不是指导作用。这种主张的一个进一步的可能观点是，柏拉图在对话录中对教学的评述、将苏格拉底的形象描绘为一位老师，表明了某些极不同于老师的传统角色的东西——老师的传统角色是将知识直接分派给学生的人。

柏拉图所描绘的苏格拉底，通过类比将自己视为像叮在牛身上、使牛免于昏昏欲睡而进入某种活动状态的牛虻式的人物，他刺激自己的学生而不是告知学生。他差不多是一个破坏性的代理人，实际上是一个刺激者或鼓动者，而不是被动传递知识的人。另一个类比（这一次是比作黄貂鱼），具有相同的意涵。他的同胞对他的指控——例如不是"宣扬颠覆"或"传授谎言"，而是"不相信雅典的诸神"和"腐蚀雅典的年轻人"——也有可能被人拿来暗示他没有直接向学生传授知识，而几乎是间接带领他们形成自己的意见。

与教学有关的最著名段落，出现在《美诺篇》中。在这一对话录中，苏格拉底引领一个以前没接受过教育的奴隶获得这样一种知识：为了画一个面积等于一个给定正方形两倍的正方形，有必要在第一个正方形的对角线上来画（而不是将其边长加倍，正如人们直觉上可能会认为的那样)。这一过程得到了详细描绘,全部由苏格拉底的提问所构成。在开头部分,他引出的回答是错误的,但他没有说回答是错的。对"那个面积是它两倍的图形的边长是多少"的问题,这一童奴最初回答"显然是那个图形的边长的两倍"。苏格拉底随后按这一孩子所想的画了方格,孩子看到他们最后得到的图形是原有图形的四倍,而不是两倍。在演示的最后一个阶段,苏格拉底按对角线画了四个原来大小的正方形,组成了一个16平方英尺的正方形,并且问在新组成的中心格中,原有尺寸(2乘2英尺)的正方形的一半有几个一半,这个孩子正确地回答说"四个",接受四是二的两倍,因而正方形是原有正方形大小的两倍。

> 苏格拉底:"我们在哪条线上画这一正方形?"
> 童奴:"这一条。"(手指)
> 苏格拉底:"从这一角到原有正方形这一角的这一条?"
> 童奴:"是的。"
> 苏格拉底:"那条线和这一对角线是已知的。所以,你看到的原有正方形对角线上的这个正方形是原有正方形大小的两倍?"
> 童奴:"是的。"
> (《美诺篇》, 82b ff)

按照苏格拉底的说法,美诺会同意这一童奴不教自会地发现了真理。(比起那些只是凭借死记硬背来吸收或学习这一公式的人来说,他的确会对"对角线上的平方形……是原有平方形大小的两倍"有一种更栩栩如生的理解。)苏格拉底没有给予任何指导、解释或说明,而只是追问。

柏拉图所采用的对话形式自身也许就表明不喜欢说教式教学或直接指导,因为尽管苏格拉底一般来说掌控和引导着讨论(而且,在任何情况下,柏拉图理所当然地掌握着整个论证的演示),但最好将他的风格描述为"引导式的"而不是"指令式的",而并不偶然的是,"苏格拉底的讲习会"的一般见解,都有点儿相对开放,是发问式的。这些对话(特别是早期的对话)在多大程度上没有理清头绪,没有假装理清头绪,似乎不关心理清头绪,是值得注意的。它们给人一种真实的感觉:探究之旅至少像知识的终点一样至关重要。

但这样的证据就足以得出如下的结论吗?柏拉图提倡一种非指令性的教学风格,特别是这样一种教学风格——隐含教师的工作是诱发学生已经拥有的知识,而不是将知识派送给一个无知的头脑(并且因此可能隐含着内在的或天性的力量比我们所认为的要大)?首先要注意的是,这里再一次存在着给我们提供了错误的两分法的危险,而且确实,争论中的关键术语("进步的""传统的""指令的""引导的""发现-学习的""游戏方式""教诲"等)需要仔细思考。一个教师"引导"和"指令"之间的差异总的来说是什么?所有学习不是都在某一时刻涉及实现"发现-学习"的意义吗?教诲在何处开始和结束?像"进步的"和"传统的"这样的说法,事实上具有任何清晰而准确的可描述的意义吗?正如在一天结束的时候,认为我们必须要么是天性的拥护者,要么是培养的拥护者是荒谬的一样,甚至在争论开始之前,一个人也许会倾向于认为,教学的艺术,极有可能将涉及某些教诲，某些指令的活动，某些非指令的活动，某些非结构性的学习情境，某些结构性的学习情境，某些发问，某些讲述，如此等等，不一而足。

第二件要注意的事是，《美诺篇》的实际观点和目的，原不完全是要对教学法做专题研讨。它是对美德和美德是否可教的讨论，涉及童奴和对角线上的正方形的段落，是在柏拉图相信灵魂转世的上下文中引出的。它主要旨在作为一个证明——这孩子的灵魂，以前存在于另一个世界或维度中，在那里，万物对这孩子的灵魂来说都是已知的。美诺问道，美德是否要通过教诲或某些其他方法获得。柏拉图以一种典型的方式回答说，我们不能对这一问题做出回答，直到我们知道美德是什么。我们随后上了一堂分析方面的基础课，因为美诺按照各种不同类型的美德对美德做出了混乱的定义，苏格拉底不得不告诉他，我们应当寻找对所有特定的美德行为来说共同的东西。他们试图这样做，但没有成功（这是苏格拉底被指控是一条黄貂鱼、麻痹他的对话者的一个例证。美诺声称他是一种巫术的牺牲品，陷入了混乱糊涂。《美诺篇》，80a）。也没有提出对美德观的令人满意的说明。

正是在这一点上，美诺抱怨一个人永远也不可能学到任何新东西，因为要么一个人知道它，要么一个人不知道它，所以当他和新东西迎面相逢时，也认不出它。这一难题引导苏格拉底去概括这一对话的真正本质，也就是他对灵魂不朽的信仰。在肉体死亡之时，灵魂飘移到另一世界，它已经熟悉那儿所有要知道的东西。这种知识在灵魂于一个新的肉体中得到重生时会"遗失"，但它会潜伏在新的肉体之中，并且是可以回忆的，而这构成了我们称之为"学习"的东西。苏格拉底与童奴接触，就是要证明这一点。

在强调这主要是一次有关其他事情的对话，并且特别是在这一阶段是有关灵魂不朽的对话的过程中，我并不否认柏拉图是在提出一个有关学习概念的观点，在客观效果上学习不应当被视为一个获取全新知识的过程，而是一个逐渐看到在一定意义上总是在那儿被人看到的事物的过程。不过，认为这一段落表明了柏拉图有关理想教学方法的所有观点，似乎是大错特错的：它原本旨在表明可以通过一个审慎的发问过程（并伴随图表的并非可有可无的运用）将这一学生带上察觉到他以往没意识到的某些东西，而不是为了表明教师应当以这种方式向前推进。

事实上，我要提出，柏拉图是否青睐"传统的"或"进步的"教育方法的问题，不只是令人棘手的，而且是有悖时代的。在他的时代，当然存在与这一"新"方式相对照的一种传统教育观。事实上，喜剧作家阿里斯托芬在《云》中曾准确地取笑过这一主题（"苏格拉底"是《云》中的一个主要人物）。但这里的对比，是老一代价值观与年轻一代价值观之间的一种冲突。其中预见性地提到了缺乏纪律、缺乏礼貌、缺乏体统，提到了无意义的偶像和糊涂的观念，但根本没有提议就教师（didaskoloi）应当如何行事进行认真争论（在任何情况下，人们关注的焦点主要是在高等教育之上，而不是学校之上）。

柏拉图的确对教学有某些话要说，但它并不来自任何一种优先的教学理论，或诸如什么样的方法本身或多或少有效一类的观点。准确说来，他谈及教学时必须说的东西，来源于（有时并没有清醒地认识到）他所理解的知识的本质、人的灵魂和心灵的本质、教育的本质。有许多证据表明，他会期望教师利用我们今天可能会称之为"传统技巧"或"教诲"的东西。"知识",他认为"是所有教师的第一条件"(《阿尔基比亚德篇》,113)。[1]在一个不像我们自己的时代里,这是一个并非无足轻重的评点,那时,人们相信教学主要是一个掌握一套一般技能的问题,人们随后可以将这一套技能用于和所有科目材料相关的事宜(其实践后果是,我们有时会有从来没有研究过历史和地理学的历史教师与地理教师)。他在《泰阿泰德篇》中评论说,"传递这类科学知识的人,也许可以说是教他们"(198b),"在教育中,一项改进必须行之有效"(167a)。这里使用的语言,并不能与学习即自我实现的观点轻易不谋而合。《泰戈拉篇》明确提到在教育年轻人的过程中的"训诫"和"阐明什么是正当的和不正当的",甚至提及使用"威吓和殴打"(352d)(尽管应当承认,考虑到这一对话形式的性质,也许可以认为,这些不一定就是柏拉图自己的观点)。在《理想国》中,正如我们已经看到的,曾提到在早年应当避免强制,不过这是为了能够观察孩子的天生爱好和取向,而且因为心甘情愿所学的东西比心不甘情不愿地被灌输的东西更有可能起作用(536e)。的确,教育本身将是强制性的(《法律篇》,804d),而尽管实践被认为是功成名就所必不可少的,但"教师应当尝试将孩子的兴趣和爱好引向……人生的最终目标……应当训练游戏中的孩子的灵魂趋向他将来必定会成就的那种杰出卓越"(《法律篇》,643c)。即使当柏拉图自己使用栽培植物的类比时,他也没有暗指一种极端形象——让教师只是站在后边,任由个人去发展。"哲学家……就像一株植物,这株植物如果得到正确培育,将获得成长

---

[1] 应当承认,《阿尔基比亚德篇》一般认为是伪作,而且的确没有列入附录二(参看附录二)。

并臻于完善，但如果被栽种在错误的土壤之中……就会变成一粒有毒的种子"(《理想国》，492a)，这表明教师在创造合适的环境之中具有关键作用。这可能意味着(用当代的说法来讲)，只不过让外部的影响不要进入自由的、宜人的课堂，在自由宜人的课堂里，孩子们受到教师的保护，并允许去做他们所选择的事。但它可能同样正好意味着，教师必须提供一个环境，这个环境尊重知识、鼓励学习、允许孩子关注教师提供的养料(部分也是环境或"合适土壤"所提供的养料)。考虑到以上所提供的所有论点和证据，后者似乎有可能更接近真相。

第十二章　道德教育、教化与审查制度

"好的教育是倾向于改善身心的教育"（788c），《法律篇》中的雅典人说。但他也说：

> 且让我们不要让教育的意义含混不清或定义失当。当我们谈论培养一个人是值得赞扬还是要加以痛恨时，我们一般会称一个人是受过教育的，另一个人是没受过教育的——所指的含义就像游商或船长一类的某些特定叫法（用法不完全与今日的用法相同）。但目前我们不是谈论教育这一词的这种意义上的教育，而是谈论从年轻开始便接受的善的教育，这种善的教育使一个人热情地追求身为一个公民的那种理想的尽善尽美，并告诉他们如何正确地统领他人、服从命令。这是唯一应当归为教育的训练，其他类型的训练，那些旨在获取财富或体力以及脱离了理智与正义的小聪明的训练，是粗鄙的和不自由的，是完全不配称之为教育的。（《法律篇》，643d）

来自《法律篇》的这段引文，并不会明显改变我们对柏拉图观点的理解：他依然坚持初级教育要关注身心的发展，教育的后来阶段应当聚焦于追求知识和开发心灵。不过，它让我们回想起在柏拉图的认识论中，善的理念是至高无上的，而在教育方面，他最

终的目的是培育道德上的完人：要为知识本身追求知识，获得认知能力将造就一个更全面发展的个人，并致力整个社会的福祉，不过，掌握道德真理，或更好地，在普遍的意义上把握万物的和谐与公正，却是思想发展的顶点。这也就是说，柏拉图对道德教育有兴趣，不过道德教育不只限于道德教育，因为对柏拉图来说，正如我们已经看到的，善的理念是使其他每一事物可以理解的东西。仿佛只有在某些评价性的框架中，柏拉图才能想象世界构成的意义；更平淡无奇地来说，尽管他的课程大部分是科学的（数学、天文学和声学），但他对接受过教育的人的看法，是与一种人文主义的理想紧密地联系在一起的。在提出接受过教育的人应当了解善、受善的引导和激励，并且千方百计按照善行动，甚至走到承担起为公众生活做出贡献的烦心劳神的义务时，柏拉图很大程度上只不过是他的时代之子：在公共生活中没发挥任何作用的个人是有缺陷的，每个人的目标都应当是kaloskagathos（高贵的、文明的、善的），这种看法是正统的雅典人的看法。不过，他的道德教育观，也存在远离传统的、一般的雅典人所关注的层面。

传统的观点可能是，道德教育由培养孩子符合雅典所流行的特定习俗、规则和判断所构成。例如，一个好女人大部分时间待在家里，目的是"少在男人中说话"（修昔底德，2.45.2）；遗弃婴儿是一种道德上可接受的实践；有义务在政治生活中发挥作用；男人要在战斗中表现出勇敢无畏。但是，正如柏拉图一次又一次所指出的，道德（善、理想主义、公民责任或人们想称其为道德的任何东西）可以按现存的特殊实践和信仰来定义的假设，是行不通的。问题在于，有关这些例子使它们成为道德的东西是什么呢？它们有哪些共同之处？我们借以判断它们是道德的东西的标准是什么？对接受过教育的人来说，仅仅做到道德上的善是不够的，必不可少的是理解善，能够回答为什么善的实践是善的，并且理解善定义上的特征。

在柏拉图的几个对话录中（例如，《美诺篇》《普罗泰戈拉篇》《高尔吉亚篇》），探讨了美德是否可教的问题。这一问题，在柏拉图看来是问题重重的，因为他认为，如果美德可教的话，必然就存在可以教美德的人，这些人被公认为美德方面的权威，正如同想要学习医学的人要前往公认的医学专家那儿一样。但是，他没能看出任何这一类的专家：伟人和善人本身，那些人可能期望他们拥有这类知识以传给他们孩子的人，都显而易见没有做到这一点，正如伯里克利，一个成功地教他两个儿子"骑术、音乐、体育"的"伟人和善人"，毫无疑问"乐于……让他们同时成为善人"，但却失败了（《美诺篇》，94b）。"我还可以引证其他许多人，他们自己本身都是卓越优秀之人，然而却没能做到让他们的家人或其他任何人在这件事情上变得更好"（《普罗泰戈拉篇》，320b）。智者派中的许多人当然确实自称传授美德，但按柏拉图的看法，他们不过是江湖骗子，传授最多的不过是如何攫取好的名声、荣誉或成功，而不是获得真正的美德。假如他们实际上不是江湖骗子，他们就会主张不可能传授美德，因为他们没有人能够证明自己理解和通晓美德（这种理解和通晓，对传授美德来说必不可少），即使有时他们自我表现得是道德的。能够证明一个人骑术高超，并不足以表明这个人就可以教别人骑马。为了表明你可以，你需要证明你理解骑马的本质和规律。

所以，在另一方面，似乎不存在任何一个处在传授美德或道德位置之上的人，不过，话说回来，柏拉图又相信美德是一种知识类型(其中存在道德真理和道德知识的可能性),因此美德原则上又是可教的。在早期的对话录中(例如《美诺篇》),争论的结果是一种困境:美德是知识,所以是可教的,但没有任何教师,所以美德又不可教。有人也许认为,柏拉图会得出这样的结论:即使不存在任何看得见摸得着的美德教师,也不能证明世上不可能存在美德教师,只不过在这一阶段他没有证明(尽管他的确看到了这一点,因为在《理想国》中,他将提出哲学王作为美德教师)。相反,在《美诺篇》的结尾处,他做出了一个尽可能合理的区分:就某些目标来说(而且传授道德可以是其中之一),正确的意见也许可以像知识一样发挥作用。例如,"假如一个人知道去某一特殊地方(例如拉利萨)的路,那么他的知识将使他充当别人的一个可靠向导。但是……假如一个人正确地认为要走哪条路,尽管他实际上并不知道这条路是什么样子,事实也会证明他是一个能干的向导"(《美诺篇》,97b)。所以,正确的意见或真正的信仰虽然和知识不是一回事,但就正确行动的目的而言,这样的意见和信仰,是同样好的向导。这事实上当然是一种奇怪的(如果不说是错误的)观点,因为根据柏拉图自己的证明,善人甚至都做不到将自己的孩子引到善的境界,这表明他们毫无疑义拥有的正确意见也不能充当指路明灯。但柏拉图似乎不是将好父母视为通过正确意见充当孩子的潜在向导的人,而是视为通过正确意见获得自己的善良的人。因此他的观点是,一个人可以偶然发现有关善良行为的真理,并且凭借这种真理变得善良,但假如这是一个人的善良的根源,那么这个人难以做到将这种美德传授给他人。这使一个人如何"偶然发现道德真理"的问题悬而未决(柏拉图回答说,"通过某种神圣的分配"),但也使这样的可能性悬而未决:

某些人也许可以最终通过培养自己的认知能力达到尽善尽美,并且因此能够将它传递下去或教给他人。哲学王就是这样的人。

智者派中的某些人,对道德明显采取了一种相对主义或主观主义的立场。也就是说,以这种或那种方式,他们相信,道德是与时间和地点联系在一起的,甚至是与个人看法联系在一起的,因此不是严格意义上的构成真理的知识的问题:真理的证据是可察知的,无论人们的观点如何变化,真理仍然是真理,正如世界是圆的,无论人们是否相信世界是圆的。柏拉图完全拒绝这一观点(历史上的苏格拉底差不多同样如此)。在说存在善的理念(善的理念代表了知识的最高峰)时,他显然认为,存在着对所有时代的所有人都通用的道德命题,即使有时候它们没能获得公认。此外,他提出这一观点时,完全意识到了各种批评意见和相反的理论,这些批评意见和相反的理论在历史上层出不穷,并且今天正好也相当流行。在当代的各种主张中(这些主张经常但并不必然与后现代主义联系在一起),没有任何新颖之处。这些主张的大意是,"道德"只不过是我们赋予我们自己的社会习俗、我们自己的个人偏好或此时此地被认为是有助于万物顺利运作的东西的别名。色拉叙马霍斯公开(尽管模棱两可)提出,要么"权力即正确",这意味着丛林法则流行,按这种法则,强者统治弱者,并且"胜者"为"王",因为优势、力量和强力即是美德或道德上的善;要么"正确即权力",这意味着所谓"道德正确"的、拥有善的含义和客观欲求的东西实际上不过是强者对易受骗者所玩的一种诡计:强者强加适合自己的种种规则,并说服大多数人相当错误地相信这些规则具有某种内在合理性。这一对话录中的其他人物,例如玻勒马霍斯(Polemarchus)、凯发卢斯(Cephalus)、格劳孔（Glaucon）、阿得曼托斯（Adeimantus）提出了相似但多样的命题。因此，应当了解的是，柏拉图的观点，并不是在无视随后的、更为复杂思想的情况下提出的。他也并非没有意识到一般的无可争辩的事实，这些事实可能会导致某些人采取相对主义的立场，例如不同的时代和地方，的确会产生不同的行为规则。①

在柏拉图声称"美德即知识""无人愿意做错"、存在可以被认知的善的理念之时，我们必须理解柏拉图是在提出存在一般的高层次的、抽象的原则，这些原则将界定我们或其他任何人可能指的道德。例如，假定在某些社会中，通奸是令人反感的，而在另一些社会中却并非如此，或者，在一个地方，土葬死者被认为是正确的，而在另一个地方，则认为火化死者是正确的，那么，就存在种种抽象的、更高的原则——特定的规则最终出自这些原则。拥有普适而绝对的真理的，是这些更高的原则，例如"应当为死者讳"或"性关系应当忠贞不渝"。如何解释这些更高的原则，将会并且可能会合理地随环境的变化一个地方不同于另一个地方、一个时代不同于另一个时代。"不应当杀生"也许是一个有效的绝对原则，但尽管如此，争执中的某人也许会杀更多的人或某人是在进行自卫这样的事例，也许使杀生夺命具有合理性。使这后一种主张发挥作用并不总是容易的，但它是一种不同的观点。直接的推论是，提出这样的看法是前后连贯的：尽管有时难以判定一个特定的人在一个特殊情境中所做的事，尽管也许存在着道德行为的不同的特定标准，但所有这些特例都必须按照一般

---

① 这类信息的最明显的文献来源，是希罗多德的《历史》，不过戏剧可能也同样具有启发作用。当然，除此之外，雅典是一个巨大的海洋帝国的中心，其充当水手的公民到访过许多远方的、多样的土地和社会，这也会激活在这一问题之上的意识。

的广泛原则加以判断，而那些首要原则是普适的和绝对的：背叛或不忠诚本身总是错误的，虽然有时一个不忠诚行为按情境来说也许具有合理性。①

柏拉图没有证明上述任何观点。确实，他没有明确阐明这样一种观点，对善的理念实际上由什么构成谈得特别少。但他一定倾向于这类命题，而且这种对他立场的阐述，也拥有一种貌似有理地将要采取的姿态所具有的优点。因为，无论我们互不相同的道德观是什么，对我们所有人来说，一清二楚的是，道德按定义来说是某种特定的事务或活动——它是对事不对人的。例如，如果我们按照自利、幻想或满足来说话，我们便不是在提供一种道德论证，而且我们都认同这一点。假如我声称我的行动出于道德原因，那么，如果我进一步说在这一情境之下我的"道德"原因是我要盈利，那根本没人会承认我的行动出于道德原因。在一个人漂亮和有趣的基础上，全世界都称这人"道德"将是荒诞的。按任何人的定义，道德确实不是有关娱乐、财富或自利一类东西的。

道德有关什么，是过于复杂的一个问题，这不得不深入研究一下：道德有关什么，是道德哲学家争论不休、柏拉图期望他的哲学王花数年加以研究的问题。不过，用概括的形式来讲，也许可以振振有词地提出，任何对道德的陈述说明，如果的确是对道德的陈述说明，而不是对风俗、权力政治、习惯等的陈述说明的话，至少必须在某种程度上涉及以下原则：必须有一条自由原则，因为我们所理解的道德行为，按定义来说是自由选择的行为：我应当并且实际上不会因为迫于高压、出于害怕被射杀、追求贿赂的

---

① 我曾试图更详细地阐明这一至关重要的观点（巴罗，1991）。

行动而获得道德荣誉,即使我的行为被认为是正确的。在这里,又一次,我们立即看到,解释自由原则的各种主张,也许是极为困难的。如果自由原则与另一原则发生冲突,将会怎样?假定道德行动必须是自由投入的,那么这意味着在道德上我们应当自由地做任何事吗?而如果不是这样,我们如何来确定各种界限?不过,这样和那样的复杂问题(它们是道德哲学的真实材料),并不能改变这一事实:任何被视为道德理论的东西,必须拥有一条自由原则,即对个人选择自由的价值观的一种先验承诺。

同样,不涉及一种平等原则或将所有人平等计入的原则的道德理论,将是难以理解的。那么,古希腊人是如何论证奴隶制的合理性的呢?通过不承认外国人为人,或通过提出某种情境(例如战败),赋予了大谈特谈这一原则以合理性。[①]这些观点也许不是十分有说服力的,但这里的要点,是要奠定所有文化都会以这种或那种方式正式接受这样的观点:道德地待人,涉及人人平等。假如道德是关于所有事情的,那么它也就关系到不能在人与人之间施加歧视,除非存在有这样做的相关理由。又一次,问题(而且是一个现实的问题)是如何并在何时去确立区别对待的"相关理由",但无论我还是柏拉图都不想尝试解决道德哲学的所有这些问题,而是想澄清在任何时候和地点,都存在道德的一般定义特征——公平待人就是其中之一。

一种真正的道德理论,不仅应当公平地对待你和我,而且应当将我们当作我们自己的目的而不是手段。因此,任何涉及只

[①] 实际上,柏拉图明显谴责奴役其他希腊人(《理想国》,469b ff)。471b中的"我们的公民应当像现在的希腊人对待希腊人那样对待野蛮人"可能被解释为支持对外国人的奴役。《理想国》本身是否预见到了奴隶制这一问题,是有争议的。其中没有公开提到奴隶制,而将工匠和商贩("劳动者")视为奴隶是错误的。

要是无视他人利益并利用他人的行为（例如，有人也许会过河拆桥），其本身仅仅因为这一原因便是不道德的。真正的道德理论预设了致力真理：如果真理是不相干的和不重要的，那么，真正的道德观念，什么对某人是义不容辞的观念，人们应当做什么的观念，就都不可能顺利地展开。最后，尽管哲学家继续就这么说其准确含义是什么争论不休，但道德就其本质来说是有关人们的福祉或幸福的。"人们应当做什么"的观念之所以出现，是因为它预设了做正确的事，在某种程度上有益于（无论是否在服从上帝意志的意义上）获得个人的快乐，或对作为一个整体的社会的更大的善做出贡献。

那么，在为柏拉图存在道德知识的命题做出辩护之上，不存在任何困难。当然，正如亚里士多德注意到的，柏拉图相信没有任何人愿意做错的信念是否站得住脚，是可以质疑的。即使我们接受存在一种道德真理，在原则上有些人也许最终会了解这种道德真理，但这确实并不必然带来人们只会出于无知才做错事。的确，当我们将一种行为描绘为道德上正确无误时，我们所做的，部分是表明认识到了某种采取这种行动的义务。认定一定的行为是正确的但某人不明白如此行事的任何理由，在逻辑上是奇怪的。不过，也存在意志薄弱这一类的事：请仔细想想我们知道自己应当去做什么而没有去做的地方。确实，这会是乐意做错的一个例子吗？在这一话题之上，柏拉图的理论不是特别有用，相反，亚里士多德在其《尼各马科伦理学》中对相关的概念放纵（akolasia）和无自制力（akrasia）做出了精心而有价值的分析。

柏拉图的道德教育观与这一主题之上的更现代的理论形成了对比，因为后者受到了柏拉图没有认识到的一种心理发展理论方法的支配。许多研究（例如皮亚杰、科尔柏格）关注追踪儿童成长时所经历的各个阶段的智力发展，并且总的说来认为存在与特殊年龄联系在一起的一般各种感知和认知。这种理论，除了大概在最广泛的意义上孩子最初不会卷入理性思维之外，都是柏拉图所不知道的，而假如他知道这种理论，它是否会对他更为有利是有疑问的。因为尽管一般说来，在人们可感知和认知的东西之上，也许正好存在着由年龄所设定的各种限制，但各种研究者所描绘出的各阶段，却无一例外是尝试性的，并且可以说，差不多既与身体的成长联系在一起，也与逻辑思维的发展联系在一起（例如，科尔伯格的道德成长模式的后来阶段，在逻辑上便以某些更早阶段为先决条件，因此伴随后来阶段而来的是出于迫切需要，而不是由于成熟度的提高）。[①]在任何情况下，正如太阳、分界线和洞穴的类比清楚表明的那样，柏拉图（正确地）相信存在一种认知的层级：与一个人先前积累的知识相比，其年龄与他可以全面理解的东西之间的联系较少。大体说来，在相同的环境中得到抚养并以相同的方式接受教育，儿童在大体相同的年纪显示出已为一种特定类型的思维做好了准备，这只不过是一个偶然事实。所以对柏拉图来说，除了例如青年人、青少年、成年人之间的极宽泛的区分之外，问题更多的是"伴随道德教育而来的逻辑顺序是什么？"而不是"进行道德教育的恰当年龄是什么时候？"

首先，柏拉图认为所有孩子从一出生就要服从一种统一的道德信息。在他的共和国里，没有任何多元文化论的问题，而且显然，他没有想过这里应当如此：一个社会的部分定义，是其拥有

[①] 参见，例如：科尔伯格（Kohlberg, 1970）。至于相关评述，参见彼得斯（Peters, 1974）和巴罗（1984）。

共同的价值观和规则。所以，在早年，柏拉图评论说，连续一致的道德行为的例证，要由父母和教师的要求来确定，要由他们所模仿的统治者来确定，要由人们告诉给他们的故事来确定，要由社会所提供的娱乐和仪式来确定，要由所唤起的规则和价值观来确定。这让人回想起金属神话在象征的意义上总结了对一种共享的意识形态的灌输、对学校所用的材料（主要是史诗）要进行审查。的确，"护卫者"要继续培养对抽象概念的认知能力，那些将要做哲学王的人，最终会研究和理解道德真理。但是对大多数人来说，"道德教育"只是由"正确意见"的统一培养所构成。这样的纲领按今天的说法来讲，提出了令人尴尬的问题。即使我们对其加以修正，并假定所有的学生都应当当作哲学王来对待并最终从"正确意见"引上知识，也是如此。其中的问题包括：要求整齐划一是合理的吗？审查制度是合理的吗？这里继续存在着一种（或一种以上的）教化的暗示吗？

今天大多数社会的多元文化性质，对柏拉图的观点提出了一个问题，不过也对我们提出了一个问题，尽管我们通常不情愿承认这一点。例如，虽然我极端反对"民族主义"和基于种族之上的社会观，但我承认，在所谓的"文化马赛克"观念中，我从来没有看到更多的逻辑——在这种观念中，鼓励独立的群体保存和重视他们的文化认同，同时支持作为一个共同整体的一部分。当然，在理论上，威尔士人、犹太人、法国人、意大利人、爱尔兰人、阿拉伯人、英国人可以生活在一起，分享一种共同文化，同时作为各种群体保持他们自己的身份认同。但实际上，正如一般来说在世界上，维持和平和达成共识却似乎困难重重。为什么应当认为在世界上一般来说运行得不十分好的东西在一个国家的更小范围里会起作用,尚不十分清楚。到了例如加拿大一类国家的那种程度时,犬儒主义者也许会回应道:"只要等到文化价值观之间有了冲突,等到资源耗尽,等到军队或极端主义扎稳了根。"但我更想与柏拉图保持一致,主张一个国家不应当基于共同的血缘或历史,而应当基于一种共享一套共同价值观的意愿。因此,移民应当同化的观点,不是基于这样的原则:你已经选择加入这一俱乐部,而这一俱乐部拥有一定的规则;倒更像基于这样的原则:假如你不被这些规则容纳,你按定义便不能成为这一俱乐部的成员。柏拉图似乎不是对雅典或其他任何城邦特别感兴趣:他在倡导一种社会形式,这种社会形式不是基于任何特殊的血缘、地缘或政治群体,而是基于一套价值观和原则。成为这一社会的成员的必要和充足条件,是承认讨论之中的价值观和原则。

当然,我们必须处理现实而不是理想。尽管如此,我还是要用一个尝试性的结论来总结对这一问题的所有过于简单的思考:柏拉图是在权衡之后提出可感的行动过程——在特定数量的人自认为是一个共同体的范围内(例如,一个国家应当假定是一个共同体,因为在单纯的地缘意义上界定它,不存在任何道理、原因或实际好处),他们应当赞同一套共同的凌驾于所有特定群体的利益或要求之上的原则(信仰、价值观、实践等)。

不过,即使我们接受将共同价值观传给我们的孩子是恰当的,但我们能够证明审查制度的合理性吗(尤其是当自由是一种定义道德的原则,并且事实上我们许多人也生活在特别尊重表达自由的社会之中时)?说到最后一点,应当认识到,尽管我们有形式上的价值观,但对教育材料和其他材料的大量审查却频繁发生。机理很难有重大影响;重要的是,各种利益集团确实明显地审查材料，无论是因为它们实际上大权在握（例如，大公司在某些特殊问题上所实行的审查），还是因为它们是一种无人想同其打交道的刺激因素（例如，许多小的地方团体在某些特殊问题之上所实行的审查）。正如黛安娜·拉维奇（Diane Ravitch, 2003）所表明的，在美国获得出版的出版品，因此实际上也是各校可用的出版品，大部分是由三个大州所决定的（因为它们每个州都拥有学校图书购买的关键控制权，而它们所要的东西就是出版商能确信好推销的东西）。经由一种自愿审查体系，各出版商确保可能引起所有潜在的叽叽喳喳的活动分子群体攻击的东西都得不到出版。

应当将这样的审查制度与教育工作者对材料的不可避免的选择区分开来。教师必须选择自己的材料（或某些人必须为教师选择材料）。在一个自由社会，重要的是，对学校材料进行选择的标准应当是教育的标准，并且与共同的价值观联系在一起，教学材料的选择不应当与其他问题混为一谈（例如，出版什么或图书馆收藏什么）。

柏拉图对审查制度的讨论，实际上更多地与他的艺术的本质观和功能观相关（参见下文），而不是与教育相关。尽管如此，他表明了他认为我们不应当向年轻人提供那些诸神看上去呆头呆脑、言行举止不道德的故事。在一个大规模世俗化的时代（在这样的时代，这里存在这一类的宗教情感基本不同于古希腊的宗教情感），以一种直截了当的方式运用他的观点实际上是不可能的，但是，在他的建议只不过是我们给年轻孩子提供的东西应当反映出我们共同的价值观和信仰，它似乎又是无懈可击的。

正如柏拉图会第一个这么说的，这是否意味着教化，部分取决于我们所说的教化的意思。有人仅将教化定义为传授例如基督教或马克思主义一类的教义（尽管伴随这一定义而来的问题是，它提出了也许是更为困难的问题：什么构成了一种教义）。不过，仅仅传授一种教义，例如在将基督教所承载的东西传输给某人的意义上，似乎很难是令人反感的，而这些人的推定却是：教化是一桩坏事情，是与教育背道而驰的，是要加以避免的。有些人提出，传授任何不能证明的命题构成了教化，但又一次，难以弄清声称毕加索是迄今最伟大的画家或存在上帝为什么就必然令人反感，这两种主张也许都可以归为不能证明的（区别于错误的）。一些人因此补充说，导致信仰的非理性方式是关键的因素（或一个因素），但是，如果一个命题是不能证明的，也就难以弄清除了非理性的基础之外，如何可能存在其他的基础来支持这一命题：我如何能理性地支持我存在上帝的论点，假如它是不能理性地（或以任何其他方式）加以证明的话？而且我们的确不想谴责所有对非理性话题和说服的运用。结果，有些人偏爱呆板的标准，认为如果一个学生对教义性的或不能证明的命题（一种观点）或任何东西（另一种东西）抱有死心塌地的信任，这个学生就是在接受灌输。当然，我们很少有人乐意接受我们之所以是灌输者仅因为我们的学生死心眼——这可能归根结底归结于他们是榆木脑袋，朽木不可雕，而这又导致有些人强调这样的意图——试图让他人不动脑筋，并将其当作一种重要考量。

我愿意一劳永逸地将教化定义为试图让他人在与不能证明的命题发生关联时不动脑筋（加上"一劳永逸"，是因为我认为要避免"教化"，而我没看到一种无坚不摧的论点——教师或家长要暂时避免让年轻孩子在涉及例如存在圣诞老人这样的不能证明的命题问题上不动脑筋）。并且我没看出，除这一意义之外的任何其他意义上的教化，必然是令人反感的。①

按柏拉图自己的术语来说，他无论如何都不会对教化感到内疚，因为他相信道德知识是可教化的，而他所赞成的不是对不可能证明的命题不动脑筋，而是了解"证据"。考虑到我在有关道德本质之上的观点，我会分享柏拉图的看法。完全可以接受的是，我们要将我们文化的共同道德价值观介绍给年轻人，这种价值观应当理性地来自将普遍的原则用于我们的特殊处境。不过，我们随后应当进一步培养对道德哲学的认知，以使他们既了解奠定基本原则的推理过程，也了解涉及各种道德概念的种种复杂性，尤其是在我们的特殊情境中对这些原则做出正确阐释时所面临的各种复杂性。

---

① 对教化概念的更为详细的考察，参见巴罗和伍兹（Barrow and Woods, 2006）。

第十三章　人文学科

我已经提出，柏拉图对教育思想的主要贡献在于他的知识观，特别是他的理型论，他的实际上是有关智力培养的教育观，他有关人性和环境力量的看法，他对道德教育的重视。尽管它们表面上看来相当抽象且远离实际的教育提议，尤其是他的认识论兴趣更是如此，但它们事实上是极端重要的。他也提出了对例如教化、审查制度和差异化学校教育一类的永恒主题的争论，并对这类争论做出了直接贡献。他确实对教学方法的话题做出了贡献，不过是以一种比有时人们所认为的更不那么直接、也可能更少教条的方式做出的：《美诺篇》不是对任何特定教学模式的争论，但从他所使用的对话形式的性质、他所提供的作为教师的苏格拉底的形象、其他一些零散的评论得出我们的结论，似乎的确是合理的。我们的结论是，尽管他不反感直接教诲且认为教师就是拥有的知识的人，但他认识到了例如发问、使用图解模式和其他材料、将学生的兴趣当作一个出发点等技巧的价值。尽管他坚信灵魂拥有前生，在前生中，灵魂会直接面对理型，所以"学习"也许可以说是一种"回忆类型"，但他的确不坚持教师仅限于激励，创造一个"回忆"可以在其中出现的合适环境。他相信，存在一种应当循序渐进的课程和学习过程，而教师也应当知道值得学习的东西是什么、学习的顺序是什么。

除此之外，尝试并从柏拉图那里引出过多的特殊教训，是错误的。苏格拉底在隐喻的意义上被描绘为一位接生婆,这位接生婆促成从学生的灵魂中产生出种种观念,不过这不是教学的一个处方,更不用说是一个万能的处方。《理想国》提供了一种教育体制,不过把它视为一份文字推荐书则是错误的,即使对柏拉图自己的时代来说也是如此。柏拉图明确地认为《理想国》是一个理论上的样板,一种理想的范型,不应当将其当作一种实际倡议(472d),而且我认为,也不应当将《法律篇》当作一种实践倡议,尽管必须承认,《法律篇》的基调平淡无奇得多——更为拿腔拿调而不是沉着明达。尽管如此,例如,当柏拉图指出没有任何相关的理由否定妇女接受高级教育的权利时,尽管他在这一点上是真心实意的(而且人们认为学园曾有一些女学生),但人们的感觉却是,他关心的是做出逻辑的推论——是否获得教育资源应当基于智力和天赋的标准,没有任何先验的理由认为妇女缺乏智力和天赋——而不是说服他的同时代人开始教育妇女。又一次,更具体地说,他所提倡的课程,尽管大概他的预期是严肃认真的,却不是那种对我们来说有意义,要我们将其当作一种实际倡议的课程,因为我们对知识内部的区分和层级的看法不同于柏拉图的看法。不过,我们应当注意他具体提议的精神,也就是应当有这样一种循序渐进:从对特定立场的沉思,经由掌握抽象的思想本体,进入哲学思考的巅峰阶段——沉思理念,或者按今天人们可能会说的,把握人文科学中的基本的组织性概念。

取决于我们如何定义科学,我们可以说柏拉图对科学没有任何特别兴趣,或者反过来说,他对科学特别有兴趣。与他前辈的普遍趋向和他的时代精神一致,在实验和实证研究之上,或在系统的、刻意地试图了解物质世界之上,他没有太大的兴趣。证据表明，他继苏格拉底之后，对物质世界的沉思默想问题掉头不顾，而喜欢集中关注一个人应当如何生活的问题。他的课程没有提出任何与我们最终认为是化学和物理学相似的东西（它也没有涉及——除了一带而过——他所熟悉的科学，例如医学）。另一方面，他对有些人可能会认为是科学的占星术、数学、和声始终具有强烈兴趣（不要将"和声"与"音乐欣赏""音乐作曲""乐队""钢琴课"或我们往往将其同音乐教育联系到一起的任何种类的东西混淆起来。"和声"不是一个文化或美学问题，甚至于不是数学和占星术的远亲。柏拉图的兴趣，某种程度上可能归功于毕达哥拉斯，我们在前文已经提到毕达哥拉斯对音程的重要意义的兴趣）。

无论如何，试图用柏拉图来证明当时对科学在课程中的性质和地位的论争或实际上对数学和星相学的性质与地位的论争，人们会不得要领（再重复一遍，柏拉图就此提出的唯一理由是，将数学和星相学当作一种手段，从而为掌握各种理念的更为独特的任务做好准备。）不过，有一个课程领域，他的确直接和间接地谈了许多，它就是我所称的人文科学，不过，他可能会称之为艺术，或更具体地说，是文学研究。

K. R. 波珀（K. R. Popper, 1966）曾说："要弄清古希腊的文学爱好者如何可能在柏拉图那里找到鼓励是困难的，柏拉图对所有诗人和悲剧家都发起了最残酷无情的抨击"。他主要提到了柏拉图在《理想国》中对诗人的攻击。不过，对文学的批评在《斐德罗篇》中也可找到，在《申辩篇》中，诗人也受到了指责。当然，弄清这些批评段落的性质是至关重要的。一旦它们获得正确理解，柏拉图对文学本身并不反感就一清二楚了。

在《申辩篇》中，对悲剧家和诗人的批评，是因为他们过多考虑自己，他们自认为聪明绝顶、无所不知，然而他们甚至不能聪明地谈论他们所写的各种东西，更不用说其他任何东西。在谈到这一点时，柏拉图只不过是在谈论艺术家或作家，而不是在谈论政治家、工匠、商贩或其他任何人。《申辩篇》的一个关键主题是，柏拉图之所以比其他任何人聪明，仅在于他知道自己知识的局限。他知道自己有所不知，他没有其他每个人似乎都有的那种骄傲自负认可自认为他们自己是在所有方面聪明绝顶、无所不知的（这里也许还有一个花絮，苏格拉底被迫表达一个看法：在一定程度上，他之所以受审判，是因为诗人对他的名誉造成的诋毁，最特别的是阿里斯托芬在其喜剧《云》中，尽管诗人和苏格拉底之间的关系，在《会饮篇》中表现得友好而亲密）。

在《斐德罗篇》中，柏拉图因更普遍的思考忧心忡忡：书面文本"不能解释自身或回答问题"，对它们的依赖往往会弱化一个人的记忆力。他主张，个人之间的讨论是追求知识的一种更好方式。在《理想国》中，《申辩篇》中所陈述的观点——诗人不十分知道他们自己所写的东西——被拿过来并得到详细阐述。〔塞缪尔·巴特勒（Samuel Butler, 1922）曾振振有词而无疑眼中又带着一丝闪烁地说，《奥德塞》的作者必定是一个女人，她自己就是一个不折不扣的瑙西卡（Nausicaa），因为有关船只的细节和独眼巨人波吕斐摩斯（Polyphemus）在一种盲目的愤怒中向大海猛掷巨石的可能后果一类的事，无论在字面上还是隐喻的意义上，都是不准确的、难以置信的和不知所云的，简言之，是建立在无知的基础之上的。〕此外，柏拉图还反对希腊诗歌中的某些内容，特别是荷马史诗中所表现的某些道德价值观，并且害怕诗歌可能对个人产生巨大影响。他也反感在舞台上表演邪恶人物(例如,阿伽门农、克吕泰墨斯特拉)的片断,粗略地说来有如今天有些人批评媒体中极为普遍的暴力(或性或拜金主义等)描写,尽管我们应当注意到,柏拉图对扮演坏人的批评和关注坏人的批评之间还存在差异。由于这些原因,他首先提出无情地审查荷马史诗,但到最后却变本加厉,提出要将所有诗人和悲剧家从理想国中驱逐出去。(不过,尽管如此,下面仍将讨论:我们应当如何认真地在实践政治的意义上对待这一点?柏拉图实际上想将文学驱逐出雅典吗?他真的希望让各种节日上的戏剧和喜剧寿终正寝吗?或者,应当将这视为一种理想主义的争辩,从中也许可以得出更多的有限的实践结论吗?)

必须记住,荷马的诗歌和古希腊的戏剧对古希腊人来说,譬如莎士比亚对我们来说具有更大意义。它们既代表了类似当代电视和电影的大众诉求的东西,也具有《圣经》和一般道德化的童话与民间故事一个多世纪之前对基督教共同体的许多人所具有的那种权威和意义。它们强有力地影响到年轻人的发育成长,并且是成年人接受智慧与价值观的储藏室。无论人们如何看待柏拉图在《理想国》中的倡议,都应当将它们视为政治倡议。他的审查规划和文学品质或美学品质没有任何关系。在任何阶段,柏拉图都不认为诗人和悲剧家创造了糟糕的文学。恰恰相反,他的观点基于相反的假设:他正在处理优秀的文学。他将优秀的文学视为神圣灵感的产物,他所担心的是,这种文学凭借其有创见的品质,是令人心动的,且因此影响到观点和态度的形成过程。在他"抨击"的任何阶段,柏拉图的文学感受力都没有离他而去。

(古希腊文学的爱好者在柏拉图那里发现的"激励",来自柏拉图自己的文学才能——来自对作为文学杰作的对话录本身的景仰。据说柏拉图在年轻时曾写过悲剧，在碰到苏格拉底并迷上哲学以后，他将所写悲剧付之一炬。其他的故事，例如他曾几次重写《理想国》的最初几句话，试图使它们"恰到好处"，也肯定柏拉图的形象总是部分是诗人，部分是哲学家）。

柏拉图的确拥有一种美的理论，不过它是一种稍微不同寻常的美的理论。在《法律篇》中（667b），他提出一个艺术作品有三个层面：其魅力或引起快感的趋势，其技术上的优点，其产生好的或坏的影响的倾向。

技术上的优点由其各部分的内在和谐一致所组成，而且柏拉图提到音乐与建筑、雕塑、绘画的比例[例如，参见《会饮篇》187a，在其中，厄律克西马库（Eryximachus）说，"把和谐说成是不和谐是极度荒诞的……和谐是通过音乐艺术借助不同音调的调和来达到的……因为和谐是一种协和，而协和是一种一致"]。正如克罗姆比（Crombie, 1962: 189）所说的，"有规律的曲线，有韵律的重复，对称的形象，都是和谐的例证。"当然，这在一定程度上是有争议的：谁来判断这种对称、这种规律性、这种调和？无调性音乐是可能做出不同判断的一个例子或一个反例吗？也就是说，其反对者会将其视为是和谐的，还是违背了作为艺术的一个必要条件的和谐标准？也有可能，柏拉图所指的比这稍多，因为他说：

> 缪斯……永远也不会犯这种巨大的错误：给阴柔的音阶、音调或婚礼旋律配上阳刚的唱词，或给自由人才配得上的姿势加上只适合于奴隶的韵律……但我们的确[在我们的

诗人中〕不仅看到这种混淆，而且他们还走得更远。他们给干巴巴的话加上格律的形式，从而使韵律、节奏和旋律相脱离；他们无伴唱地摆弄琴弦，从而使韵律、旋律与唱词相脱离。(《法律篇》，669c)

在《理想国》中，这种观点引领他具体地拒斥哀怨的音乐风格（混合利底亚调式的和共振利底亚调式的）与阴柔的音乐风格（爱奥尼亚人的和吕底亚人的），这仅留下了多里安人与佛里吉亚人的和声，它们代表或表达了勇气和严肃（参见上文第二部分第七章）。

这样的细节可能不应当阻止我们更进一步。它是复杂的、技术性的问题，我们不会完全掌握各种事实（特别是与古希腊音乐相关的事实）。以现代术语解释这种主张实际上是不可能的：柏拉图会认为约翰·凯奇（John Cage）的音乐是和谐的吗？或者会认为卡尔·安德烈（Carl Andre）排列120块耐火砖具有内在的和谐吗？我怀疑这样的问题是否可以做出具有权威性的回答。我们只能注意到，他相信艺术应当符合技术优异的标准（其重心在和谐），这种品质本身也许对性格具有长久影响。而尽管在我看来，在任何意义上，这听上去接近那些认为聆听摇滚乐、说唱音乐或任何其他什么音乐会导致道德败坏的人，但柏拉图在自己的观点上并不孤立无援：举例来说，亚里士多德即持有和他同样的观点。

魅力或引起快感的倾向对艺术来说不是特有的。不过，有理由相信，柏拉图正致力一种审美理论，这一理论将在一个作品中的快感因素和技巧优点融为一体的意义上界定美的概念，以致一个作品的美将取决于其各个构成部分的和谐组织所提供的快感。

美是某种快感的观点，是在《大希庇亚篇》中第一次提出的，尽管所有具体的主张，例如美是通过看和听引起快感的东西，美是无害的快感，都被否定了。但在《斐莱布篇》中（该篇又一次提出了适当的比例和匀称是一个作品的技巧圆熟所必不可少的观点），美和快感之间的关联经过重大的修正后再次被提出。

讨论集中于真实的快感，在柏拉图看来，真实的快感意味着本身是令人愉悦的快感，而不是例如它们涉及缓解痛苦。甜的味道本身是令人愉悦的，但喝水只是因为一个人渴得要命时才带来快感。苏格拉底也援引"那些由颜色或形式之美所赋予的"作为真实快感的例证（《斐莱布篇》，51b），而且他进一步强调，他不是在指出现在一幅画中的一张脸美这一类美，而是指创作本身的美，也就是说，美是内在于线条、圆圈和颜色的组织之中的。这似乎是说，在柏拉图看来，艺术中的美也许可以定义为"通过和谐的创作方式产生快感的趋向"。因此，我们也许可以说，审美是由欣赏曲调形态、线条形式或色彩模式一类的东西所组成的，这种欣赏是由一个人在沉思它们时所感到的快感来证明的。

这是一种形式上的定义，因为对真正是美的东西的欣赏，将依赖于真正意识到何种音调、线条或色彩的组织将被认为是和谐的。不过，如何取得或认识到这种"真正的意识"——换言之，和谐的标准可能是什么的问题——依然是柏拉图捉摸不透的东西。在《理想国》（尤其是399—402）的讨论中唯一清楚浮现出来的一点是，柏拉图看到了感受真正的美的能力和拥有善良灵魂之间的紧密对应。好人或正直的人，是那种灵魂和谐协调的人，是那种其激情乐意且毅然接受理性控制的人。一般来说，好人身上的这种内在的和谐，是他意识到需要和谐、认识到和谐的本质的保证。因此，重要的是他的审美判断，而不是其灵魂处于混乱之中的某些特征。不过，反过来，让年轻人四周充满美，将有益于培养好人。

不过，按柏拉图的说法，也许在美学的意义上，但确实在教育的意义上，至关重要的是一个艺术作品第三个层面。形式本身也许有影响，但在培养年轻人方面，与具有魅力的形式联系在一起的内容是一个至关重要的因素。迄今为止，他一直在思考美是什么（或在追寻美的理念）、什么构成了一个精心制作的艺术作品。但是，当走向评估一个艺术作品的价值时，美学标准就不够用了，我们必须留意促进好或坏的倾向。[通过将真实的美等同于好人所感受到的那种美，柏拉图已经将美学标准和道德标准混在了一起。不过，他的确似乎还允许具有美学优点的艺术作品仍有可能在道德上保持中立（参见《法律篇》，667e,653d），(90)而且他在《理想国》中对待荷马的整个态度也强烈表明：诗歌，尽管在道德上是嫌疑犯，却是伟大的艺术作品]。

柏拉图是在提出，一个作品的道德影响问题优先于其美学优点的问题（《理想国》，401b）。任何为艺术而艺术的观念立即被否决。它承认，如果一个作品道德中立但具有魅力，在它提供消遣和快感的意义上，也许可以服务于一个有用的目的（《法律篇》，653d）。但是，假如存在任何道德败坏的可能，其魅力就毫不相干。因此，荷马史诗中被大多数人公认为具有"诗意和魅力"的各种段落，尽管如此也要加以删除（《理想国》，387b）。另一段落也要加以删除，就算它也许可以带来"快感"（《理想国》，390a）。我们也许会被"敏锐而优雅"的诗人所打动，或对他们做出反应，但我们一定会更喜欢"模仿（或再现）好人的语言"且传授我们所认可的道德教训的不那么富有魅力的诗人(《理想国》,398a)。诗人在技巧上越好,他的影响所带来的危险就越大。

在认为文学是一种教育媒介方面,柏拉图无疑是他那个时代的人。古希腊文学本身是且被认为主要是说教的(didactic一词来自古希腊意味着"教导"的词didaskein),从荷马时代,经公元前7世纪和公元前6世纪的抒情与挽歌诗人的集子,到古希腊城邦阿蒂卡的悲剧家和历史学家,很少有例外,都关心指出道德教训或做出道德判断。它不仅是教诲性的,按某些标准来说,在这类问题上还被认为是权威的。不过,除了是在一个例如荷马、索福克勒斯(Sophocles)、欧里庇得斯(Euripides)等人被真诚地视为道德权威的时代中写作之外,柏拉图最终参照它们的道德内容评估艺术作品的趋向,在古希腊也十分典型。例如,阿里斯托芬的喜剧《蛙》(*Frogs*)中,欧里庇得斯和埃斯库罗斯(Aeschylus)之间看哪一位是更好的诗人的"文学竞赛",实际上根本无关乎文学(至少是从一种美学视角来看)。它被表现为一种看哪个人是最值得赞扬或钦佩的说教作家的竞争——在有可能给雅典人提供最有益的指导和建议的特定意义之上,看哪位诗人更好。阿里斯托芬自己不止一次告诉我们,诗人的工作就是教导。[1]修昔底德,尽管不是最卖力的提倡者,但也希望未来的世代从他的历史中学有所得。甚至在文学批评的经典——亚里士多德的《诗学》中,值得我们注意的是,它对古希腊悲剧的评价,实际上也和纯粹的诗学或美学考量没有关系。亚里士多德区分了一个悲剧的六个组成部分——情节、性格、思想、言词、场面、歌曲。在讨论言词

---

[1] 例如,《蛙》(1009, 1030ff, 1420)。

时,他最接近我们可能认为是纯粹美学考量的东西。不过,亚里士多德用言词一语指例如运用生动的隐喻和陌生词汇一类的生意狡计,言词被归为一个好悲剧的组成成分中最不重要的部分。对亚里士多德来说,真正重要的是情节、性格和思想。一个好悲剧,本质上是讲述了一个有教育意义的故事且有效地讲述这一故事(思想)的悲剧,性格和情节至关重要,为了传达包含于思想之中的具有教育意义的道德,必不可少的是,性格和情节应当有说服力。

这种将文学视为主要是道德改良的一个载体的典型的古希腊观点(如此不同于维多利亚时期某些对待艺术、特别是小说的态度),并不隐含着柏拉图是一个市侩。除了他自己的艺术和创作冲动的证据(我们已经提到过)、作为文献本身的对话录的证据之外,柏拉图对论争将把他引向何种方向,明显是沉思的(如果不说是悲哀的话)。确实,最终,他明确地要将所有诗人从理想国中驱逐出去,不过,在他对附加条件——如果有人能够成功地驳倒他,那就更好——的强调中,存在一种明确无误的渴望。他对(受到神灵启示的)艺术家的钦佩是毫无疑问的,他对纯粹审美的兴趣也是没有问题的,例如《伊安篇》(*Ion*)《斐莱布篇》(*Philebus*)《大希庇亚篇》(*Hippias Major*)等对话录都充分证明了这一点。

他反对艺术家的基本理由是,他们所摆出的姿势或人们所认为的与他们的实际不相符。让他感到困惑的是,在艺术家的信息混乱不堪有明显错误时,却被人们尊为智者和当作老师。诗人写到他没有第一手知识的各种事物,并且在他们基本一无所知的问题上被当作权威人士。真正的知识只有通过对理念的学习才能获得。感觉—经验的日常世界是一个脱离现实的世界，但致力表现感知世界的艺术家，是双倍脱离现实（感知世界本身只是对必然是理想的理念的表现）。他是在贩卖模仿的模仿。而且人们可以听到柏拉图声称，艺术家据称是我们应该去倾听的人，他们的观点微妙地渗透我们自己的观点。艺术家了解完整的理念，大街上的人做出一种不完整的尝试，力图过一种完整的生活，但诗人只是提供对一个完整的人的描绘，没有任何证明能证实他拥有理解完整的资质。

文学艺术家处理形式和艺术。形式，假如处理得恰到好处，也许可以对读者构成一种最具有诱惑力的影响。荷马的魅力和技术上的文学专门技能，无论它们准确说来涉及什么，都会导致读者认真地对待他。但荷马写到了什么东西呢？写到了诸神，写到了战争，写到了人类的关系，写到了人的行为和其他同样错综复杂和重大的各种问题。但是，对这一类事情，荷马作为一个诗人——一个讲述大师——知道些什么呢？作为艺术家，除了知道如何讲述一个故事之外，他一无所知。

为了对这类问题做出明智的评论，有必要具备一般的抽象思维和特殊的概念研究的可观能力。了解友谊，除了需要可能的有关友谊的实践经验之外，还需要对友谊这一概念本身的反思。什么被视为友谊？一个人可以直截了当地说某些行为是与友谊不相配的吗？友谊是按照行为、情感、表达、承诺或什么东西加以界定的？同样，谈论对诸神的认知，也预设了对诸神的本质、声称他们存在是否合理等的哲学反思。尤为重要的是，其中存在伦理的内容，这种伦理内容不可能长期避开，假如它是来自知识而不是源于单纯的作者的意见，它是以对善的理念的沉思为前提的——像柏拉图试图命名的,是对善的理念的沉思;正如今天有人可能倾向于说的,是对道德哲学的研究。①

当然,荷马或任何其他作者,也许事实上不只是一位艺术家。假如确实如此,假如他碰巧也是一位哲学家,并且碰巧以恰当的方式思考此类问题,那么此类约束就不适用。但即便如此,柏拉图也会反对这种观点:艺术家的作品是将他的知识传播给他人的一种极可取的媒介。因为他的表现方式无助于加强读者的理解,因为它不涉及直接的理性论争或讨论。这里值得牢记的是,在写作中使用散文在柏拉图时代是十分新颖的。不考虑暗示了他自己在写作本身中的兴趣的各种故事,而且尽管他没有明确说到这一点,但确实,他的部分意思是,诗歌——充满了美学原则和技巧原则的诗歌,几乎按定义来说试图以其他方式而不是纯粹理性方式打动、影响和劝说人的诗歌,不是认真处理理解复杂概念问题的优良传播媒介,而绘画、音乐、舞蹈或戏剧更是如此。集中关注获得真正的理解的平铺直叙的散文,所缺乏的是影响力和魅力,它是以冷静而恰当的方式达到理解的。

在现代的语境中,论争大致就像这样。我们的最终目的是带来对世界及其各方面(特别是道德领域各方面)的真实认知。因此,我们应当喜欢人们拥有对勇气的真正认知(而不是某种朦胧的看法),例如"坚强"、从不显示出害怕、从不退却、咄咄逼人等。鉴于我们钦佩和赞颂勇气且想要年轻人成长为勇敢的人,十分重要的是,他们不能最终以某种轻率的方式将勇气等同于身体

---

① 在《理想国》(607 b)中,苏格拉底提到"古代哲学与诗学之间的争论",也许想到赫拉克利特的观点——"应当将荷马驱逐出竞赛并加以鞭笞,阿基洛库斯(Archilochus)同样如此"(残篇,42),他同样对赫西奥德持批评态度(残篇,57)。

上的恃强凌弱和残酷无情。这意味着，我们必须对美化、言说暴力、倔强、鲁莽、无所畏惧、忍受痛苦且将这些与勇气混为一谈的书籍、电视、电影保持警惕。一部电影也许可以恰到好处地表现一种勇气的准确图像，但事实上电影很少能做到，并且它是否做到了，只能按照对勇气实际上是什么的独立认识来决定。

考虑到与柏拉图所熟悉的环境相比，今日的艺术形式所具有的巨大多样性和复杂性，考虑到我们也许不具有他的某些实质性的道德和宗教信仰，考虑到没有任何一本书对我们来说是完全像荷马史诗对希腊人来说一样的，考虑到他对比例或和谐的解说大部分是形式上的、未得到充分展开的，所以至少是在造型艺术和纯音乐的案例中，以任何精确性的要求声称他会认可或不认可今天的何种例证，是不可能的——考虑到以上所有这一切，我们可以说柏拉图今天对特定的艺术作品会有何种感觉，将是不切实际的。不过，我们可以斗胆地做出某些一般观察和设想。

一个合理的推论是，例如马尔科姆·考利（Malcolm Cowley）题献给"哈佛唯美主义者"的艺术信条对柏拉图来说是令人生厌的："他自己感受力的培养和表达，是一个诗人的唯一合理目标。原创性是他的原则性美德。社会是愚蠢的，充满敌意的和难以操控的……远离社会是诗人的责任。诗人应当蓄意让自己可以被人误解"（转引自威廉斯，1971: 64）。

与这种信条相反（顺便说一句，他可能会将这种信条解释为社会异化和混乱的一种征候），柏拉图是要为艺术家奠定一种激发理想的义务和责任。对他来说，单有艺术技巧是不够的，为艺术的艺术要加以抵制。很难想象他在任何意义上会对现代艺术抱同情态度：从杜尚（Duchamp）的《泉》（*Fountain*）（一个小便器）到翠西·艾敏（Tracy Emin）的内衣或约翰·凯奇的钢琴组曲（在其中，钢琴未打开，始终沉寂无声）。不过，这一类的沉思，虽然有趣，但与教育和艺术问题相比，最终并无特别的重要意义。

柏拉图明显会站在这类人一边——这些人担心媒体，特别是电影媒介在与年轻人产生关联时需要加以监督和控制。第一，由于电影技术这些日子的成就和品质，电影可以说代表了一种对柏拉图来说最坏的一幕：在这里，如果有这么回事的话，我们真的可能是难以置信的复杂多变的操纵的牺牲品或主体。第二，他的确会持这样的观点：像电影所传达的巧立机关、富有魅力的经过包装的信息，是强有力的。第三，似乎有可能，他会反对许多这类信息的内容。我发现很难不全盘认同所有这些看法，而且在任何情况下都不会有任何困难就得出这样的结论：聪明的父母将监督和控制自己孩子的观看。当然，尽管我确信我们会受到所观看的东西的影响，特别是做孩子时，但我不认为有足够的证据得出结论说，当下电影接受的审查相当少，电影应当接受更多的审查，或者应当取缔电影（或某些电影）。这简单说来就是和这样的人站在一边——他们认为，制作和上映无论何种电影的自由，是意义重大的，比起用全国性的控制压抑这种自由，依靠父母的管控机制（无论可能多么不完善）要更为明智。

还有一个合理的推论是，柏拉图至少会质疑我们学校中的广泛的文学研究（在一般认为"好书"资料库的条目的意义上的文学研究）。为什么我们要求这样的研究？当然可以给出许多答案（其中某些是好的答案，不幸的是这里不能对这些答案都做出评述）。不过，柏拉图的观点，似乎有可能导致他拒绝所有这一类的主张：要么涉及主张文学可能是道德教育的重要载体，要么涉及主张文学可能有益于增加我们的知识。在文学给我们提供了表现出道德品性或面对道德悖论的人物或提供了对人民的动机和行为的洞察的范围内(的确,文学经常这么做),文学提出了有关人们像什么或至少可能像什么的道德观(无论是尝试性的还是否定性的)和主张。柏拉图的观点是,熟悉道德视角(作者可能拥有的)并不构成对道德领域的理解,作者事实上不可能处在一个博闻强识地写作道德问题的位置之上,假如他没研究过道德哲学的话。同样,就作者本身的身份而论,对人性一无所知。他正提供给我们的,除非他凑巧也是一个研究人性的哲学家和研究者,否则就只是世界表面呈现在他面前的那样一幅画面。

尽管这种主张——如果我们要了解道德,最终我们需要了解道德哲学——是可以辩护的,但这种对所有不是指向哲学认知的研究(特别是文学研究)的极端恐惧和抵制,却是不可辩护的。假设存在由贫穷、无知乃至邪恶的作者所写的书,假设在一定程度上我们读什么便变成什么,那么,柏拉图对艺术家的异议,特别是对文学的异议,就是他最没有说服力的主张之一。好文学也许可以定义(讽刺的是,以一种柏拉图式的方式)为令人心服和令人愉悦地正确阐明某些方面的人类状况的东西。这是认可一个好的作者需要拥有的认知能力,但柏拉图的错误在于,他认为人只能通过哲学才能获得认知,更准确地来说,他忘记了自己的观点——一个人可以拥有"正确的意见"。我们之所以需要积极地鼓励我们的年轻人(和年长者)阅读那些拥有"正确意见"的作者,正因为凭借他们的文学技巧,通过集中关注殊相,他们也许可以照亮或加强我们对共相或理念的认知。在实践中,任何诸如如何正确行动的决定,都不仅涉及把握某些普遍原则,而且涉及意识到特殊事物，意识到不同行为的可能后果，而这是小说通常能够熟能生巧地加以探索的一类事物。道德的成熟需要智力，也需要对他人的敏感，而文学可能正好有益于培养一个人对他人的意识，对无限多样的人类个体的意识。

在阅读文学的光谱的另一端，存在着创造文学的问题。有人相当确信柏拉图会对艺术范围内学校里许多的所谓创造力嗤之以鼻。首先，当然，像许多步他的后尘的教育哲学家想知道的那样，他可能想准确知道这一含糊的术语是什么意思。不过，假设它是意味着自我表达一类的东西——那些说"我们不能否认，对五岁孩子的正方形奶牛和无脖子妈咪和爹地图画来讲，其别称即是'创造的'"（利顿，1971：3）的人，似乎就是这么来理解的——他会提出，任何媒介的自我表达没有任何内在价值，重要的是教育个人，以使他的"表达"变得有价值，因为这符合才能的标准，并且在恰当的地方，符合真理和道德正直的标准。此外，考虑到他对艺术的一般态度，柏拉图可能会质疑所有潜在的假设——现在世界所需要的是富有创造力的艺术家。当然，这样一种态度与这种观点——创造力，在讨论中的意义上，因为治疗的、心理的或动机的原因，在教育中具有一席之地——不相容。不过，柏拉图将教育的本质视为是培养认知能力，而不是培养创作成就。

柏拉图
Plato

第十四章 灵魂

对一个当代读者来说，提到灵魂也许看上去有点与时代相悖，特别是在讨论教育的语境中，尤其如此。某些宗教人士（当然，还有少量非宗教人士）确实以"灵魂"的字眼进行思考和谈论，但大多数人可能并不如此，而且与今天的教育相关的法规、提案、报告或纲领，的确很少包含灵魂这个词。尽管如此，在《柏拉图〈理想国〉中的教育理论》（1880）中（该书是明确涉及柏拉图的教育观的最早札记之一，而且在任何的意义上仍不过时），理查德·内特尔希普（Richard Nettleship）认为，思考灵魂是第一要务。在提出"最好通过思考他的'一般教育概念'来展开对柏拉图体系的考察"之后，他进一步认为，这种概念的本质基于培养灵魂的理念。"对（柏拉图）来说，人类灵魂是显而易见且先于所有其他有生命之物的，在严格意义上，我们既不可能创造它，也不可能毁灭它，但是我们可以喂养它或饿死它、培育它或毒害它。"这种观察导致内特尔希普（Nettleship）说，柏拉图之所以将"如此重大的意义"赋予"各种情境和生活环境，并且使他总体上更有意于将道德之恶归结为糟糕的培养而不是内在的邪恶"（1935: 5—6），是因为柏拉图认识到了培养的需要，认识到了"灵魂的同化力量"。

有人也许会对这种说法提出异议，认为柏拉图是更趋平衡地来看待外部环境和内在品质的，不过，对内特尔希普的立场的主旨，人们并无任何争论：人们可以合理地说，柏拉图的教育规划是以这样的前提为基础的，教育的目标是提供对灵魂的恰当培养，而正因为如此，了解他的灵魂观是至关重要的。

从一开始，我们需要处理两个小问题。第一，我们必须承认但要超越词汇的各种困难。我们正讨论的古希腊词语是psyche（像"心理学"一类的英语词汇即来源于该词），对该词的习惯的且通常可接受的翻译即"soul"（灵魂）。但psyche可能还意味着且通常被更正确地译为"life"（生命）、"departed spirit"（离魂）、"ghost"（幽灵）、"life force"（生命力）、"spirit"（精神），以及许多其他东西。同样，理所当然，对不同的人来说，取决于他们各自对一般意义上的人性和特殊意义上的宗教的信念，"灵魂"一词可能也有不同的意义，或至少是不同的内涵。传统基督教对拥有灵魂是什么的看法，可能与一位无神论者、一位行为心理学家或一位灵魂音乐的狂热爱好者的观点不一致。柏拉图的读者应当熟悉荷马用psyche来指无形的阴魂——死者的无血色的惨白幽灵。在荷马那里，死者可能被典型化为生者的苍白影子。它们保留了自己的身份，但却是来无影、去无踪，并且的确没有像基督教的灵魂观一类东西的任何迹象（基督教认为灵魂是本质，是人的最好或最真实的部分）。例如，阿喀琉斯明确抱怨，他与其做凡人中最低等的生物，不如做死者中的王。将psyche译为"灵魂"并不必然是错的，因为对我们许多人来说，灵魂一词不具备许多具体的、特定的基督教的内涵。不过，重要的是要认识到，柏拉图正在创造一个特定概念：假如我们要提到"灵魂"，我们就需要根据柏拉图特定的灵魂观来理解它。那些发现很难摆脱自己对灵魂的先入之见的人，可能更喜欢按个人的性格、本质或甚至人格一类东西的意义进行思考，但保留"灵魂"一词的好处在于，如果我们没有自己特定的概念，我们就可以按柏拉图的观点来理解它。

第二个基本问题是，柏拉图对灵魂的解释似乎是随时间的流逝而发展变化的。在例如《卡尔米德篇》(Charmides)《拉凯斯篇》(Laches)和《高尔吉亚篇》(Gorgias)等相对较早的对话录中，他涉及灵魂时不得不说的话，不同于他在《理想国》(Republic)《斐多篇》(Phaedo)《斐德罗篇》(Phaedrus)中所说的，且更为简单。在《卡尔米德篇》中，重点落在苏格拉底归为一位色雷斯人医生的观点："正如一个人不应当只试图治眼睛而不治头，只治头而不治身体的其他部分，一个人不应当只照顾身体而撇开灵魂。"（156b）换言之，身体健康是与心理的或"灵魂的"健康携手同行的，而其中的潜在含义是，后者是不知何故更为重要的。这后一点在《高尔吉亚篇》中说得更为明确。《高尔吉亚篇》也介绍了两种方式之间的类似：身体的健康是通过身体锻炼来培养的，身体的不健康通过药物来治疗；灵魂的健康是通过善的法则（一个好的环境）来培养的，其不完美或缺点是由正义的管理来诊治的。这些看法都一以贯之地保留了柏拉图的部分观点，但直至《理想国》，他才清晰地表达了人们也许可以称其为柏拉图的灵魂论（而且有些评论家感到，在《理想国》中，存有早期著作和晚期著作之间观点发展变化的痕迹）。在延续我的一般方法的过程中，我不想追踪柏拉图在这一主题之上的思想的发展变化，但我会概括我认为是他的成熟观点的东西，特别是像在《理想国》中所表达的成熟观点。

当然，我们确实应当开始参照《斐德罗篇》中一个涉及灵魂、正好因其形象化的描述而众所周知的著名段落。在《斐德罗篇》中，灵魂是由三部分组成的中心主旨，是用一组两匹马、一个驭者的图画来举例说明的。为了全面理解这一段落，有必要了解上下文的语境。讨论不是集中于三部分组成的灵魂，而是集中在爱的疯狂——不是在荒诞或错误的意义之上的疯狂，而是在神灵附体和令人不安的无可抗拒的意义上的疯狂。在柏拉图看来，性爱的疯狂和哲学家对真理的激情并不是南辕北辙的。

让我们将灵魂比作构成一个自然整体的一组有翼的马和驭者。现在，诸神的马和驭者都是高贵的、血统纯正，但其他生灵却是混杂的。首先，你必须知道，人类的驭者驾驭两匹马；其次，他的马有一匹是高贵的、血统纯正，而另一匹却不高贵、血统不纯正。所以，人类的驭者的驾驭不可能不是一项困难重重、令人焦虑的任务。我要设法向你解释会死的生灵怎样不同于不朽的生灵。完整状态的灵魂会关照无处不在的无生命的东西，并且遨游整个宇宙——当十全十美、羽翼丰满时，她向上翱翔，并对整个世界发号施令；而不完善的灵魂，由于失去了自己的翅膀，无力飞翔，则最终落到了坚固的地面——在这里，由于找到了一个居所，她获得了一个表面看来能够自我移动但实际上是由她的力量来推动的世俗框架，而这种灵魂和肉体的组合就叫作有生命力的、会死的生灵。就不朽来说，根本不能合理地相信存在这种结合，当然，尽管虽然既看不到也的确不知道神的本质，但想象力可以想象一种不朽的创造物——在所有时候灵和肉都结合在一起的既有肉体，也有灵魂的创造物。尽管如此，且让它如神所愿吧，并且希望我们所说的能为神所接受。那么，现在，让我们追问灵魂为什么会失去她的翅膀的问题。（246a ff）

答案简单来说，就是在诸神花时间沉思理念的同时，人类的灵魂在竭尽全力赞美诸神的同时，凭借对美的爱获得提升，这带来了它们翅膀的生长。但当它们看不见理念时，便失去自己的翅膀，摔向地面。不过，看到地上的美丽事物，唤醒了对美的理念的记忆，这反过来又带来它们翅膀的又一次生长，并因此使它们再一次上升。但我们应当记住，柏拉图主要是在谈论人类如何因他们的爱或激情而陷入迷乱，消耗生命。他描绘了灵魂被以这样和那样的方式受到驱使时的混乱不堪。

在这一故事的开头，我将每一个灵魂分为三部分——其中两部分拥有马的形体，第三部分像一个驭者。现在我们也许可以依然保留这种区分。我曾说过，其中的一匹马是好的，另一匹马是坏的，但我还没有解释两者的好和坏由什么构成。右边的马骨骼挺直，干净利落，脖子高扬，鼻如鹰钩，白毛黑眼，它爱好荣誉，但又不无谦恭和节制，遵从金玉良言，它不需要任何鞭策，仅听信吆喝和驾驭。另一匹马总体来说则是一头歪瓜裂枣、笨重迟缓的牲畜，脖子短而粗，体格羸弱，毛色暗黑，眼神混浊，脾气暴躁，傲慢骄横和盲目自大结合在一起，再加上装聋作哑，任由鞭抽脚踢，都难以驯服。当驭者看到爱的景象，整个灵魂经由感觉而变得温暖，心中的欲望蠢蠢欲动，那驯良的坐骑，这时仿佛总是受到羞愧的控制，阻止着不要扑向那爱的对象；但那另一匹马，却不顾那脚踢鞭打，又蹦又跳，给自己的同伴和驭者带来各种各样的麻烦，迫使自己的同伴和驭者靠近那被爱的

对象，并记起那爱的欢欣。（255c ff）

这时的柏拉图，处于他最神秘和最诗意的时刻。他用寓言式的说法，描绘了灵魂的不同部分的一幅壮丽图画。但是，正如我们之前所提到的，他的兴趣更多是在爱情或激情可能会对我们产生什么影响的问题之上，而不是集中在灵魂之上。为了了解灵魂，我们可能很大程度上要集中关注《理想国》。在《理想国》中，驭者和他的两匹马被更直截了当地呈现为nous、epithumia、thumos，三者也许可以按习惯译为"理性""欲望""心灵"（柏拉图是否一贯或最终相信一个由三部分构成的灵魂有别于仅包含"理性"的一个整体灵魂，这里不再继续进行讨论。顺便提一句的是，甚至《斐德罗篇》的时间是否应定在《理想国》之前还是之后，都存在争议，更不用说柏拉图是否最终将灵魂视为是整一的，而假如他最终将其视为整一的，那么，是否他最终的灵魂观就是灵魂是具体地表现在生命之中的，或灵魂已摆脱与一个自然的、过于人性的肉体的纠缠。在下文中，我将描绘我认为是柏拉图经过深思熟虑的对活人灵魂的阐述）。

在描绘他的理想国家时，柏拉图展望了三种不同类型的人：统治者（按智慧或知识来限定）、国家的辅助者或防御者（按勇气和坚定来限定）、其他公民（根据凭借他们的技能——农耕、商业等——所做出的经济贡献来限定）。这不是一种对社会的稀奇古怪或有悖常理的分析，对随后进一步以一种类似的方式描绘人的灵魂，人们也没有提出任何争议。人们可能会说的，可归结为一句话：柏拉图的确将个人视为是国家中需要"大书特书的"。不过，也许无须争辩，有足够的理由将商业与工业、政府的执行部门、政策制定之间的三分视为是基本的和重要的，也有足够的理由将个人的灵魂或性格视为是包含欲望、心灵和理性的。不过，我们需要稍微多说说灵魂的每一部分以及他们之间的相互关系。

复数的Epithumia指欲望、渴望、冲动或爱好。在这种情况下，选择哪个特殊词语来翻译可能并不重要。重要的是要知道，柏拉图是在一种广义和一般的意义上来使用该词的，并且提醒我们存在各种各样的爱好，特别是存在对当下的身体满足的欲望（例如对性的满足的渴望），由占有或"获得爱意"而激起的欲望。这让我们想起对财富、名誉和安全的追求，是像对食物、饮料或住所的追求一样轻易由欲望来驱动的。柏拉图也区分了必不可少的或不可避免的欲望和不是必不可少的欲望。前者要么是像对食物的欲求一样的欲望，我们简直不可能选择摆脱这种欲望，要么是其满足对我们有好处的那些欲望，例如对水的欲求的满足，对口渴的人有好处。不是必不可少的欲望，包括那些我们不一定要拥有的欲望（例如赌博的欲望）和会伤害我们的欲望（例如对毒品的欲望）。而柏拉图进一步区分了一定程度上可以加以调控与控制的不是必不可少的欲望和不可以加以调控与控制的不是必不可少的欲望。有关柏拉图对欲望进行分门别类的尝试，他对个人欲求的某些特定主张，他对欲望发挥作用、能否加以控制的方式的看法，还存在可以争论的空间。不过，单是这种认识——存在不同种类的欲望，它们是刺激和促使我们成为我们自己的一个重要因素——便做出了至关重要的贡献。正如他自己所说的（580d），因为世上存在五花八门的爱好，他在这种情况下运用了一个泛称。

灵魂的第二种元素，拉着驭者（具体化的人）的另一匹马，是有灵性的部分。在这里，我们必须小心谨慎，不要将宗教的或幽灵意义上的"神灵"与作为和一个具有精神、果断或顽强的人联系在一起的名词"心灵"混为一谈。柏拉图所关心的是后者，与辅助者群体的类比清楚地表明了这一点。柏拉图认识到了精气神（spiritedness）的含混摇摆：坚毅之人也可以证明是顽固不化的；无所畏惧之人既可以是英勇无畏的，也可以是残酷无情的。这对他的观点来说相当关键，他认为我们每个人的心中，除了存在各种各样的欲望之外，还存在一种意志或决心。我们实际上是何种人，部分取决于我们将自己的意志或心灵做何种用途，部分取决于心灵的刻度。所以有两件事要从一种教育视角来思考：培养一种恰到好处的心灵，培养一种以恰当的方式处理自己心灵的能力。

第三种元素是nous，意为"心智""智力"，或许最好的说法，"理性"。在《斐德罗篇》的寓言故事中，它是由驭者来代表的。有条不紊的灵魂是这样的灵魂：心智或理性像驭者一样调控或"驾驭"着心灵和各种爱好，调控或"驾驭"着两匹马，使他们趋于和谐一致。柏拉图既没有提倡一种禁欲主义的生活，也没有提倡一种纯粹的精神生活，他的观点并不是所有的欲望和情绪都是坏的。而是认为某些欲望和情绪是坏的，对欲望和情绪的过度统治是坏的（有人可能会提出：实际上，虽然不是明确地，柏拉图预见到了亚里士多德的伦理观。亚里士多德著名的主张——美德基于相对的不受欢迎的极端之间的平均数，例如，勇敢界于懦弱与鲁莽之间——可以视为被柏拉图预先提到了。柏拉图谈到过诸如勇猛、愤怒和性欲等的可接受和不可接受的实例）。在辨识各种各样的欲望和情绪的同时，柏拉图所关心的是，我们允许自己按我们的爱好去行动的方式和程度，应当由一种超然的理性评估来决断，而我们的承诺和决心，灵魂中属于心灵的那一部分，同样也应由理性来指导，并且随后要归到理性这一边，所以我们自己要加以调控，并按照接受过调控的爱好来行动。

还有下一步要注意：正如我们所知道的，柏拉图不是在单纯的计算能力的意义上来构想推理部分的灵魂（nous或心灵）的。Nous在最终和理想的意义上是由理念或理型的知识来塑造的，尤其是由善、美、真的理念来塑造的。因此，我们不是单纯在谈论一种超然的计算、效率的估算，以及沉迷于这种或那种欲望的可能结果，或是在单纯谈论全力以赴、毅然决然地执着于一种或另一种行动路线的当下利弊。这一主张是，心灵本身是认知理念产物的心灵，是真理和现实的一个热烈爱好者的心灵，将会按照那种认知和承诺思考爱好，对爱好做出回应，并且借助其充满激情的承诺提升灵魂的有灵性的部分，以维护个人的意志和渴望。

柏拉图灵魂由三部分组成的观点的意义部分在于，它第一次在哲学上清晰认识到了人皆有之的动机冲突。有人也许会说，诗人，尤其是悲剧家，显然熟悉这一现象，但柏拉图是将对这一现象的描述研究和长篇分析记录下来的第一人。当他告诉我们勒翁提俄斯（Leontius）的故事时（439e），他举的是富有戏剧性的例子：勒翁提俄斯既想看被处死之人的尸体，同时对自己感到又羞又恨。不过，《理想国》中的大多数讨论，是试图解剖和解释这个例子，这个例子是我们都熟悉的版本。

正如前面已经提到的，柏拉图相信灵魂的不朽，并且通过持续的论争来支持这一信念，在《斐多篇》中尤其如此。有一种不是十分有说服力的观点：变化的所有事物最终一定会停止存在，除非在两个方向上存在一种变化的可能性；基于重生的观念，我们因此可以说一定存在一种从死到生的旅程，也同样存在一种从生到死的旅程。另一些观点与理型论有紧密的联系，但同灵魂的不朽证明了理型论相比，理型论不再能令人满意地证实灵魂不朽。我们能说的一切是，这两种信念或两套信念是相互兼容的，并且被柏拉图认定是不可避免地交缠在一起的。

从他的教育观的视角来看，灵魂不朽的问题并不特别重要。相比之下，他的灵魂由三部分组成的观点，因为正如内特尔希普所看到的那样，倒可以被认为是他教育理论的中心观点或最终目标，并且是一种合理的心理学模式，这种模式也许依然可以为当代的教育思想和实践提供指导。

这种柏拉图式的灵魂观，不是对思考证明或反证有意义的东西。它是一种可以用来解释人类行为的无可争辩特征的模式，并且这样说似乎是公平的：尽管毫无疑问，它可以加以完善和改进，但作为一种基本的心理学模式，它像其他任何模式一样好。我们的确拥有理性、精神和爱好（无论这些词用起来是否是理想的词），但它们的确会以其他东西所不可能有的方式，对我们的动机和行为产生基本影响，并且毫无疑问的是，它们可能会相互冲突，假如对这一问题不加任何关注的话，事实上一般说来也会相互冲突。今天敏感的教育家，正如柏拉图时代一样，会考虑灵魂的这些不同层面。并且，将目标对准培养认知能力，设法培养致力于真理或"行事正确"本身的价值，致力对正确推理的独特判断，是合乎情理的。所以，我们要告诉年轻人以表现出合情合理或有意义的各种方式沉浸于自己的欲望和情绪之中所具有的价值和终极满足。

不管怎样，正如柏拉图所关心的，在开发心灵和取得灵魂的三个组成部分之间的理想平衡的意义上，教育事业的确是一个培养灵魂的过程。

第十五章　辩证法

辩证法据说是《理想国》中"护卫者"教育的重中之重的"盖顶石"（543e）。然而，苏格拉底也说，格劳孔（Glaucon）跟不上他的解释了，尽管他将给出一个解释！（533a）正如善的理念一样，在辩证法这里，我们获得了柏拉图思想的一个重要方面——不知什么原因，他没有对它做出全面解释。尽管如此，探讨这一观念是必要的，因为不如此做将会忽视其教育思想的某些本质。

在他所编的《柏拉图的理想国》（1902）的第七卷的一个附录《论柏拉图的辩证法》中，詹姆斯·亚当（James Adam）区分了对辩证法研究对象的讨论和对其方法的讨论。其对象无可争议的是理念或理型，尤其且最终是善的理念。这里值得注意的是，亚当对理念论的阐释，是一种潜在地否定我阐释的解释。他明显拒绝所有力图淡化《理想国》中在他看来清楚明白的段落的所有观点，"理念……是一种单一的、独立的、分离的、自我存在的、完善的和永恒的本质，构成了我们的普遍观念的客观对应物……它可能或不可能，并且通常不会准确地、完美地复制自己"。他认定"所有温和的阐释都不能与柏拉图的语言或亚里士多德的证据达成和谐一致，"《理想国》……任何地方都没有表明理念只是思想，无论是神的大脑还是人的大脑的思想，并且没有给任何'温和的阐释'（mildere Auslegungen）提供任何支持（一般的现代哲学家试图借助各种方式的温和阐释，达成他们自己的学说与柏拉图学说之间的调和一致）"（Adam, 1965: 169）。而且他重复了这最后的观点，他写道："也许最高的致敬，可能要献给柏拉图的影响所具有的力量和活力，一代又一代的唯心主义者欣喜若狂地在他那里重新发现了自己，但只有通过使用普罗克洛斯忒斯（Procrustes）的方法，我们才可能迫使柏拉图穿上现代哲学的制服"（Adam, 1965: 170）。

谈到理念本身，我将不再多说，除了承认在我这里有一种有意识的尝试，试图在坚持与柏拉图所写的任何东西不相矛盾的同时，以一种当代思想可理解的方式阐释柏拉图。不用说，在不同意例如亚当这样一位杰出评论家的同时，我在任何严肃意义上对他的经典学术研究都无可争辩：亚当对《理想国》的认识比大多数人都要好。我不认同的地方是在哲学领域，而且围绕的是如何阐释可以认为是柏拉图所写的东西所具有的意义，而不是围绕写了什么。例如，任何人都不会争论柏拉图主张理念存在，或是怀疑他在任何地方都没有说理念只是思想。不过，他说它们存在是什么意思，它们是否可以被解释为本质上是理想的概念，这一类的问题仍悬而未决。

我提出这一点，是因为对辩证法的标准解释（认为是一种方法）通常是令人失望和不充分的，而不是因为它们是不准确的或难以置信的，而是因为所说的很少或根本不具有哲学或教育学的意义。即使鲁滨孙所写的依然被许多人认为是权威著作的《柏拉图早期的辩证法》（Robinson, 1953），虽然因为其谨慎和缜密的理解无可挑剔，但最终也没能传达出任何清晰的有关辩证法是什么，我们为什么应当关注辩证法的相关看法。这部分是因为，正如他自己所说的，在一定程度上，"辩证法"是一个"令人恐惧的名称"，柏拉图用它来指"理想的方法，无论这理想的方法是什么"，而无可争辩的是，柏拉图没有提供对这一概念的直白阐述。这也许是因为正如安娜斯（Annas, 1981）所指出的，在对这一题目的训练有素、富有成效的处理中，一定程度上，辩证法，按几乎任何观点来说都可以被视为哲学的辩证法，是你为了全面理解而不得不最终去做的事情之一：告诉你哲学是什么的众多书籍，直到你自己实际上投入其中，都不会成功。这其中的确包含某些真理，但也存在某种讽刺：一个明显关心解释万物或对万物给出一个说明的主体，无论这种解释和说明多么抽象，这主体本身按这种方式来说都不是完全可以解释的。无论如何，不管面临何种困难，我都应当想方设法提供一个对辩证法的说明——在一定程度上表明辩证法涉及什么，在教育方面其意义如何，虽然在如此做的过程中，我将再一次像我在阐述理念论时所面临的那样，承担着被认为过多地按照当代的哲学概念阐述柏拉图的辩证法的风险。[1]

Dialektikē按字面翻译意味着"通过问答进行的讨论"，而按照第欧根尼·拉尔修（Diogenes Laertius）的说法（9.25），亚里士多德说Dialektikē是由芝诺（Zeno）发明的。鲁滨孙和丹尼斯顿（Robinson and Denniston, 1970）则否认亚里士多德的说法，他们说芝诺只是探讨了假说的后果，苏格拉底仅通过问答方式寻求真理，而辩证法不只是这两种活动的综合，而且它是柏拉图发明

---

[1] 将对"辩证法"和"争论术"（eristic）加以比较。争论术涉及通过任何方式力图确保争论的胜利（阿里斯托芬"使最糟糕的理由看上去更好"的回响）。"争论术"不指任何特殊的技巧，它不关心真相，对柏拉图来说是个贬义词。"反证法"（antilogike）也许是一种技巧，是由追求纯粹的语言交锋所构成的争论术的一种类型，就这点而论，是与辩证法相对立的，并且受到柏拉图的谴责（454a）。"反诘"（Elenchus），是一个更广义的词，包括通过引导其论敌同意不能并存的意义以反驳其立场的各种尝试。反诘似乎被柏拉图认为是辩证法的一部分，只不过是可能被人滥用的一部分（《斐多篇》，85c；《理想国》，534b）。

的。那是怎么回事呢？这里，我们碰到了柏拉图没有直接说的基本问题：他谈到有关辩证法的各种事，他通过类比和寓言来详细说明辩证法，他提出了辩证法的种种主张，但他没有对辩证法做出分析。

我们被告知，它是最高级的技艺（或按某些翻译，是最高级的科学）。可以更按字面意思译作"学习"的希腊词语是mathema（《理想国》，534e）。"辩证法，也只有辩证法，直接地上升到第一学科，而且是为了让自己的基础安全可靠而废除假设的唯一科学"（533c）。它进而借助问和答，因此是一种对话。它是"概要式的"，意味着它努力将众多事物集合到一起，从多中看到一。它涉及理念或理型。但这总括起来等于什么呢？正如克罗姆比（Crombie, 1962: 129）所说的，在柏拉图那里，"辩证法"隐含"许多东西。它意味着通过对话，谦恭有礼、携手合作追求真理，意味着对某些东西做出一种'解释'，这种解释将言之有理，并逃过其同伴的'友好反驳'而幸存下来。它也指辨别、区分……它有时似乎指在万物的相互关系中看待事物的人的开阔的概要观察。"这是一种精明的概括，但它也给我们留下了疑惑，因为正如克罗姆比（Crombie）所总结的，"有人并不恰当地说，在柏拉图看来，研究辩证法，就是以研究哲学所应当采取的方式研究哲学，不论这种方式可能是何种方式。"

我们的确知道的一件事是，辩证法据说是继数学的研究而来的。线的隐喻引进了四种感知模式，其中后两种是dianoia和noesis。思维（Dianoia）聚焦于数学对象（对柏拉图来说，主要是几何问题），而noesis（真正的才智）或episteme（知识）则聚焦于理型。数学思维在两个方面低于辩证法：它利用模式和图表等，将自己的概念当作理所当然的，或者不质疑自己的假设。至于三番五次提到"奇数""偶数""平方""对角线"一类东西的柏拉图，是否是认为数学家没有要么肯定、要么否定的假设就是命题或概念，是存在一定争议的；在弄清他有关数学的某些评论所面临的巨大困难方面，也存在某些不同意见（参见，例如：Gosling, 1973）。但是，克罗姆比的意见，例如，辩证法论者可能会问"一个奇数是什么"并因此进一步提出"数是什么"的更广泛问题，且因此提出"整数和复数是什么"等问题，进而掌握更为广泛的概念，直至面对"什么是合乎理性"，并最终面对"什么是善"的问题，并不是令人信服的。不过依然，为了了解这一类总结柏拉图的说法并阐释它们的尝试，为了更进一步把握他所说的意思（假定尽管含混朦胧，但他还是在说某些重要的东西），我们必须超越文本的注疏。我们必须提出一种可能的理论，在任何意义上，这种理论与柏拉图在这一话题上明确说过的只言片语是兼容的，是与我们认为是他的更普遍的思想兼容的。

这里当然存在一种风险，从许多当代教育理论家所表现出的来看，柏拉图是令人困惑的：(106)有人认为他是在介绍一种不同的方法，有人认为他是在介绍一个不同的概念。按当代的术语来说，这里的大量注意力都献给了批判性思维的观念。不过，在批判性思维概念与认为存在某些构成批判性思考的独特过程或一系列过程的看法之间，存在一种区别，或逻辑上可能存在一种区别。批判性思维概念可能是一种常规看法——仅为被视为批判性的那种思维确立标准。在这里，我要提出，不存在任何例如批判性思维的独特技巧或过程一类的东西：批判性思维，是在尊重普遍的品质标准的意义上的思维问题，对我们讨论之中的主体来说，其真正的本质应当是独特的。以这种观点来看，尝试训导某些个没有资格的人做一个批判性思想者，是没有意义的，因为它不像教某些人去骑自行车；一个人可以只教他们以一种批判方式去学习历史或艺术、政治或科学、工程或摄影，这类学习不涉及技能的开发或培训，而涉及有关历史、政治等是什么的观念的传递，并且因此涉及善的政治和历史是什么的传递。

我的看法是，柏拉图自己在这一问题上并不糊涂，对他来说，辩证法不是按照一系列技巧或程序来定义的，而且重要的是，今天我们不要尝试找到将辩证法具体化的一种方法或一系列方法。我们宁愿按照在柏拉图看来构成好的哲学的标准来定义辩证法。以这种方式来看，为柏拉图可能用辩证法仅指"以研究哲学所应当采取的方式研究哲学"而忧心忡忡，实际上是一种杞人忧天。相反，那是理解这一论题的正确途径，而且柏拉图认为存在哲学（辩证法）的一般性概念（哲学是研究的最高类型，而且他自己也致力哲学研究），这种看法绝对是正确无误的。在他那里，其意义远比今天要更大，因为他大半是开创哲学观念，而今天的类似争论，则更多地带有不同哲学观之间相互竞争的味道。

我是在暗示对柏拉图来说，辩证法的确是我们也许可以称之为哲学的东西。哲学的本质对柏拉图来讲，是对理型的深思和研究。请亚当们原谅，我倾向于将其理解为基本上（如果不是专门的）是概念分析。重要的是认识到，最终，完全感受我们世界的唯一方式，达到全面认知的唯一方式，是理解所有其他有用的研究模式的基础结构，并且获得对统治我们生活的基本概念的全面认识。保罗·赫斯特（Paul Hirst）的论文《人文教育与知识的本质》（*Liberal Education and the Nature of Knowledge*, 1974）虽然回溯到一般意义上的古希腊，而不明确回到柏拉图，但却准确捕捉到了柏拉图立场的一个组成部分：科学、历史、道德、宗教等，是不同形式的人文研究，而我们需要知道的，不只是历史或科学告诉我们的东西，而是历史和科学的本质是什么，并进一步，历史和科学的局限、问题等是什么。

安娜斯（Annas, 1981）圆满提出的一点需要在此加以证明。有一种普遍趋势，认为柏拉图的主张是，辩证法以某种方式不仅揭示终极真理，而且给予我们终极真理的论证或证据。不过，这种想当然是没有根据的，而且就实际的目标来说也是毫无必要的。理型之所以可以直接被认识，不是因为我们具有万无一失的直觉，而是单纯因为它们原则上是完全可理解的。我们原则上可以把握爱的概念（或爱的一个概念，假如你更喜欢这么说）；我们原则上或在实践中却不能获得对行为或爱的行为的全面认知。柏拉图对证据的兴趣，少于对获得恰当认知的兴趣，谈论辩证法的对现实或真理的无中介的看法，隐含的是感知而不是证明。

我们通过教育力图获得或达成的智慧，是严格地分析推理和洞察的产物。美德之所以是受过教育的人的一个方面，是因为根据柏拉图的说法（而且这确实是他的主张中最神秘莫测的），道德的善是真正的、全面的认识的要件（这不仅是神秘莫测的，而且表面看来至少是矛盾的，因为我们也被告知，美德是通过上升到辩证法而培养起来的）。要点在于，用安娜斯的意象来说，善的理型的愿景或感觉不像是一个奖品，它更类似于（用克罗姆比的类比）正学习弹奏一段曲子的钢琴师，逐渐察觉到它是音乐：辩证法论者因为善之为善而逐渐明白了善，同时掌握并致力辩证法。

简言之，当一个人的概念和逻辑研究引领他明白了世界的本质时(如果有世界的本质的话),教育便大功告成。这种看法不需要以不可变的理型观作为前提。也许可以说,柏拉图所关心的是,除了清晰和内在连贯的概念之外,我们应当掌控一系列相互匹配的概念。无论一个人是否相信存在或总是只存在一种真正的爱、战争、和平、正义等的概念,或取而代之,无论是否相信存在几种可能的概念(尽管不是任何概念,因为有些概念是自相矛盾的,不连贯一致的,等等),以下一点依然是正确的:要求认识世界,就需要一个人的众多概念之间相互兼容。

第十六章　厄洛斯

"在西方文明史上，还有比苏格拉底及其学生更精萃的教学模式吗？他们之间的情色吸引力和思想吸引力相互哺育、相互启发、相互竞争。"克里斯蒂娜·内林（Cristina Nehring）在《更高的渴望》（*The higher yearning*, 2001: 71）中如是写到。内林（相当正确地）关心的是反击许多性骚扰立法的无效（例如其剥夺妇女权利的倾向，其刻板化的趋势，其无视自然的公正），尤其是它给大学中的教学法所造成的破坏，在大学中，她感到人的自然魅力和相互作用，提供了一种应当被认为是有利因素的"边缘"因素。

她引证了埃洛伊丝和阿贝拉德（Héloïse and Abelard），一位少女和她38岁的导师，他们相互间的激情激发了他直到68岁去世的哲学讨论信件，以及她"那一时期的任何女性都无法相比的对秩序的神学冥想"。她引证了马丁·海德格尔（Martin Heidegger）和汉娜·阿伦特（Hannah Arendt），阿伦特"羞涩而受压抑的激情"是"最伟大的创造力的源泉"。还有奥古斯特·罗丹（Auguste Rodin）和卡米尔·克洛岱尔（Camille Claudel），保尔·魏尔伦（Paul Verlaine）和阿蒂尔·兰波（Arthur Rimbaud）。"学生和老师之间的强烈化学作用，是激发持续在大学出现的许多佳作的东西，今天一如既往"，她接下来写道，"师生之间的情色冲动被宣布为有罪的大学校园，是教学法遭到损毁和破坏的校园。"她指出，这样的基本主张——"在任何情况下，……我们也许都不能支持亲密关系之中的一种'权力差异'"——是荒诞不经的。她用带有讽刺的口吻问道,"对称的关系"在何处呢?

她对另一极端的鼓吹教员和学生之间的"人人自由"持保留态度。这种保留,不是基于对公开性行为的任何内在反对,而是基于"它会迅速变得索然寡味,并耗费太多精力。当一位学生喜欢一位老师时,它是一件充满力量、具有创造力的事……当一位教师对演讲厅中的哪怕一位学生心怀偏爱时,整个班级都会从中受益"。古训说,"师生恋"使教、学、研分心,没有什么比这古训更远离真理的了。这就像说"五色令人目盲。颜色不会让人分心,它使注视活跃、强化、锐利起来:它将凝视固定了下来。它给眼睛配上了牙齿,给大脑配上了消化道。"这种形象化的描述有点儿令人吃惊,但这是一种有趣的视角。这时,她转向了苏格拉底。

"苏格拉底的学生们热烈地爱他,并经常试图诱惑他。"说"经常"可能有点言过其实,但有时他们的确如此,正如喝得醉醺醺的阿尔基比亚德(Alcibiades)所讲的故事所证实的那样,其实,阿尔基比亚德在苏格拉底出席的一个宴会上突然长篇大论(概述和翻译由内林取自《会饮篇》215d ff):

> "当听到苏格拉底的教导时,我的眼泪夺眶而出,"他向我们承认。"我知道我的灵魂中,或我的心里,或某些其他部分的那种最糟糕的剧痛……哲学的剧痛。"对他来说,幸运的是,他幻想他的导师已经回馈他的喜爱。的确,他期望"一个大机会……因为我看好我的年轻美貌所具有的魅力。"因此,"我打发走了(我的)随从",并且"想着当没有别人和我们在一起的时候,我将会听到爱人所说的甜言蜜语……"可

惜不幸。那一天苏格拉底只是"像平常一样说话",这迫使他的崇拜者邀请他到一个更富有诱惑性的场景:体育场。

"我要求他到体育场竞赛,他和我扭打、纠缠在一起……我想象我也许可以用这种方式成功。但一点也不……我想我必须采取更强有力的措施……所以我邀请他小酌……而当他想离开时,我假称时间晚了,他最好留下来。所以他在长榻上躺下来……我起身并且……蹑手蹑脚地走到他褴褛的披风之旁……在那儿我躺了一整夜……然而,没发生任何更多的事,不过在早晨……我仿佛从一位父亲的长榻上起身。"

不是苏格拉底反感和学生的关系,仅仅是他根本不是骗子:那时,他已经和另一个人——阿伽松(Agathon)同居。(Nehring, 2001: 64—72)

(内林的这最后的断言是可以质疑的,而柏拉图——假如不是苏格拉底的话——的确更喜欢将拒绝阿尔基比亚德的得寸进尺视为是苏格拉底能够升华性的欲望所引起的,而不是由忠诚不渝所引起的。不过,内林的观点也不是空穴来风)。

内林的更广泛的论点不是我们当下的论题,但她提醒我们想到了某些很少受到重视的事情:苏格拉底式教学的一个方面,是某种化学作用,其中包括也许可以合理地视为爱欲元素的东西。这种元素在对柏拉图的学术研究中还没有太多被提及,在涉及教育时尤其如此:情感元素,连同性的元素,长时期大部分被忽视,尤其同性恋元素更是如此[实际上直到多弗1978年的开拓性著作《古希腊的同性恋》(*Greek Homosexuality*)才有所改观],尽管有明显的证据表明,诸神陷入了随意任性的性行为,从最早期的诗歌起便歌颂恋爱中的激情，以及年轻人和年长的导师关系中的情绪和情感，而艺术家频繁坦率地描绘性的场景。

当然，评估例如特奥格尼斯（Theognis）献给年轻的赛阿奴斯（Cyrnus）的诗在多大程度上隐含了一种区别于其他类型的爱情或友情关系的爱欲，是困难的。同样，花瓶之上对性的描绘实际上是由什么构成的，也是有疑问的：古希腊人认为这是某种更深的激起性欲、淫秽色情、引人入胜、富有象征的东西，抑或是别的什么东西吗？要断定我们会认为何种情感和何种情感力量存在于例如年轻的阿喀琉斯及其导师菲尼克斯之间，同样是困难的。阿尔基比亚德在《会饮篇》中的话，是这一广泛话题中最无保留的，并且有可能不应当完全按其表面价值来对待。

目前对同性恋主题的共识大体来说是：古希腊人不会像我们通常所做的那样，按异性恋关系对同性恋关系进行思考，而是按无论什么性别的两个人之间的关系的本质进行思考。主要的区别，是积极的伴侣和消极的伴侣之间的区别，这种区别被最形象地表达为打动人的人和被打动的人之间的区别。对一个成年的自由男性公民来说，约定俗成的事，或有人可能会说正当的事，是做积极的打动人的人，因为那种等着被打动的人在潜在的意义上是可羞的，尽管问题在于，与其说是实际上是可羞的，不如说是人们认为是可羞的。对奴隶和女人来说，因为不同的原因，做被打动的人，不具有任何重大的社会后果。

我们当下关心的问题是，例如赛阿奴斯或阿尔基比亚德这样的年轻人和例如特奥格尼斯或苏格拉底这样的导师之间的典型关系涉及什么？特别是，它涉及肉体上的性欲吗？答案似乎是，一般说来，年长的男人据称受到年轻的青少年还未体验过的性欲望的驱动。年轻人可能会受到从情爱到希望获益的任何东西的激发,不过他们会设法满足他们情人的性欲望,要么采取不涉及真枪实弹的各种方式,要么在任何意义上采取那种不被认为是受到侵犯的方式。对自由的年轻男人来说,真正的问题在于,他不应当被认为是使自己从属于其情人的。

总而言之,无可否认,青少年与年长男人之间关系的重要社会现象,涉及性关系。鸡奸(又是我们取自古希腊的一个词)在这一意义上是社会能接受的。① 在这一讨论中,考虑到"柏拉图式的爱情"一语的普通含义,考虑到例如内林的观点,并且考虑到柏拉图自己在《会饮篇》中所写的,令人奇怪的是,柏拉图在《法律篇》中就我们所知唯一一次明确批评鸡奸是不自然的(636c;838a—841)。

但是,尽管解释某些证据困难重重,尽管柏拉图明显提到鸡奸是不自然的,而且尽管古希腊鸡奸的性质是以内林理解苏格拉底和阿尔基比亚德之间的关系所没能认识到的各种方式来定义的,但仍然似乎一清二楚的是,苏格拉底教学的魅力和成功之处,部分在于他与学生之间的相当亲密的友好关系。在奥斯卡·王尔德(Oscar Wilde)第一次受审期间对"不敢呼其名的爱情"的辩护中,有某些貌似有理的、甚至相当理想化的东西:"在戴维(David)和乔纳森(Jonathan)之间,存在着一位长者对一位年轻男人的如此伟大的情感,柏拉图曾将这种情感当作自己哲学的真正基础……它是美丽的,它是美好的,它是最高贵的情感形式。其中不存在任何不自然的东西。它是智慧的,并

---

① 在字面上,"鸡奸"指男孩(paides)之间的性追逐。重要的是要认识到,对古希腊人来说,"男孩"一词指青少年而不是孩子。

且反复存在于一位年长的男人和一位年轻的男人之间,当这位年长的男人具有智慧,而这位年轻的男人在他面前则拥有所有的快乐、希望和魅力之时"(Hyde, 1956: 236)。不过,尽管有正当的理由将情感、魅力乃至色情视为柏拉图教育风景的一部分,柏拉图却明显不将它们视为优秀教学的必要条件,例如,在《美诺篇》中,苏格拉底与童奴之间,除了一定程度上的非个人之间的关系之外,根本不会让人想起其他任何关系。而像内林的看法一样有趣的是,没有证据可以得出结论:柏拉图在任何年龄或任何阶段赞成教学过程中的性因素。另一方面,例如"魅力""友好关系"和"激情"一类的词,的确似乎是与他的理想的教学图景联系在一起的:师生之间的魅力和友好关系,追求知识和真理的激情。

对古希腊人来说,厄洛斯("爱")是一种力量,也是一位神。在荷马那里,他自己明确表明一种强烈的身体欲望。在抒情诗和挽歌中,这种力量有时被描绘为既是一种心灵的力量,也是一种身体的力量。不过,尽管认为"厄洛斯"不是意味着简单的"爱"就是意味着"爱神"因此是自然的和正确的,但值得注意的是,按亚里士多德的说法,巴门尼德是那些"将爱或欲望置于本原一类东西之中的人"(《形而上学》,984b)。对柏拉图来说,"厄洛斯"的确是动机的一个本原或原理。

G. C. 菲尔德(G. C. Field, 1949)曾说,对16世纪和17世纪的读者来说,柏拉图学说的最重要部分是他的爱情理论。但在菲尔德的时代已不是如此,然而,菲尔德可能已走得太远——他暗示柏拉图并不想过于认真地致力自己所表达的观点。没有任何明显的理由认为,柏拉图所说的有关性或爱的话言不由衷。

他对性的态度解释起来并不特别困难或问题重重。他明显不是一个放荡或好色的人，但他也同样明显不对性心怀敌意。他似乎认为男女之间的性关系是自然的，本身并不好也不坏，但在某些方面伴随着其他的自然爱好和欲望。正如无数的段落所证明的那样[例如苏格拉底评论说，假如卡尔米德（Charmides）的灵魂像他的肉体一样好的话，卡尔米德一定是一个无与伦比的人。《卡尔米德篇》，154d]，柏拉图的确知道男性之间的肉体魅力。而阿尔基比亚德有关他如何试图诱惑苏格拉底而又失败的故事是没有意义的，除非假定存在某种程度的相互诉求：重点不在于苏格拉底不感兴趣，而在于他对自己的欲望进行了控制。同样，在《理想国》中（还有在《法律篇》中，虽然它们略有不同），统领男人和女人之间的性关系的法律，尽管绝不是雅典人的法律，但却是与雅典人的基本看法不是不一致的：用一种粗俗的说法来讲，男女之间的性，基本被视为一种讨好取媚的形式和一种必要的生殖方式。这不意味着夫妻之间的关系不可能是多变的、温柔的、友好的、温暖的、相互牵挂的或令人心悦的，而是的确意味着他们是很少介于灵魂伴侣之间的或以激情为基础的。

柏拉图的爱情观表现在《吕西斯篇》《会饮篇》和《斐德罗篇》中。其中《会饮篇》也许最为重要。《会饮篇》描绘了一次酒会，在这次酒会上，客人们由于前一天晚上烂醉如泥，决定轮流谈论爱情而不是饮酒。《吕西斯篇》延续了柏拉图早期对话录的模式，再现了苏格拉底和他的同伴探讨爱情的可能定义。（顺便提一句，柏拉图经常在用eros的地方使用philia，尽管前缀"Phi"例如在"哲学"一词中一样通常隐含着"热爱"的意思，但Philos一词通常译为"朋友"而不是"情人"。这只是提醒我们注意有关意义和翻译的许多问题。）当然，应当简单概括一下《会饮篇》。

第一个发言的是斐德罗。他提出的观点是，爱情启发我们走向高贵的行动或英雄的行为。鲍萨尼亚（Pausanians）随后区分了低级的、肉欲型的爱和更高级的精神的或心灵型的爱。厄律克西马库（Erixymachus）随后拓宽了爱的范围，不仅涉及男人之间的爱，而且涉及万物之间的爱，涉及一种吸引力或对恰当的对象做出回应的力量。喜剧作家阿里斯托芬随后介绍了一个戏仿神话的故事，按照这一故事的说法，诸神将有两面、四足四手等的原始人一分为二，赋予了我们以熟悉的形体。但它给我们留下了对另一半的渴望，因此爱情被理解为是"对合体的渴望与追求"。①（顺便提一句，阿里斯托芬描绘的原始的"完"人，是属于男人、女人、阴阳人三位一体中的一种的，结果是在分离之后，有的寻找相对应的一半男性，有的寻找相对应的一半女性，阴阳人则寻找对立性别相应的另一半。因此，这是较早明显提到男性同性恋和女性同性恋的。）阿伽松随后表达了对厄洛斯的热情奔放的赞美。所有发言的人都同意阿伽松的观点：爱是寄居于我们灵魂的，它是有关美的，或是有关什么是美的（kalon）。

最后是苏格拉底的发言，尽管他说他的主张大部分是从一位曼梯尼亚女祭司狄奥提玛（Diotima）那儿学来的（前面提到的阿尔基比亚德的发言，是继苏格拉底发言之后的插话）。爱本身既不好也不坏，爱既不速朽，也不永恒。准确说来，厄洛斯是一条引线，是一种力量，是一条导管，或者或多或少，也许正如巴门尼德所预见到的，是一种原因或动机。厄洛斯热爱智慧、美丽、快

---

① 神秘莫测的、更不用说暴躁易怒的同性恋未来牧师弗雷德里克·威廉·罗尔夫（1860—1913，又名Fr.Rolfe和Baron Corvo）用这一说法当作一部小说的标题，并不是偶然的。

乐、善，至关重要的是，热爱永恒。厄洛斯因此是我们内心的激情和驱动力。正如有些人想通过生儿育女使自己永存，而另一些人则试图通过自己的成就、成功使自己永存，而所有这些也许都是为了最高贵的理想。那么，厄洛斯在这种高度诗意化和戏剧化的叙述中就是走向理念研究的情感动机，而狄奥提玛最后的话，形象地描绘了美的理念的提升过程：人们首先喜爱一个特定的美的身体，随后进入另一个美的身体中认识到美，这带来了对自然对象、传统、现象（无论是人工的抑或不是人工的）中的一般意义上的美的意识，而这又带来了对美的追求或研究的意识和认识，这种意识和认识，在对美本身的研究中达到最高峰。

尽管它不是以一种争论的面貌出现的，但它的基调极不同于例如《理想国》的基调，《会饮篇》极清晰地勾勒出了柏拉图的信念：厄洛斯，爱的力量，隐藏于我们内心，驱动我们热爱具体的人和物，热爱寄居于理念之中。《斐德罗篇》巩固了这种信念，提出并否定了一种自私的、占有的、贪婪的、世俗的爱的概念，而赞成爱是灵魂中的行动力的概念。对前面提到的一位驭者驾驭两匹马的三方灵魂的描绘，是对后者的详细说明。死者的灵魂上升到天堂的边缘，并在那儿捕捉到永恒理念的一瞥。但是由于众多灵魂相互挤成一团，它们的翅膀被挤坏了，它们落到了地面上。这些已经最清楚地见到过理念的灵魂，由于受他们的记忆或回忆的驱动，是最易于做智慧的爱好者的，并且因此再一次寄居于一个新的身体之中，上升到哲学的高度。

这三篇对话就像一幅连贯的图画，这幅画的主要特征，是看到了我们可以受激情或爱（厄洛斯）的驱动。这种激情可以带领我们追求基本欲望的当下满足，或者也可以受到中和与控制，以致我们按一种有序的方式沉迷于自己的欲望中，或许，它也可以是驱动我们走向认识善和美的力量。

有些人（例如Grube, 1980）对哲学家是否并在多大程度上升华并超越了所有世俗的身体欲望稍感忧虑。这在我看来是一种杞人忧天。没有任何真正的依据可以将柏拉图解释为提倡独身生活。他毫无疑问相信，心灵的快乐高于肉体的快乐，但这不是说哲学家不能也是一个相当接地气的人。对柏拉图来说，我们应当拥抱更高级的快乐，我们应当以一种理性的方式（按他的话来说，是按照我们对理念的理解）中和并管理低级的快乐。这里有一种区分：通过不加区分的、直接的欲望满足追求快乐，这是要加以拒绝的；通过嗜好的有序化，真正追求快乐，这应当成为目标。

过多强调高级的快乐，会模糊作为我们起步之基础的柏拉图爱情观的意义。正如克罗姆比（Crombie, 1963：184）所说的："'柏拉图式的爱情'始于一个男人对另一个男人的身体激情，进而通过升华走向丰盈的释放，并因此升华为双方的哲学元素。"有些人可能生来就是哲学王，但对大多数人来说，情感或情绪依恋意义之上的平淡无奇的爱的事实，可能具有教学的实用性。这里有三个明确而不同的要点：第一，师生恋也许是促成学习的一种可贵而有用的方式；第二，对某些对象的爱也许可以构成通往研究的可贵动机；第三，教学事业应当涉及设法培养对知识和真理的激情。

也许要承认，苏格拉底和他的学生们有时具有一个情色的维度，但这些人实际上都是成年人。内林认为，立法禁止恋爱（包括肉体关系）是不恰当和荒谬的。她的这一观点是针对各大学的。我怀疑针对孩子她是否会提出一模一样的观点，这些孩子在任何意义上都不满法定的年龄。我也不会提出这样的观点。但我会认同柏拉图和内林的意见：在恰当的限定范围之内（这类限制要分别确定，并建立在其他基础之上），厄洛斯在教学中是重要的：教师应当热爱年轻人；教师应当热爱知识；他们也应当热情洋溢地渴望培养年轻人对知识的热爱。

第十七章　总结：一种教育理论

从词源上来说，Theory（"理论"）是另一个来自古希腊（theoria）的英文词。Theoria，在用于心灵时，意指"沉思"或"思考"（它也用来指做游戏的旁观者，更广义地来说，指用眼睛"观看"或"尽收眼底"）。将这一点同我们所理解的理论是对某些活动或现象的一种抽象解释性说明联系起来，是足够容易的，但亚里士多德对这一主题的某些简评，也要加以注意。

在《论天》（On the Heavens）中，亚里士多德指向了以下两者之间的差异："寻求理论和原因去说明现象和圆枘方凿地迫使现象符合"已经提出的"一般理论"（293a）。他指控毕达哥拉斯学派在他们提出的有关地球定位的观点上就是按后者来做的。在《论动物运动》（Movement of Animals）中，他提到需要参照物理界的实例证实一般理论，"因为我们以这些实例作为基础寻求一般理论，并且凭借这些实例，我们相信一般理论应当与其保持一致"（698a）。这一观点得到了《论动物的生成》（Generation of Animals）中的一个段落的支持。在那一段落中，当谈到蜜蜂时，他发现，他的说法与理论和"人们信以为真的事"对得上号，"然而，众多事实还没有被充分把握到：如果何时被充分地把握到，那么荣誉必须要归功于观察而不是理论，并且只有当理论所肯定的东西与所观察的事实相符时，荣誉才能归功于理论"（760b）。后来，在《形而上学》开头的一个重要段落中，他比较了经验或实践知识与技艺或理论知识，提出后者正如我们今天可能会说的，具有更大的解释能力。

"着眼于行动来看，经验似乎在任何方面都不弱于技艺，而且我们甚至还看到有经验的人比那些有理论而无经验的人更容易成功。原因在于经验是个体的知识，技艺是普遍的知识……那么，如果一个人有理论而无经验，知道普遍而不知道包含于普遍之中的特殊，那他就经常不会治病。"换言之，医生所需要的不只是医学理论，因为他必须在运用这种医学理论之前，辨识病人病在哪里。虽然如此，他继续说，我们认为理论知识是更高级的，"我们认为知识和认识属于技艺而不是经验，而且我们觉得有技艺的人是比有经验的人更聪明的……并且这是由于前者知道原因，但后者不知道。因为有经验的人知道事情是这么回事，但并不知道其所以然，而另一些人（有技艺的人、掌握理论的人）知道'其所以然'和原因。"因此，亚里士多德说，我们认为，任何行业中的巨匠是比单纯的工匠更博识多才和更聪明智慧的：巨匠和工匠也许都能操作或表现得同样好，但前者对他正在做的东西和为什么知道得更多，随之他也能够对别人做出解释（这就是他为什么是一个"大师级"工匠的原因所在）。

> 我们将他们（巨匠）看成是更聪明的，不是根据他们能够行动，而是根据他们拥有相对于自身的理论且知道原因，而一般来说，能教别人是知其所以然的人的一个标志，因此我们认为技艺是比经验更为真实的知识，因为有技艺之人会教，而有经验之人不会教。
>
> 又一次，我们不认为任何感觉都是智慧，但的确，这类

感觉会提供个别事物的最权威的知识。然而它们不会告诉我们任何事物的"所以然"——例如为什么火是热的，它们只是说火是热的……我们目前讨论的要点是，所有人都认为所谓智慧是处理万物的第一因和原理的。这就是为什么……有经验的人被认为是比任何无论什么感觉的拥有者更智慧，有技艺的人比有经验的人更智慧，巨匠比机械的人更智慧，理论型知识比生产型知识更具有智慧之本质的原因。(981a)

许多"实践型头脑"的人承认鄙视理论，将理论视为是无意义的和不具有实践意义的，以致到了例如"理论上的"和"理论的"这样的说法有时被在直接轻视的意义上用于指"无用的"或"不实用的"，例如在"那在理论上是极好的，但它在实践中却不管用"即是如此。这种对理论的不动脑子的否定和抵制，是我们时代的祸因之一。因为亚里士多德是相当正确的：知道万物之所以然的原因，能够对现象做出总的解释，是有用知识的本质，是对我们的世界加以控制的资源——亚里士多德会称之为"智慧"。这只不过是柏拉图观点的延伸。柏拉图认为：真正的知识是理念的知识而不是个别事物的知识，人们可以在熟悉特殊个体的意义上"知道"特殊个体，甚至知道如何与它们互动，或知道如何对待它们，但这却不能帮助人们知道如何理解其他个体。相比之下，不仅对这人有所了解，而且对这人的人品或普遍特征有所了解的人，由此能进而对不同的人做出恰当的反应，并因此掌控其人生。隐藏于我们对人生和事件加以控制之后的，是理论；缺乏理论或理论贫乏会引起我们的失败。理论，抽象且有时可能看似脱离真实世界的理论，是人类所拥有的最实用和最有益的工具。

那么，当务之急是一种堪与科学理论或历史理论相媲美的教育理论。不过，两种主要的提醒值得引起注意。第一，比如说，存在一种科学理论和一种科学的理论，前者指对科学研究性质的一种解释说明，后者是在科学之内的或由科学派生的一种理论意义之上的。爱因斯坦的相对论是在后者意义之上的一种科学的理论，但它不是一种科学理论，正如对第二次世界大战起因的说明和解释是一种史论（例如，对一个历史问题的理论解释），而不是解释历史本质和历史行业意义上的一种历史理论一样。这种区分本身是直截了当的，但有时，它会变得界限不明——一种特定的理论如此无所不包、固执刻板，以致不可能让优秀的理论从"正确的"答案中解脱出来。亚里士多德认为，毕达哥拉斯学派在做解释时，让他们自己对地球的观察符合自己的理论。人们可以做出同样的指控，例如，针对一般形式的马克思主义理论做出同样的指控。在世界运转的方式上，有人持这样一种观点：马克思主义者说，世上所发生的一切，要按社会的经济结构加以解释。以这种毫不妥协、固执刻板的原则为前提，对现象的任何其他类型的解释，都被简单地打发掉了。不仅所有的社会现象都按这一方式来解释，而且不久，艺术、历史甚至科学都按同样的方式进行解释。但这时，两种意义上的理论之间的区别消失了：两个历史学家可以共享一种历史理论，但对第二次世界大战起因的理论解释则各持己见；而原则上，两个马克思主义者则不行：他们对马克思主义历史理论的共同忠诚，或多或少决定了他们对特殊历史事件的解释（并不是说，在实践中，这甚至避免了马克思主义者各执一词）。

那么，一种教育理论，按其本质来说，应当提供一种对教育本质的一般和普遍说明。它应当告诉我们，首先而且最重要的是，教育是什么。一种科学理论将科学与相互联系而各不相同的科学活动区分开来，并且力图确立起一种活动之为科学活动的典型特征的必要和充足条件，同样，一种教育理论必须澄清教育是什么，例如，区别于比如培训、训导或为就业做好准备。该理论随后进一步要告诉我们的东西，即依赖于对这一首要问题的回答。进行历史研究的恰当标准，在细节上构成好的历史或坏的历史的东西，来自将历史理解为独成一格的（sui generis）东西，区别于例如神话、民间传说或寓言。又一次，像历史理论一样，一种教育理论应当告诉我们的其他东西，取决于准确说来，我们认为教育是什么。假若我们坚持教育是和传授知识有关的观点，那么，我们就需要阐明与知识相关的问题，而假若我们认为教育涉及学习，那么我们就应当思考有关学习可以说些什么。

按照这些思考，似乎可以公正地说，柏拉图给我们提供了最早的教育理论：不只是提供了一种实践的处方（尽管只是只言片语），而且提供了应当做什么和为什么做的解释说明。尽管对今天的读者来说，它所写的东西，许多是"陌生的"，但它也具有永恒不变的意义。他的倡议的诸多细节，和我们的兴趣也许是无关联的，或在某些情况下，是正相反的。但这一理论——原理、认识、观点——依然是潜在相关的，至少许多时间，在实践上是相关的，或事实上是相关的。

柏拉图教育理论的逻辑起点，是他认为，人类是一种独一无二的物种，而且他们之所以是独一无二的物种，是凭借理性的神圣绽放或一种理性的能力。这一看法在古希腊人中极为普遍，在今天也会被许多人所接受。但这并非是一种不能挑战的看法，它事实上也受到过挑战，至少是潜在地受到过挑战。挑战者包括这样一些人：相信人类只是一种比其他动物更为复杂的动物，但尽管如此，仍基本是一种具有动物大脑的动物，即使具有的是一个更大的动物大脑；相信不存在任何区别于自然大脑的心智之类的东西；更为特别的是，相信大脑是严格类似于一台计算机的。顺便提一句，没有人会争辩我们是动物，我们有心灵活动所必不可少的大脑，我们本身是科学研究的物质对象，可以在计算机和大脑之间描画出某些合理的类比。争论在于，有些人说，要说的都已经在这儿了（或部分在这儿了），而有些人则坚持，人的大脑明显比所有这些部分或层面的总和还要多得多。

柏拉图致力这样一种假设：人类是独一无二地具有一种特定的推理能力的（因为没有人会争辩说，某些其他动物拥有某种推理能力）。但他认识到，我们不只是思维机器。正如内特尔希普（Nettleship, 1880）早就认识到的，假如我们所关心的是人类的教育，那么一种教育理论必须对"心理学"或人性做出某种解释说明，正如柏拉图在他对三方组成的灵魂所做的解释说明一样。无论从有关心理本质的理论来说，还是按心理学内部所派生的特定理论来说，心理学理论与柏拉图时代相比已面目全非。特别是，在北美，很难发出对心理学的批判声音，而有人认为，发出对心理学的批判声音是（或应当是）教育理论的一个重要部分。我不同意这一观点。我没看到，以存在于构成科学乃至历史的东西之上的那种共识方式，在心理学上存在着任何明显的共识，而心理学（特别是教育心理学）中的许多特定理论，似乎是高度可疑的，相当脱离这样的事实：许多特定的理论相互之间是不兼容的，如果不是实际上相互矛盾的话。我愿意提出，这种状态的一个原因，在于心理学理论的许多部分都基于一种站不住脚的行为主义人类观（尽管"行为的"一词在今天不是特别时髦，但心态依然是强有力的，明确的行为主义者的遗产依然无可否认）。不过，无论问题的真相如何，心理学上的"进展"的确都不涉及对柏拉图的基本洞见的否定和拒绝。

柏拉图重视另一个确实无可否认的事实：人类的确是有心灵的，但他们也受到欲望或嗜好的驱使，而且他们也拥有精神、意志或决心。决心本身有时仿佛是一个激励因素（例如，当我们怒火中烧时就是如此），不过在任何情况下，它都是理性或嗜好的一个潜在同盟。柏拉图明确指出了灵魂内部冲突的一贯风险。

因此，他的教育理论的基础，是相信一般的认知是人类独有的，在发展这种认知能力时（发展这种能力是教育必不可少的），我们必须考虑灵魂的可能的内在冲突。这一理论的最后前提是，人的认知能力包括理解善和行善的能力。教育的目标也许因此可以说是开发个人的认知和德行。

将这一点牢记在心，我们转向必不可少的潜在含义。两个问题显然立刻便出现了：宽泛地说，我们如何去处理灵魂中的潜在冲突，如何引导个人正确地安排嗜好、意志和理智的次序，并且，谈到我们应当追求的知识或认知能力，该说些什么呢？柏拉图对第一个问题的回答是，我们应当从早年开始便让孩子习惯善和真；我们必须提供一个有助于培养正确的价值观的环境。任何教育理论必须在这一宽泛问题之上保持环境力量和内在品格之间的平衡。柏拉图清楚地看到这两个因素在起作用，并且主张从一开始便尝试提供一个合适的环境，他认识到这种愿望并不总是会获得成功，世上有自然品性看似超越社会影响的人。但一般来说，审慎地控制社会影响（按我们的话来讲，控制电视、课本、行为预期，等等），是要获得认可的。

柏拉图对第二个问题的回答，是用理型论或理念论来提供的。教育信息是一清二楚的：我们需要培养的认知类型，最终是认识概念，或认识抽象的、理想的普遍观念，是一种作为一个整体的提纲挈领的知识观。因为柏拉图不是按照基本的研究和学习形式（今天有些人认为这种基本形式是最经济、最有力的概括和发展知识的方式）来思考的，所以我们不能声称他的理论宣扬了基本学科的教育。然而，我们可以认为，今天的理论是对他的理论的一种合理扩充。并且我们可以说，他毫不隐瞒的观点是，教育应当是关注所有类型的理论认知的：关注万物之所以然的原因，了解不同认知领域之间的联系和区别。

这一理论现在具有了一个终极目标或一系列目标，并且具有了对如何取得这种目标的一种宽泛说明：通过榜样的示范和社会环境的控制相结合（同时，通过鼓励或劝告性的干预。柏拉图似乎认为，使用称赞和指责并不特别有效，他更倾向于以我们所要求的价值观和标准为模板）。目标也要求循序渐进：从研究个别事物，经过研究有机的思想体系，特别是例如数学一样的相对抽象的思想体系，进入哲学的研究。

泰勒（Tyler, 1949）提出了任何课程（或者，像我们可能会说的，教育）理论需要回答的四个基本问题，他的观点依然具有说服力。它们是（用我的话来说）：我们应当有什么样的教育目标？我们需要学习什么才能取得这些目标？投入这种学习的最佳途径是什么？我们如何才能对我们事业中的成败做出最佳判断？阿罗图尼安-戈登（Haroutunian-Gordon, 1994）同样提出，一种"教育哲学"（或者，按我的说法，一种教育理论）应当谈论四个话题：教育的目标，知识的本质和人们的学习方式，学校和社会之间的关系，"教师在帮助学生学习中所起的作用"。假如这些观点宽泛地说来是合理的，是对一种教育理论应当包含的东西的概括总结，那么，依然包含在这种概括中的柏拉图理论的唯一因素，就是教师的角色和如何最好地判断成败。

正如我们看到的，有人相信柏拉图赞成教师的极特殊的角色是激励者而不是指导者。整体证据似乎表明，柏拉图所取的是一种折中观点。教师也许指导、也许模铸、也许描绘、也许诱发、也许质疑，如此等等。不过，也有理由说，柏拉图看到了师生之间的亲密关系和对话背景中的发问的特殊价值。他无疑相信辩证法的重要意义，但在这里，分清以下三种意义上的辩证法是困难的：作为一个一般性的评论术语，涉及没有任何细分的广泛活动的"辩证法"（正如一个人不必十分明了哲学一词的含义，不支持任何特定的思想学派，更不用说从事哲学的方式，却仍然可能认可"哲学"这一术语一样），作为沉思理念事务之名的特定意义上的"辩证法"，作为沉思理念的某些特殊技巧或一系列技巧的"辩证法"。在这里，又一次，那些到柏拉图那里去寻找特殊教学处方的人会大失所望，并且，更进一步，柏拉图对这一主题持一种十分开放的态度，并将其视为是超出提供一种如此这般的教育理论的范畴的，也是相当正确的。同样，在柏拉图那里，没有任何东西与判断成败的问题或现在公认为所谓判断的东西有直接关联。从表面上看，无论对教学法科学，还是对课程评估和教师评价的科学，都缺乏任何贡献，这种缺乏是柏拉图教育理论中的一个缺陷。当然，也许有人会信心满满地坚信，面对这种指责，柏拉图的回应大体说来会是，与确立教育的目标、内容和组织结构相比，这些是伪科学且无足轻重。只有当我们清醒地意识到我们在做什么时，只有当我们掌握了教育的理念或理型时，我们才能开始判断各种方法是否有效。由此类推，除了参照教育的理念，任何判断方式都不能对自身做出判断。

第三部分
柏拉图著作的认可与影响

教学是一项通过让人们自己寻求重要问题的答案而将知识传授给人们的复杂多变的事业。

第三部分
柏拉图著作的认可与影响

第十八章　学园与柏拉图哲学遗产的一个轮廓

我必须从一开始就说，这将是相当奇怪的一部分。因为，写到历史上最著名的思想家之一的思想的接受和影响，我将不得不得出结论说，总的来说，其教育理论对后来教育思想的影响或多或少是间接的。教育思想史并不以任何正式的系统的方式受到柏拉图的重大影响，更不用说受到柏拉图的感染或控制。正如我在第四部分将会提出的，这与他教育理论的实际意义和关联性无关，并且我希望，它不要使对许多世纪以来接受其理论的方式的简单思考变得更不那么有趣。不过，一个完美的悖论是：不仅作为一个哲学家，而且特别是作为一个第一流的教育思想家受到人们高度敬佩和广泛引用的一个人，仍然不是在任何明显的意义上具有巨大影响力。

像在对待他的前辈时一样，考虑柏拉图著作的接受和影响，必须采取一种相当特殊的形式，因为他处在一个或多或少独一无二的位置之上，是历史上第一个留下大量书面著作的哲学家。毫无疑问，他对随后思想史的影响是巨大的。A. N. 怀特海（A. N. Whitehead）说，所有后来的哲学都是"对柏拉图的一系列脚注"[1]，

---

[1] 见于《过程与现实：宇宙论札记》（1978。纽约：自由出版社）。理查德·克劳特（Richard Kraut, 1922: 32）在一条脚注中写道："因为脚注只不过是补充，并不想有悖于正文。怀特海的说法不仅误导性地表明随后的哲学家的意义赶不上柏拉图，而且误导性地表明了柏拉图的著作是后来所有哲学家公认的出发点。"我猜想第一次听到怀特海经常被引用的评论的许多人是否会做出这种推论。准确地说，正如克劳特进一步承认的，怀特海明显指柏拉图引进了大部分的关键概念和问题，这些概念和问题依然最终构成了哲学的主题。

这不仅仅是一种修辞格。不过,存在不同的影响后来者的方式:在某些情况下,一门学科只是延续了大师的著作。在另一种情况下,例如黑格尔对马克思的影响,后来者所受的恩泽是清楚明白的,但它只涉及将原来的理论进行了倒转,或者对它做出了重大的发展。而这又不同于例如卡尔·波普尔(Karl Popper)所接受的维也纳小组的恩惠,因为他力图挑战和否定逻辑实证主义的前提——大意是说,一个命题的意义,要按对其加以证实的方法去发现。在柏拉图这里,由于他实际上是处在历史的开端处,他的影响有时是采取这一种或其他许多种形式,有时则直接和间接地通过其他人著作的居中作用(这些其他人的著作本身直接受到柏拉图的影响)。他的影响的扩散,堪比一个族谱图,除了偶然的返祖看似拥有开山祖师的几乎正宗血统和基因之外,其遗传一般来说都是越变越广和越来越淡的。

在这类情境中,尝试并追踪柏拉图思想的明确发展路线,是不得要领的,并且准确说来超出了我们对其教育思想的集中关注。当然,应当提供他对哲学的某些主要贡献之幸存模式的概述。在考虑这一点时,将身为教师的柏拉图的实际继承者的历史(尤其是学园的历史)和他的观念史之间的区分牢记在心,是有益的。这两种传统并不是同心协力地发挥作用的,并且存在这样的时候:有时,他在学园中的正式继承者远离了他,相反,有时,和他没有任何正式关联的人对他反而亦步亦趋、同气相求。

柏拉图创建的学园不是致力传递大师的体系(无论是思想体系还是教学体系)的职业学校,它也不是旨在让所有人沉浸在一种真正的信仰、一种真正的教义或一种真正的理论之中的意识形态培训基地。从一开始,学园中便有观点在或大或小的程度上互有差异的人。甚至在他自己的圈子中，对柏拉图的接受也并不是全无批评，虽然在总体上必定是令人钦佩的。在一个故事中，据说一位数学家欧多克索斯试图借机械的协助而不是依赖单纯的推理解决一个问题，结果惹恼了柏拉图（普鲁塔克，《席间闲谈》，718e）。更重要的是，同其他人一样，其中当然包括亚里士多德，欧多克索斯据说被柏拉图所提出的理型和殊相之间的关系所困扰，并且认为它们总体上是无所不在的（这将意味着，它们缺乏柏拉图认为它们所具有的独立、不灭和不动）。甚至与柏拉图的观点大相径庭的是，欧多克索斯相信，善就是快乐（亚里士多德，《尼各马科伦理学》，1172b；柏拉图相反的观点，见《理想国》，505c，504c）。（欧多克索斯是否是学园中的一员，本身是有争议的，但他的确与柏拉图熟识）。

斯彪西波是柏拉图的侄子，并继承柏拉图充任学园的主持。据说斯彪西波也反对理型，他用数来取代理型，尽管他不像柏拉图那样，将一（the One）等同于善。色诺克拉底，学园的另一位后来的主持，辨别了理想和数学数字（与柏拉图不同），修正了柏拉图的神学观，特别是阐明了守护神的作用和本质（柏拉图在《会饮篇》中曾简单提到过守护神），并在柏拉图的灵魂观之上加上了毕达哥拉斯派的理论，所以他将灵魂定义为一个自动的数。赫拉克利德·彭提乌斯挑战了柏拉图宇宙被创造出来即是独特的、无限的、球形的（《蒂迈欧篇》，33b）观点，以及灵魂无形的观点。彭提乌斯说，宇宙是有限的。

简单地提到这些，只是为了表明，从一开始，即使是在"柏拉图主义者"之中（在那些和柏拉图搭档的人之中），也存在着批评性的不同意见。柏拉图的学园没有显示出严格控制和唯我独尊的思想体系，这种控制和体系构成了许多其他"思想学派"的典型特征。这在亚里士多德那里最为明显。由于他的许多著作都幸存了下来，所以我们处于更安全的基础之上，并且对接下来将发生的事情有更清楚的看法。亚里士多德对柏拉图的理型论也有异议（似乎很清楚，认为理型论是柏拉图主义的中心信条，并且是他的同仁和学生多有争议的信条）。他不满意认为它们是自在自足的看法，并且认为无论它们的共相还是完美实例都是多有问题的。他也正式否认善的理型（《尼各马科伦理学》，1096a）。但又一次，尽管有这些哲学上的严肃批评，却不应当像人们有时所描绘的那样，将亚里士多德视为一个竞争对象。因为许多年间，他都是柏拉图身旁的学园成员之一，他不会不同意这一类的基本信念：知识涉及掌握理型，高级生活就是沉思冥想的生活。

时移世易，特别是所有实际上认识柏拉图的人离世之后，学园的基调的确发生了变化，大致说来，在公元前3世纪至公元前1世纪之间与怀疑论结合到了一起。不过这里也存在一种连续性，因为怀疑思想特别反感斯多葛哲学，由于是持唯物论的，斯多葛哲学因此与柏拉图的思想是对立的。当然，在公元前1世纪，各种思想学派（例如伊壁鸠鲁派、斯多葛派、犬儒派）开始丧失自己的身份，以一种更折中的方式趋于融合。例如，波希多尼（公元前130年—公元前46年）尽管是一个斯多葛派，却吸收了柏拉图灵魂三分的理论，安提阿卡斯（Antiochus，约公元前68年）明显旨在调和柏拉图的传统和斯多葛派的传统，而西塞罗在将希腊哲学转为罗马和拉丁语的过程中，融合了许多思想学派，其中包括柏拉图主义。柏拉图主义与其他思想学派的这种混融，连同对神秘事物的强调，构成了现在被称为中期柏拉图主义的时期（公元后最初两世纪）的主要特征，普鲁塔克的道德札记最好地传达了这一时期的精神。①

被称为新柏拉图主义的学派是由普罗提洛（公元205年—207年）创立的：它多受惠于柏拉图，但试图更为图式化和具有教诲意义。在柏拉图似乎要探讨理念的地方，普罗提洛似乎更想确立一种教条和意识形态，其关键是神、智慧、灵魂三位一体。神是一种带有超验性的神性，可以通过我们也许可称之为宗教信仰的东西而不是理性来获得。智慧的范畴是存在的范畴，而灵魂来自智慧，并且导致自然界。不追求复杂的话，很明显，这是将柏拉图的理论和当时的宗教态度和信仰焊接到了一起。其他知名的新柏拉图主义者包括波菲利和普罗克鲁斯，当罗马皇帝查士丁尼于公元529年下令关闭雅典学园时，普罗克鲁斯是学园的主持。②

与学园内部对柏拉图思想的发展相类似，犹太教和基督教思想家都在某种程度上利用了柏拉图思想。例如，菲洛（卒于约公元40年）在将希伯来神学与希腊哲学融为一体时，便挪用了理型论的诸多方面，而例如俄利根（Origen，约公元185年—254年）一类的基督教思想家，则将柏拉图的各种观念纳入他们自己的理论建设中，其中包括在俄利根那里，相当出人意料地，纳入了灵魂先在的信念。圣奥古斯丁（公元354年—430年）是发掘利用柏拉图著作的最著名且可能是最重要的基督教思想家，他不仅直接加以发掘利用（例如，将理型描绘为上帝大脑之中的永恒真理），而且通过引用普罗提洛和波菲利间接地加以发掘利用。不过，人们不得不说，虽然这种简述表明，柏拉图在这几百年中依然是一位主流的、富有影响的思想

---

① 对中期柏拉图主义的研究，参见狄龙（Dillon, 1977）。对通过中期柏拉图主义的棱镜所进行的一项柏拉图研究，参见安娜斯（1999）。
② 进一步参见弗洛伊德（Lloyd, 1990）；沃利斯（Wallis, 1972）。

家，但要表明例如在思想上来说，在圣奥古斯丁那里我们拥有了柏拉图的直接后裔或旁支，却仍有相当长的路要走。

尽管经历了大火、战争和其他灾难，但各大图书馆特别是亚历山大和以弗所的图书馆仍保存了柏拉图和古希腊其他作者的著作。从公元800年开始，它们被翻译成阿拉伯文，并且获得了新生，其时，学者们力图将新柏拉图主义及古希腊其他哲学思想与伊斯兰教调和起来。在部分阿拉伯世界中，且部分通过对某些对话录（例如《蒂迈欧篇》《斐多篇》）的拉丁文翻译，并部分经过圣奥古斯丁的改编，柏拉图的理论在整个中世纪继续得到研究，尽管到这一时期的末期，亚里士多德更为著名和受人尊重。

伴随文艺复兴，柏拉图以及古希腊和罗马的其他事物，自然又一次走向前台。他的著作有了新的拉丁文译本，在美第奇家族的佛罗伦萨，柏拉图特别受欢迎。在英国，托马斯·莫尔（1478年—1533年）明显参照《理想国》创作了自己的《乌托邦》，而诗人埃德蒙·斯宾塞（1552年—1599年）也受到柏拉图的影响。在17世纪，所谓剑桥柏拉图主义者在抵制同时代哲学家（例如最为著名的霍布斯）的唯物主义时，深思熟虑地乞灵于柏拉图的大名。到19世纪，德国的学术研究有意识地复兴柏拉图的研究（特别是黑格尔，受到柏拉图巨大影响），而在英国，他的影响在各种不同人物身上都留下了特别的印记，例如宗教思想家圣保罗的主教牧师英奇（1860年—1954年），浪漫主义诗人约翰·罗斯金（1819年—1900年）（考虑到柏拉图对诗歌的苛评，这也许有点儿矛盾。柏拉图对罗斯金的影响，主要在对他的教育和社会思想的影响），伟大的巴利奥学院学者乔伊特（1817年—1893年）。在20世纪，在可以说是直接利用柏拉图的许多人中，形而上学领域中的A.N.怀特海和伦理学领域中的G.E.摩尔应当尤其值得注意。但是，考虑到观点的生成最初涉及一个人的著作对其他人构成影响的方式多种多样，我们也许同样要注意，像维特根斯坦和波普尔这样两个完全不同的人物，也都在许多方面对柏拉图做出了回应、挑战、利用、修正和发展——在这两人那里，均涉及存在论和方法论问题，在波普尔那里，还涉及政治思想领域。而例如吉尔伯特·赖尔一类的许多著名哲学家，尽管在任何值得重视的意义上并不必然是柏拉图主义者，但他们依然频繁讲授和写到柏拉图。

前面的概述，应当证实了维特根斯坦著名的观察基本是公正可靠的：在历史上，某些宗教、哲学、政治思想家，以及一般的艺术家，都直接利用了柏拉图的思想，使柏拉图的思想充满了活力，并在不同程度上做出了修正和发展；在大部分时间里，他的著作不断被人们直接研究，但也许最终更重要的是，他的思想的许多维度，从相对无形的维度到最严苛的维度，都或多或少继续不断地渗入我们的思想：所有关于哲学方法和目的或本质的论争，都必须考虑理型论，即使不借理型论的名称，即使否定理型论，也同样如此；所有关于存在和现实的本质的争论，都必须处理柏拉图的立场：哲学中的基本主题，例如对共相、唯名论、本质主义、实在论的思考，都潜在地乞灵于柏拉图。当触及有关民主、专制主义以及其他统治形式的论争时，不能忽视他的政治思想。同样，他有关普遍的客观真理、特殊的道德真理和知识的可能性（无论是已知的还是未知的知识）的看法所具有的战无不胜的地位，都体现在今天对相对主义、主观主义或后现代主义的所有充分讨论的基础结构之中。柏拉图式的爱、灵魂三分的观念、和谐的概念，都是一般通用的观念（即使是以不同的方式加以阐释）。

第十九章 20世纪之前教育哲学中的柏拉图遗产

具体聚焦于柏拉图对教育的影响，我们需要做出一种区分：具有教育的潜在含义的更普遍的哲学观；其特定的教育原则和倡议。正如我自始至终所提出的，柏拉图对教育思想的某些最重要的贡献，例如其认识论（包括理型论），他有关天性/培养问题的观点，他对教育目标的看法，是他的一般哲学观的内在维度，有关这些方面及其持续影响，我们前面已说得够多了。但他更特别的教育思想也持续具有影响，尤其在最近几百年更是如此。例如，其教育主张在许多方面与柏拉图对立（并且很可能在很大程度上是对他的一种回应）的卢梭（1712年—1778年），却似乎从柏拉图那里引出了国家应当做其公民的道德教育者的基本观点（反过来，柏拉图的这种观点部分地要归功于他所生活的社会）。不经意地，卢梭称赞《理想国》是有史以来写得最好的教育论文。我们已经提到过罗斯金在实践教育问题上特别受惠于柏拉图，不过，柏拉图在19世纪末20世纪初对教育的强有力影响的主要证据，还有待在多国的教育实践中去寻找（例如英国，要在富裕上层阶级的教育实践中去寻找）。无论英国的公立（或换言之，私立）学校在这一时期的发展过程中是否有意或无意地模仿柏拉图或古代斯巴达人，其重要性都难以与这样的事实一争高下：杰出的男生寄宿学校在管理和课程方面，都怀着极大的信心模仿柏拉图的对策。在这一时期，例如内特尔希普和鲍桑葵（Bosanque）一类的学者也都通过直接概括《理想国》和《法律篇》以谈论柏拉图的教育主张，仿佛它们或多或少都是一个新基础的蓝图。

在第四部分，我将提出，柏拉图对今日的教育有极大的意义。当然，与他的哲学在历史上普遍说来的强大渗透力相比，直至这一主题在第二次世界大战之后在例如R.S.彼得斯（R.S.Peters）、保罗·赫斯特（Paul Hirst）、伊斯雷尔·谢弗勒（Israel Scheffler）等人的著作中伴随某些自主性和权威性重新出现，柏拉图在公认贫乏的教育哲学传统之内都没有明显获得援引和研究。在柏拉图之后，教育哲学史或教育理论史基本上是以圣奥古斯丁（St Augustine）、约翰·夸美纽斯（John Comenius, 1592年—1670年）、约翰·洛克（John Locke, 1632年—1704年）、让-雅克·卢梭（Jean-Jacques Roussean, 1712年—1778年）、海因里希·裴斯泰洛齐（Heinrich Pestalozzi, 1746年—1827年）、弗里德里希·福禄培尔（Friedrich Froebel, 1782年—1852年）、约翰·赫尔巴特（Johann Herbart, 1776年—1841年）、赫伯特·斯宾塞（Herbert Spencer, 1820年—1903年）、约翰·杜威（John Dewey, 1859年—1952年）的贡献为标志的。当然，还可以加上其他名字，而且可以提出并不是所有这些名字都是同等重要，不过他们的确是数世纪以来被作为教育思想的主要贡献者被普遍引用的人。假设将这些人的思想视为代表了教育思想的主流发展是合理的，那么，柏拉图就不会在其中起明显的直接作用。不过，他很少被提及，这些其他作者的论述重点，大体说来都不是他的论述重点。但他们的确在某种程度上折射或包含了柏拉图的思想。例如，他们之中先于斯宾塞的许多人都深深沉浸于某些宗教信仰之中，例如在圣奥古斯丁那里，这种宗教信仰，可以说是将柏拉图对一种至高无上的本体实体的神秘而真实的信仰基督教化了。夸美纽斯对灵魂具有获得完美知识、德行、虔诚的潜力的信奉,以及他更平凡地致力普遍由国家来提供教育的理念,可以说是对柏拉图的附和。洛克,尽管其经验主义的哲学使人们将他归为一个总体上与柏拉图的实在论(或唯心论)格格不入的唯物主义者,但他以一种彻底的柏拉图式的方式相信,教育应当有助于维护好一个社会,他将这样的社会看成是人们在其中乐于尽职尽责的社会。福禄培尔对"绝对"的信仰宽泛说来与柏拉图对"一"的信仰是兼容的。不过,在说了这一席话之后,必须承认,在这些人的思考中,柏拉图并没有有意识地走向前台,而且大体说来,在圣奥古斯丁之后,对有关教学法的相当具体的主张,存在一种越来越强的兴趣,通常导致提倡特殊的教学技巧、发现型学习、以学生为中心的教学、遵从孩子的取向和所表现出的兴趣,我认为所有这些对柏拉图来说都少有兴趣。的确,人们也许可以说,随着这些理论家的到来,哲学逐渐让位于心理学。赫尔巴特的兴趣主要在教育的早期阶段,所重视的是可感觉的世界;斯宾塞没有在人文科学中看到任何价值,并且认为科学或多或少地竭尽了值得知道的东西;杜威的知识观采取了一种不同的但同样极端的实用主义转向。所以当我们抵达赫尔巴特、斯宾塞、杜威的时代时,很难看到柏拉图在哪里发挥了作用。与其说所有人特别想反驳他,不如说,在一个瞬息万变的世界里,这些思想家看不到有任何参阅他或利用他的需要。

在第四部分,我将提出,这是一种极端误入歧途的观点。不过,且让我通过思考哈罗图尼安-戈登(Haroutunian-Gordon, 1985)的主张来为本章作结。哈罗图尼安-戈登认为,菲利普斯

(Phillips，1985)将维特根斯坦的观点——哲学是对柏拉图的一系列脚注——运用于教育哲学的更特殊领域需要某些解释，即使不说需要论证的话。在一定意义上，理所当然，我同意她的观点，因为，正如我简单的概述所表明的，柏拉图很难进入这幅图画；不过，哈罗图尼安-戈登似乎比这走得更远，而且似乎暗示不论过去这些年是否注意到柏拉图，柏拉图实际上都没有太多有关教育的有价值的东西告诉我们。

她的论据是基于断定柏拉图在重要的问题上给出的是矛盾的回答，而她的结论是，她所承认的已经提及的思想家[再加上A. S. 尼尔（A. S. Neill）、保罗·弗莱雷（Paulo Freire）、让·皮亚杰（Jean Piaget）、利维·维果斯基（Lev Vygotsky）等形形色色的教育家]对柏拉图的尊重，不是由柏拉图的哲学所激发的，而是由他将苏格拉底描绘为讨人喜欢的、极为人性的教师所触发的。不过，她力主看到矛盾是以看到过于简单的、不切实际的对立为基础的，在这种对立中，实际上存在细微差别和复杂多变。我们被告知，在将教育视为认识人的无知的一种途径和视为一种获取知识的途径之间存在矛盾。她问道："苏格拉底的确指导别人以便告诉他们如何去进行研究，向他们表明他们的观点是错的，告诉他们如何获得机会以表明他们自己的立场，去发现他希望加以解决的问题的解决方案吗？"答案明显是"有那么一点点"，这里的问题不在于柏拉图（他承认教学的复杂性），而在于许多当代教育理论和研究，这些理论和研究基于可高度质疑的观念：不考虑语境的话，教学是利用各种不同行为的问题，这些行为可以导致学习的发生。柏拉图不是按照一般的教学技巧来思考的。他不相信主要的任务是区分教学技巧。他的"教育的目标"，用哈罗图尼安-戈登的术语来说,是生产知识和意识到一个人所不知道的东西,通常经由后者进入到前者,不过也经常采用各种其他方法。这里没有任何自相矛盾或可怕的模棱两可。

她接下来所关注的是知识和学习的本质以及"柏拉图相信永恒真理吗?"这一问题。答案明显是"是的",尽管确实我们也许不总是能获得永恒真理,并且也许可能存在某些难以抵达的领域。又一次,通过呈现一个不兼容的、对立的例子——学习是从他人那里"接受的一个过程";学习是自我"回忆"或自我发掘——哈罗图尼安-戈登试图为自己辩护。那么,"按照柏拉图的说法,学习是从他人那里获得认识和知识,还是从自己内心获得对认识和知识的回忆?"又一次,两者都是且不限于两者。它是获得知识,这种知识是一个人前生即拥有的,因此是潜存于其灵魂之中的,作为许多事物的一个结果,其中包含着来自他人的教导或引导,或自己个人自我引导的活动。又一次,没有任何矛盾,只是承认教与学的多面相的本质。最终,在转向教学时,她对照了填充"空罐"的教学和"改变灵魂以使它得其所"的教学。又一次,读者根本不用我说就会知道,这不是柏拉图思想中的一种"模棱两可"(更不用说是一种自相矛盾),而是承认一个明确无误的真理:教学是一项至少通过让人们自己寻求重要问题的答案而将知识传授给人们的复杂多变的事业(参见前文第二部分第十一章)。

我之所以聚焦于哈罗图尼安-戈登的文章,是因为它来自据称是权威的《国际教育百科全书》(*International Encyclopedia of Education*),并且,除了认为在这些方面柏拉图自相矛盾显然大错特错之外,它正好还代表了一种典型方式,按照这种方式,不可能明智地或有效地尝试评估今天柏拉图对我们的价值和与我们的关联。

假如我们单纯将涉及"教育""教学""学习"一类词语的引文和具体段落隔离开来，并且从字面上对它们做出解释，那么，柏拉图对我们的今天或明天将意义甚微或毫无意义。有必要从对他整个哲学观点的理解中搜集其教育观，他必定会说的最重要的部分，即使是教育方面的，也要到他更广阔的哲学立场中去寻找。

柏拉图
Plato

第二十章　教育思想中的柏拉图遗产

出于方便但稍显人工地，我已经区分了柏拉图的直系后继者（尤其是学园的主持）和他对后来思想的更普遍影响，区分了他广泛的哲学遗产和他对教育哲学本身的贡献，区分了人们对他可能会提出的独特实践建议的关注和对他所提出的更广泛的、更理论化问题的关注。不过，在有关他著作的接受和影响方面，至少还需要表明两点。

首先，考虑到2000多年以来受过教育的人（尽管有时这样的人是极少数）或多或少持续不断地对柏拉图进行过广泛研究，并且考虑到过去两百年间他的著作是西方世界中许多学校（不仅限于大学）课程的一个主要部分，那谁确切地知道他的思想具有怎样的影响呢？当麦考利（Macaulay）"将受过教育的绅士定义为将脚搭在火炉围栏之上读柏拉图的人"（Ogilvie, 1964）时，他所表达的只不过是他那时代的公认看法。从大约1800年起，成千上万的人至少简单地学习过柏拉图，并且都知道这一类的东西：柏拉图式的爱的观念，柏拉图的灵魂三分的观念，苏格拉底的生平与审判，需要定义的基本知识，理型论。在整个教育体系中，尤其是英国，在公立和文法学校及历史悠久的大学中，对柏拉图的研习都历久弥新。这是个有点模糊的观点，它是对的，人们的确难以估量它的意义，更不用说将其量化；但它是值得考虑表明的，即使仅仅因为历史上可能没有任何其他可以这样谈论的哲学家（甚至亚里士多德也是如此）。确实，可以这样谈论的人寥寥无几，其他人也是经典作家（例如贺拉斯或恺撒大帝），但却不是哲学家（我应当强调，我是指西方传统。也许，例如，孔子也许可以说是以与柏拉图极为相似的方式，通过正式教育渗透到了中国人的思想之中）。

其次，在也许可称为观念史特别是教育观念史（区别于更专业的教育哲学）的领域，柏拉图已经始终如一地占据了一个参照点。亚当斯（1976）曾说，彼特拉克尽管从来没有掌握希腊语，却是最早认识到柏拉图对古典传统的核心意义的人；而在推进柏拉图研究方面最有影响的人，是德国学者J.J.温克尔曼（1717年－1768年）。（维尔纳·耶格尔在他1944年的经典研究《教化：希腊文化的理想》中，将重点放在更年轻的施莱尔马赫身上。）但亚当斯的确正确地进一步证明了奥格尔维（1964）的看法——柏拉图主义对英国教育理论的影响确实出现于19世纪初，亚当斯并且提出这种兴趣的重新兴起，一定程度上尤其归功于诗人柯勒律治。可以肯定的是，随着塞缪尔·巴特勒被任命为舒兹伯利学校的校长，阿诺德博士被任命为拉格比的校长，1850年在牛津确立了对"大师"的研究（对古代历史和哲学的研究），柏拉图对教育思想和实践的影响在下一个百年毋庸置疑。①

在概述这种影响的性质时，在古典学者（一般来说，特别是关心古代教育的作者）、哲学家、教育观念史家之间做出另一组稍显人为的区分，也许是有益的。很明显，在现实中，这些类别是重叠的：例如，柏拉图哲学的许多最好的评论家都是古典学者。

---

① 参见布赖恩·加德纳（Brian Gardner, 1973）《公立学校》，伦敦：哈米什·汉密尔顿出版社；戴维·纽瑟姆（David Newsome, 1961）《神性与良好的学习》，伦敦：卡塞尔出版社。

这种区分的确有助于带来以何种方式介绍柏拉图的细微差异，这种差异依赖于不同的兴趣范围。

在诸如此类的古典学者之中，对柏拉图教育哲学的兴趣一般来说不是特别浓或特别富有启发意义。例如，由剑桥大学出版社出版的1906年版的《希腊研究指南》(Companion to Greek Studies)，有长达十页的教育方面的词条。引用柏拉图的次数极少，通常是当作有关古希腊教育的事实性评述的一种资料，例如《克里托篇》被当作是法律要求父母在音乐和体育方面"培养"自己子女的证据。同样的引证也用于柏拉图提出给予妇女和男人一样的"训练"以培养她们勇敢无畏。（从当代教育哲学的视点来看，注意在论"教育"的部分，最经常使用的词是"培训"，是有趣的。）总之，这里没有任何明显的柏拉图式的东西——对音乐教育的阐述甚至没有提到柏拉图对音乐教育问题的长篇讨论——也根本没有有关柏拉图教育哲学或理论的东西。论哲学的一章有一小节谈到辩证法（在"苏格拉底的教育理论"的标题之下），但论柏拉图哲学的稍长的一节根本没有提到他的教育理论。1970年版的《牛津古典学词典》(Oxford Classical Dictionary)，尽管对作为一个"伟大教育家"的柏拉图的思想有简要的概述，但同样怯于探讨柏拉图有关教育的本质和要点的独特看法。2003年的第三次修订版，尽管有例如"辩证法""修辞学"和"音乐"的词条，增加了"柏拉图""苏格拉底""哲学""教育"的教条，但在具体涉及柏拉图教育理论的地方却增加甚少。《柏拉图剑桥指南》(Cambridge Companion to Plato, 1992)在索引中有18条涉及"教育"。其中有一些只是一带而过的参照，例如涉及希罗多德的观察（不同的社会有不同的教育概念）或伊苏克拉底的观点（可以通过修辞术的学习提供道德教育），就是如此。有一章（Irwin, 1992）提出，没有任何证据表明柏拉图对智者派的思想心怀敌意，但另一章（Penner, 1992: 137）却另执一词，认为"对苏格拉底来说，正如对柏拉图来说一样，毫无疑问，主要的哲学上的敌人是智者派和修辞学家。"当然也涉及苏格拉底和柏拉图的方法，涉及理型，涉及对灵魂的关注，涉及诗歌，还有一章致力于柏拉图式的爱和《会饮篇》。但没有任何一章论教育，根本没有讨论柏拉图如此这般的教育理论。在"柏拉图晚期的政治思想"一章中，桑德斯（Saunders, 1992: 471）写道："简述柏拉图的所有教育措施是毫无必要的，因为其他地方有好的阐述。"但他只引述了莫罗的《柏拉图的克里特城》（*Plato's Gretan City*, 1960）和斯托林的《柏拉图〈法律篇〉导引》（*Introduction to Plato's Laws*, 1983），后者只有区区14页的一章论及"教育和艺术"（《柏拉图剑桥指南》的海量书目根本没有涉及教育的任何东西，更不用说，实际上忽视了我们本节中的所有参考文献）。

我提到这些资料不是为了批评和控告，而是为了说明一个普遍的观点：许多对柏拉图著作极感兴趣和相当熟悉的人，对教育或教育思想并没有相应的兴趣。这可能是因为，他们认为对教育的思考不具有任何思想或哲学的价值。在任何意义上，这似乎是克罗斯和伍兹利（Cross and Woozley, 1964: v）所说的那样。在他们对《理想国》所做的有益评论的前言中，他们说："因为我们……认为《理想国》的某些部分……不具备任何哲学兴趣，我们没有谈及它们；例如，没有讨论柏拉图有关学校教育的看法。"（也许可以比照霍恩德里奇和伯恩耶慈在《哲学是什么》的导言中所做的神秘评述〔1979: 5〕："我们也略过了教育哲学，自约翰·杜威以来，教育哲学便与哲学的主流不搭界"）。

假如在某些地方存在着许多鄙视，那么，只有通过关注那些对一般的古代世界的教育有特殊兴趣的人以及对柏拉图的教育观进行过具体思考的人，才可以得到弥补。在以英文写就的有关希腊教育观的最早著作中，有J.P.马哈菲（J.P.Mahaffy, 1883）的《古希腊的教育》（我之所以提到它，只因为其作者是奥斯卡·王尔德在都柏林三一学院的导师），肯尼思·J.弗里曼（Kenneth J. Freeman, 1907）依然有用的《古希腊的学校》。弗里曼将《法律篇》中柏拉图的观点解释为体育除非"严格说来对军事效率有益"便没有任何价值，他也是最早质疑柏拉图的言外之意的人之一——柏拉图暗示，至少某些智者是"年轻人之后的财富和地位的捕手，他们将教育伪装成自己的诱饵，追逐自己目标的小费，通过在私人对话中科学地利用遁词谋取金钱，同时明确意识到他们所教的是错误的"。他冷冰冰地评论说，这样的人物"在现存的文献中未曾出现"，这种观点随后被例如波珀、克尔弗德和夏帕等各种各样的学者以不同的方式加以宣扬。弗里曼也讨论了学园中教学的相关证据，以及柏拉图有关艺术的审查制度和为年轻人设立榜样的相关观点。

J.F.多布森（J.F.Dobson）的《古代教育及其对我们的意义》（*Ancient Education and its Meaning to us*, 1932）有一章论希腊的理论，并同时描述了雅典和斯巴达的实践，论柏拉图的一节对共和国做了概述，重点落在斯巴达之上和各种主张的公共性之上。对各种主张没有进行任何分析或评价，对其后的各种观点也没有做出任何思考。威廉·A.史密斯（William A.Smith）的《古代教育》（1955）包含了有关希腊的材料，将其当作对各种古代文化的概览的一部分：涉及苏格拉底和柏拉图的少数几页，仅允许对智者派、伊苏克拉底的职业教育论、柏拉图/苏格拉底对抽象真理的兴趣做一种标准的描述性对比。H.I.马龙（H.I.Marrou）的《古代教育史》（1956）比起以往同类著作来，是一部集大成的更实在的著作（按这种意义来说，可能只有弗里曼能与之相比）：柏拉图结结实实占了25页左右，强调了他致力于真理和理性的知识，同时对他的生平、学园、《理想国》和《法律篇》做了简要描述。

当然，我所提到的是有选择的。还有其他的论希腊或希腊与罗马教育的著作，其中包括戴维森（Davidson, 1894）、德雷尔（Dreyer, 1912）、格雷夫斯（Graves, 1914）、博伊德（Boyd, 1947），乃至我自己的一个小册子（Barrow, 1976）。不过，无论我们注意什么地方，总的画面都不会有太大改变：在对古希腊教育的研究中，极少提到柏拉图，并且很少描述他的思想，更不用说分析它或对它做出批评性评估。

假如我们聚焦于有关教育史或教育观念史的著作，情况就会稍有改观。托马斯·戴维森的《教育史》（1907）分为第一部"野人、野蛮人和公民教育"、第二部"人的教育"。第二部将我们从希腊时代带到现代时期（例如19世纪），有趣的是，这意味着古希腊的教育、苏格拉底、柏拉图和亚里士多德都是被放在"野人、野蛮人和公民教育"的题目之下进行思考的。除了简单提到理念论和在一个脚注中提到他对和谐的兴趣之外，柏拉图很少被提及。巴纳德（Barnard, 1947）注意到，大致在这时候（约1900年），早期的教师培训项目正创造一门课程，其中包括对"一部哲学著作"的研究——凭个人喜爱研习出自柏拉图《理想国》中的段落；在这里，我们可以看到柏拉图的名义上的至关重要和对他的论点与看法缺乏任何严格思考之间的令人稍感沮丧的对比。甚至像柯

柏拉图
Plato

蒂斯和博尔特伍德（Curtis and Boultwood）的《教育观念简史》（*A Short History of Educational Ideas*, 1953）一样的大部头著作（尽管书名叫"简史"，但实际上有印刷得密密麻麻的600多页），也不过是再一次概述了《理想国》和《法律篇》的大意。詹姆斯·鲍恩的三卷本《西方教育史》在其第一卷（1972）处理柏拉图的教育观念时更具有批判性和哲学意味，但依然是十分简单的（大约12页）。

那么，对柏拉图教育观念的重要性，还存在大量空头支票，对这种重要性，还没有获得任何明显的争论或解释的支持。幸运的是，某些专攻柏拉图的学者和更晚些的教育哲学，提供了一幅更积极的图画。

理查德·内特尔希普《柏拉图〈理想国〉中的教育理论》[（1880）1935]也许可以合理地算作最早再现了柏拉图教育思想的札记之一，它至少是那种踏实的著作，采取了那种抽出其逻辑、抽出实践建议之后的推理过程并加以评价的方式（虽然是按那个时代古典学研究中相当典型的有点儿偶像崇拜的方式）。内特尔希普是其他涉足一种非正式的柏拉图式文艺复兴的著名古典学家的同时代人。这些古典学家中最特殊的是本雅明·乔伊特（牛津大学贝利奥尔学院院长，柏拉图全集的译者。）乔伊特（1908）写道："柏拉图的《理想国》是……第一部论教育的著作，弥尔顿、洛克、卢梭……和歌德的著作是这一著作的合法后裔"，而反过来，没有任何理由不同意利森（Leeson, 1935）的判断——内特尔希普是第一次用英语"将柏拉图的教育观当作一个整体加以处理"，没有任何理由不同意他的说法——柏拉图"在对教育事业的'最终目标''至上目的'或'系统结果'的寻找中号召我们回到首要问题和首要原则；而按照内特尔希普的说法，要将这一目标视为是'培养人的灵魂的成长，使之向善'"。

继内特尔希普的开拓性著作而来的，是博赞基特（Bosanquet）的《柏拉图〈理想国〉中年轻人的教育》（1904）。G.M.A.格鲁贝（G.M.A.Grube）的《柏拉图的思想》，正如其题目所表明的，是对柏拉图思想的一般性介绍，不过它有两个显著特征。首先，它比许多先前的著作更多质疑和解释，更少纯粹的说明；其次，它有独立论述教育的一章，该章主要探讨了美德即知识的观点，柏拉图所提出的教育体系，对观念知识（指"作为美德的知识"）的追求。鉴于格鲁贝用独立的章节谈论厄洛斯、灵魂、艺术，等等，论教育的一章证明，除了他可能赞成的各种特殊实践政策之外，柏拉图拥有需要按其本身条件加以考虑的教育概念。不过，这一时期所出版的探讨希腊教育思想（包括柏拉图的教育思想）的最全面系统、最令人深思的著作，是维尔纳·耶格尔的《教化：希腊文化的理想》，该书分三卷出版（1939, 1944, 1945）。也许有理由将耶格尔的著作描绘为对"教化"的理型的穷尽式研究，而且，尽管不可避免地，后来的学者有时不同意或纠正了这种或那种细节，但总体上，还不失为对最广泛意义上的希腊教育观念的研究。它也是对特殊意义上的柏拉图思想的广泛研究，第二册的全部、第三册的大部分都是针对柏拉图。格鲁贝和耶格尔著作出版之后，许多研究柏拉图的学者，无论是否直接受到这两人的影响，都开始将更多分析性和批判性的注意力放到了柏拉图著作的理论观点和言外之意上。G.C.菲尔德（G.C.Field）的《柏拉图的哲学》（1949：130）有简单的一节论教育，认为"也许可以将他著作的大部分描述为……教育论文"。诸如柏拉图对待职业教育的态度、他将给灵魂灌输知识比作给盲目的眼睛带来光明是什么意思这一类问题，在这里都得到了慎重处理。菲尔德也讨论了柏拉图的技艺理论，他认为其技艺理论在现实中是"对技艺……在教育中的用途的讨论"，但有关他著作的最引人注目的一点是，它被分为了有关理型论、道德和政治理论、灵魂论的各章节（加上终极形而上学、神学和宗教，以及其他问题），每一部分都是以批判的方式加以处理的，并明确认识到其教育意义。

I.M.克龙比（I.M.Crombie）的两卷本著作《柏拉图学说考论》（*An Examination of Plato's Doctrines*, 1962, 1963），是对柏拉图的教育思想萌发出分析兴趣的另一例子。尽管他在某一时刻曾评论说："我们有充足的理由相信柏拉图在政治方面错了，在艺术方面错了，在教育方面错了"，但克龙比事实上是一个极具有同情理解的批评家，也是一个感性的批评家。在每一种情况下，他的忧虑都是一种合理的忧虑：为一种理想状态的教育（或任何东西）进行规划不同于在真实世界中为教育进行规划，集中注意前者在实践中可能是极其危险的——一种紧随希特勒和斯大林而来的足够理性的忧虑，而对这一问题的比波普尔的《开放社会及其敌人》（*The Open Society and its Enemies*, 1945）更为温和合理的解释，之所以像波普尔的著作一样至关重要，无疑是因为它是一种批判性补救，不致过于崇敬一种柏拉图的政治思想或教育思想的方法。克龙比论教育本身的部分，像菲尔德的一样简明，但包含了一种令人稍微困惑的主张："开发学生的思想能力的观念，在（柏拉图的）继续教育概念中"仅仅"起微不足道的作用"（1962：200）。他承认这是明确地说，例如，算术磨锐了头脑，"但是，与此相反，也存在教条……总是存在……思维的力量，并且教育工作者全部能做的就是按正确的方向改变它"。我已经提出，按正确的方向改变思想的观念在任何意义上与取得认识的观念不是不兼容的，相信真理和知识在任何意义上与相信自主性不是大相径庭的：相反，知识观是以它们的存在观（就是说，改变思想的正确方向）为基础的，而自主观是以知识观为基础的：无知和错误的信念对个人的自主性没有益处。要么克龙比在这里明显错了，要么我没能理解他。

相比之下，他的观察——如果在《美诺篇》中存在一种方法论的要点，那么，这个要点是有关发问的教学价值的，而不是有关自学或类似东西的——是敏锐的。"教育者的作用……是提问，并且以正确的顺序提问，也就是以这样的顺序提问——能促使学生汇集起对问题的答案，所采取的方式是最终让学生在讨论之下得出对该主题的前后连贯的解释说明"。不过，同菲尔德一样，克龙比对教育哲学的真正价值，不在于论教育的部分，而在于他对柏拉图哲学相关部分的条分缕析的处理（例如，理念论，对技艺的讨论，对《理想国》的总体阐释）。在处理的过程中，克龙比意识到了这种讨论对我们的教育观所具有的重要意义。

在1962年至1981年之间，W.R.C.格思里（W.R.C.Guthrie）出版了他六卷本的《希腊哲学史》。在这里我们足以可以说，尽管他的范围是从早期爱奥尼亚人到亚里士多德的希腊人对他们感兴趣的所有问题的思考，但整个著作，包括论苏格拉底和柏拉图的三卷，都呈现出了注疏的两个特征——正如我们的这一概述试图表明的，这两个特征只是逐渐地并且在最近才逐渐走向前台，建立起与柏拉图教育思想的关联：在与教育理论或教育观的关联中进行具体思考，对柏拉图的思想做出一种批判性的或分析性的评价。当然，格思里著作的大部分都不涉及教育，不过，它是一部皇皇巨著，令人吃惊的总量就摆在那儿。当它涉及教育时，格思里便讨论教育，没有顾左右而言他。

当对柏拉图教育思想的思考的性质在柏拉图研究者中逐渐发生变化之时，其性质同时也在教育家之中发生变化。R.C.洛奇（R.C. Lodge）的《柏拉图的教育理论》（1947）拥有某种心理学的关注点，并且倾向主要为了向教师提供方法论或实践的小窍门而发掘柏拉图。R.R.腊斯克（R.R.Rusk）的《伟大教育家的学说》（1954）理所当然包括论柏拉图的一章，它直截了当，但并不特别富有启发或发人深省。艾弗·莫里什（Ivor Morrish）的《教育原理》（1967）却选择了相当不同的航向。该书分为论教育哲学、心理学和社会学的各部分。论教育哲学的部分包含论柏拉图、卢梭和约翰·杜威的各章。柏拉图的思想在这里按教育理论的各条款进行了明确的概括，并获得批判性的研究。1961年，E.B.卡斯特尔（E.B.Castle）在《古代教育与现在》中尽管不关心对例如柏拉图一样的个别作者做详细阐述，却仍然重视一种方法——力图评价古典观点对我们时代的意义和价值。他最后一章提供了一系列当代的教育观点，例如：教育是从家庭起步的，教育即成长，教育影响性格，教师应当是有教养的人，我们必须清楚教育的目的何在，并且接下来思考在这些问题上我们从过去学到了什么。不用说，柏拉图经常被引用，尤其在需要知道我们为何而教的地方，更是如此。

亚当斯在他的评述《柏拉图主义与教育》（1976）中提到"在论英国教育的作者中对柏拉图的兴趣复苏的迹象"，他引证了R.S.彼得斯（R.S.Peters）的文章《柏拉图有关教育的观点近乎正确吗》（1975）和巴罗的著作《柏拉图、功利主义和教育》（1975）、《柏拉图和教育》（1976）。巴罗的前一部著作也被J.B.斯肯普（J.B.Skemp）

在他的柏拉图文献综述（1976）中提到，尽管是在"柏拉图与政治学"的那一章中，该综述中没有有关"柏拉图与教育"的章节（斯肯普足够宽厚地提到巴罗是"一个值得注意的新来乍到者"，并且认为他自己部分地对"他方法的新奇"进行了"相当粗野的评论"）。

当然，直至今日，不断有一些论著谈及柏拉图与教育的话题。但是，除了关心或多或少的当代参考文献给今天的柏拉图思想的意义问题留下了痕迹（第四部分将讨论）之外，这里没有多少需要补充的。有趣的是，1980年，当唐纳德·J.蔡尔（Donald J.Zeyl）为格鲁贝《柏拉图的思想》（1935）的新版奉献一篇文献综述时，在他有关教育一章的部分，他忽视了上述与1935年至1980年间相关的全部参考书。他将自己的注意力全部限于论述美德、辩驳与辩证法的统一性以及美德即知识的观点等抽象问题的论文。这些当然与论题有关联。但是，这种方法再一次提醒我们，尽管柏拉图是历史上被提得最多的思想家之一，而且尽管研究柏拉图的学者依然热衷于这么做，但没有大量证据表明，柏拉图的思想在任何系统和严肃的意义上直接影响到当代的教育思想，或因此直接影响到当代的教育实践。我愿意有点儿悲伤地得出结论说，对"柏拉图的哲学对今日的教育思想有何影响"这一问题的最诚实的回答是：影响不大；对实践的影响，尽管稍微大点，但大部分是间接的。当然，对我们这些认为这无关大雅的人来说，所有这一切都并不令人怅然若失：不考虑他教育思想中总体上相当表面的兴趣，他的著作事实上的确具有意义，我们对此应当肯定地做出回应。对柏拉图的教育观点和看法，也许还没有以一种持续的、批判性的方式做出许多研究，但的确应当以这种方式做出研究。

第四部分
柏拉图在今天的意义

柏拉图不仅对教育研究有所贡献，而且他理解教育的方式应当被确立为典范。

第四部分
柏拉图在今天的意义

第二十一章 关联性问题

"关联性"经常与"认为是否相关"混为一谈，它也经常被等同于仿佛是观念（行为，等等）的一种属性，与其真相、机智、复杂性类似的一种属性。但一种观念或提议是否相关不是该观念或提议本身的一种功能，而是其语境的一种功能：某种东西是否相关取决于情境，取决于我们力图获得什么、我们的目标是什么；而一部文稿不会仅仅因为做出该判断的人感到它是相关的或认为它是相关的而必然是相关的：一个学习古希腊语的孩子也许认为，学习古希腊语是与参观一家本地的希腊旅馆有关的；他也许是对的，他也许是错的，但的确，他的思维、感觉或感知没有使它相关或不相关。所以柏拉图的教育思想在多大程度上与今日相关的问题，不是一个人们如何理解他的问题，而是一个应当如何理解他的问题。他有意义不是在教育家碰巧对他的著作有兴趣的范围内，而是在他必然会说的东西与今日人们认为至关重要的问题具有重大联系的范围之内，或对今日人们认为至关重要的问题做出了重大贡献的范围之内——在他的思想的确与我们的目标和关切相关的范围之内。事实上，他今天并不普遍被认为是相关的，但这的确更多的是与我们时代的一般基调有关，而不是与对他缺乏重要意义的任何理性论证有关。回首过去，相信客观真理，相信知识的可能性，聚焦教育而不是教学技术的本质和目的，聚焦哲学本身，现在都不是什么时髦事情。研究柏拉图可能比投身教学的实证研究对教育具有更大的实践意义,这样的看法与当代的态度和设想不合拍。尽管如此,他一如既往是和我们的教育休戚相关的,无论我们是否明白这一点,因为他所提出的观念和观点与我们在教育领域中所承认的主要问题是直接联系在一起的,它们仍然具有力量。尽管风格和语言,甚至在译本中,有时也许会令我们觉得奇怪,但他的文稿依然在对争论的实质发言。

我们面临的某些主要教育问题是什么呢?第一,也是最明显的,是真理问题。教育和教学是基于(或曾经基于)这样的理念的——我们希望孩子成长到能在各领域将真理与谬误和错误区分开来。这种对真理的信仰可以持续吗?第二,是知识问题。又一次,历史上教育家们的一个潜在设想是,知识是可以获得的,但即使我们相信真理,但事实上我们能够获得真知且将它与单纯的意见区分开来吗?第三,无论我们赋予真理和知识以何种地位,我们都不得不面对某种版本的问题——"什么是值得知道的?"换言之,有关应当研习何种知识体系,需要做出重要的决断。第四,存在是否应当在学生之间做出细分的问题,而如果应当,那么在何种程度上,通过什么标准,以什么方式:我们应当为不同学生提供不同类型的学校教育吗?我们应当参照智力、特长、进度、年龄、种族、性别对学生进行分类和组织吗?第五,道德教育的问题也昭然若揭:学校培养道德品质是重要的吗?是合适的吗?如果是,那么以道德教育之名,要做哪些合适的事情呢?第六,我们应当做些什么,以达成和捕捉到对这一类问题及诸如此类问题的权威回答。我们应当以教育理论和研究的名义做些什么呢?

通过读报纸和看电视,人们也许会认为,教育迫在眉睫的问题，是诸如称王称霸、吸毒、在国际素质或数学竞赛中分数下降、殴打学生、逃学、种族关系紧张的问题；但这些特殊问题的例证，如果它们根本上是问题而不是媒体操纵的产物的话，也是我所确认的主要问题的派生物。一般来说，它们来自信心的危机。例如，在我们面对称王称霸这一问题的范围内，就不是因为我们不能思考以哪些方式减少称王称霸，而是因为我们不能肯定我们能够且应当合法地做些什么。这种信心的缺失，直接来自我们不能确定我们可以声称知道什么并且在什么地方能够居高临下地发言。它来自对前面提出的问题缺乏一种清晰明了的回答。而对所有这些重要问题，柏拉图都做出了直接贡献。没有比这更有意义的了，尤其是假如我们能够表明这种贡献不仅是切题的，而且是拥有高序位的话。

第二十二章　某些心理学问题

教育家必须对他们试图加以教育的人的性质拥有某些看法。好教师会注意到不同学生的个人特征并做出回应，聪明的理论家因此会对认为所有学生都一模一样的观点保持警惕。尽管如此，在承认个人特征的重要性的同时，与人类相关的一种教育观仍预设了人一般说来是相同的观点，它预设了一种心理学。柏拉图对灵魂三分的解释，提供了一种今天听来依然真实可信的心理学：人们是屈从于各种爱好和欲望的；他们拥有或多或少可能会来回摇摆的理性因素；他们在或多或少的程度上也会拥有决断或意志力。我们的构成或灵魂之中的这三种元素是独立的，并且经常处于冲突之中：我们可能或多或少地受到我们的激情的控制，在指挥它们的过程中做到神志清醒，在维护理性原则时恪守本分。这种对灵魂的解释是否足够复杂可能是有争议的。在表面上，今日的心理学已获得大幅度发展，并且能够从总体上提供比柏拉图更精致、更复杂的解释，从这一视角来看，柏拉图也许看似是过于简单化和天真的。不过，我们今日所熟悉的更独特的、范围广泛的心理学理论也付出了代价。首先，不同的理论有时是相互不一致的，如果不说是不兼容的话。其次，无论多么时髦，它们并不必然是令人信服的，并且的确不是能证明是正确的。

例如，弗洛伊德也许可以说比柏拉图提供了更有趣和更有穿透力的心理学，但这种心理学也更众说纷纭，并且在某些方面与阿德勒和荣格的心理学大为不同。这不是否认一般说来我们的心理学知识比柏拉图的要多得多，但这表明，柏拉图提供了人类心理的基本的和相当无异议的观点，这种观点尤其对教育仍然有用。教育事业必须逐渐掌握柏拉图所引证的三个不同层面的人性，并且找到合适的方式去培养一个和谐的整体，这个和谐的整体涉及用理性对欲望和爱好做出可靠的、坚定的管理。教育家也必须认识到，不同年龄、时代、地方的学生可能会以不同方式做出回应，这是他们灵魂状态的一个结果，或者以不那么令人诧异的方式来说，是他们的欲望、意志或思维是否显著受到掌控的一个结果。

正如许多评论家所认识到的，柏拉图的教育观不可避免地与他的政治观紧密结合在一起。这在一定程度上应当是如此，且是柏拉图之洞见的进一步证明。按所有方式和所有原因来说，教育都必然是一种政治事业。当然，这种联系在《理想国》中如此紧密，以致要区分在对话环境之外实际上少有意义的主张和可以认为具有更广意义的主张，总是证明有点困难。这一问题的一个明显例证，是由以下两种人之间的分歧所提供的：一种人认为，柏拉图立场的部分实质是，在任何时代或任何地方，只有极少数的人能够成为受到全面或正确教育的人（以哲学王的方式）；另一种人则坚持，当代柏拉图主义者需要做的所有事情，是要将针对"护卫者"而提出的各种教育条款扩展到每个人身上。[1]

在我看来，柏拉图相信，只有某些人天生能够完成哲学王的教育，而另一些人则应当追求不同种类的教育或培训。按当代的话来说，假如这一类的推断是可能的，那么，他将会提出某些类

---

[1] 后一种观点，很大程度上是例如利维森（Levinson, 1953）所持的观点。

型的区别对待的教育系统,这类系统涉及让某些人进行更多的思想研究,而让另一些人进行实践的培训。无论这是否是一种合理的阐释,而且假如是的话,柏拉图的立场又是否是合情合理的,所涉及的问题都和当代有极大关联。思考柏拉图在这一问题上的思考,确实具有巨大的实践价值,即使我们最终否定其思考,也是如此。

在柏拉图的立场中,存在着一个与生俱来的难题,这个难题是他信仰绝对和一般的知识是可能的一个结果。心怀敌意的批评家,特别不喜欢他们认为是柏拉图社会的专制本质和那种使所有公民顺从的企图。抱有好感的批评家则强调,继早期的性格训练或塑造之后,柏拉图教育条款的全部重点,是引领人们达成自己的认知——自己明白事理。这种难题之所以出现,是因为对柏拉图来说,所有达成认知的人被认为是达成了同样的认知。相反,今天强调认知开发的大多数教育家,则不以思想的绝对一致为前提,并且能够因此部分通过诉诸自主性来支持自己的教育概念:你越是有教养的人(你知道的越多),你将越能掌控自己的命运,你将成为越能自我管理的(自主)人。

有人也许可以不用太多力气就能确定自主性问题:按照自己的认识去行动的人,按定义来说就是自主的,这无关乎他们是否拥有相同的认识并因此像别人一样以同一种方式去行动。自主性和个性不是同一回事。①在实践中,在任何情况下,无论柏拉图的观点是什么,对知识的追求甚至在他的意义上也不必然会导致

---

① "自主性"是又一个来自希腊语 autos("自我")和 nomos("标准""成规"或"法则")的词。对当代教育哲学与理论语境中文本所思考的自主性和其他概念的更详细思考,请参见巴罗和米尔本(Barrow and Milburn, 1990)。

完全相同的行为，因为不同的人有不同的欲望和意志力；而按大多数当代的观点，对知识的追求也不必然导致相同的认识。具有重大影响的对比，存在于自主之人和非自主之人之间：前者受内在化的理性所指引，后者则受自己的欲望、他人的观点或其他外部环境所摆布。

但对像柏拉图一样受苏格拉底影响的人来说，还存在一种怪事。因为苏格拉底明显被柏拉图本人描绘为一个因其古怪而可爱的人。尽管在众多段落中他明确抨击民主的雅典执迷于多样性且缺乏连贯性，但很难相信柏拉图不欣赏差异和个性。而《理想国》总体上似乎并不看重个性，《理想国》明显旨在催生一种观点的同质性。我并不认为这种表面的矛盾可以得到解决。在教育应当在多大程度上力图促进自主性、个性和同质性这一宽泛问题上，柏拉图的意义，部分在于促使我们思考这一问题。

在教育语境中谈到柏拉图的爱情观，也许同样可以如是说。正如我们所看到的，撇开阐释问题，还存在着我们是否共有我们当作是柏拉图观点的观点。不过它的确是与当代的关联性的一个话题：在何种程度上，以何种方式，教师和教学之间的关系，应当是涉及爱情、情感、温暖或友爱的各种维度的一种关系？

安娜斯（Annas, 1981）区分了"学术的"和"智力的"，并且指出，尽管也许可以将"护卫者"的教育视为智力教育，但也存在着一种意义，在这一意义中，"完全不涉及学术成就……（根本不）涉及考试或评级；孩子接受性格力量的测试（413 c-d），但教育不被认为是一个可以定期检测的接收信息或技能的过程"。她进一步说，"柏拉图是第一位系统地为以下一种观点辩护的思想家：教育是培养性格，而不是获取信息或技能"，她认为美国教育现在是、并且长期以来都是按柏拉图的路线运转的。于是,她得出结论:"柏拉图的教育观实际上还在起作用,可以付诸实践";而因为在美国是如此,而在"依然严守学术"的苏联不是如此,随之而来的是,"在教育即培养性格的柏拉图理论和专制主义之间,不存在任何必然联系"。

说柏拉图关心性格的培养(尽管考虑到他致力知识和思想,还不仅限于关心性格的培养)、可以将他的教育主张和他的政治主张区分开来,的确是正确的。将"学术的"与"考试和分级"等同起来,令我感觉到奇怪;而谈论柏拉图对一种他那时代还不存在的现象(也就是目前的一种考试和分级产业)缺乏兴趣,似乎是相当有悖历史的(正如《美诺篇》所证明的,他的确信奉对认知加以检测)。当然,更重要的一点是,在一个方面,安娜斯对美国教育的看法是不正确的:因为美国的教育,特别是在近年,已经沉迷于获取信息和技能,尤其在学校教育的早年阶段和智障人士那里更是如此。而柏拉图的知识观和认知观却是,当代将知识和认知等同于各种所谓思维技能的获取的趋势,将知识和认知等同于辨识参考书[按赫希(1987)的话来说即"文化素质"]和复述事实的能力的趋势,将会让他大倒胃口。

柏拉图在这一点上的思想特别具有意义。因为在通过对话本身的类比和举例介绍"辩证法"并做出解释(尽管不是十分全面)的过程中,更广义地说,在他对哲学和理念论的描绘之中,柏拉图提供了最早的眼界开阔的观点——不将智力的培养视为基本是心理或生理成长的一个方面,不将其视为一个掌握思维技巧的问题,而是视为一项逐渐掌握基本概念的事业。正如在自助书籍、指导和援助小组、被归为哲学的新时代思维、十步骤项目、电视专家那里所看到的，今日教育理论的一个流行层面（特别是在美国），提供了一幅心灵基本映射身体的精神图画。如果你想进行练习和实践，如果你想变得聪明，就要投入思维训练。但在"学院"教育理论的更严肃层面上，这种观点也司空见惯。我相信它是大错特错的：智慧或思想，是理解各种重要的思想体系、研究模式、概念的结果，而不是进行批判性思维训练的结果。①但无论这是否正确，它都显而易见是迫切需要思考的问题，而现在很少有人像柏拉图一样，在这一问题上强烈反对各种各样的当代构想。

---

① 对批判性思维的论述，参见麦克别克（McPeck, 1981）。

柏拉图
Plato

第二十三章 真理与知识

今天,相对主义和主观主义再度活跃起来。宽泛而模糊的标签"后现代主义"本身并不十分有用,但可能毫无疑问的是,所谓后现代思想是一股至少在部分学术界要加以面对的力量,尤其在社会科学和人文科学(包括教育学)中更是如此。在普遍被认为是后现代主义的教条中,包括这一类主张:不存在任何例如真理一类的东西,每一事物都是你如何看它,真理和感觉之间不存在任何差异。

这里不是要为争论这类主张而大打出手、血拼到底的地方。但我要记下我的看法:这类主张是极度奸诈且大错特错的。它们之所以危险重重,是因为一旦我们抛弃了真理的观念(而且应当强调,我们这里是在谈论对是否存在真理的看法,而不是谈论认识真理的难易),那么,便难以在某物何以好像某物与某物何以真是某物之间做出区分,我们便丧失了做出任何判断的可能性,难以判断好和坏、有效和无效、对和错、美和丑、锐和钝、甜和酸,等等。正如后现代理论所说的,所有这些都变成了人们如何看待它的问题。于是,理所当然,如果真是这么回事,那么,对下面一点抱怨不休就毫无用处:我们只是必须与混乱相处,那不可避免会导致混乱不堪。但事实上,这种观点,事关作为一个整体的真理,它如此令人难以置信,以致让人目瞪口呆,这倒可能要认真地加以对待。这种观点本身不能说是对的,因为按照这一观点本身来说，世上本就不存在对或错的问题；所以在实践的意义上来讲，我们需要做的全部工作，是要指出，幸运的是，这种认识还极为罕见（只是在相对较少的学者之中可以找到）；并且继续按常见的观点行事：我们应当区分某些个人还不熟悉的正确感知和世界让某个人所产生的幻象。的确，为了过我们自己的生活，我们需要认识到真正在那儿的谷物早餐和我们错误地想象我们正在吸收的营养之间的差异。不过我将更进一步提出，对我们大多数人来说，声称我们真的相信这样的教条实在是不诚实的：无论他们可能在哲学课上选择说些什么，没有任何人真的相信不存在任何真理这样的主张。

有些人会说，接下来的段落歪曲和夸大了后现代立场。[①]假如真是这么回事，要为他们的晦涩难懂和看似夸夸其谈的主张负责的，只有后现代主义者自己。但这没什么太多差别，因为也许可以提出的稍为看似合理、较少极端的主张，同样是站不住脚的，而此外，对最接近的观点来说，则是柏拉图认识到和反对的观点。无论人们是否像我一样相信柏拉图有效地痛责了这一类观点，都不如认识到以下一点那么重要：当代围绕真理、现实和表象而展开的论争，是一种论争的延续。柏拉图在启动这种论争之上发挥了作用，他的论点依然要面对。

我们要回想一下，柏拉图没有简单地抛弃相对主义和主观主义的观念。恰恰相反，可能受前苏格拉底古希腊哲学家的影响，并且的确受智者派某些人的影响，他的出发点确实是承认我们对事物的看法、我们的信仰、我们有关对与错的假设，受到诸如视

---

① 对后现代主义的更详细思考，参见巴罗（1981）。

野、语境的影响,并且总的来说,受到我们自身的影响。他像任何人一样意识到,事物不总是像它们看上去那样子,你是谁也许实际上部分决定了你会看到什么。不过,他认为,否定真正的真理观是没有意义的。

至于他的理型论是否有益于这一争论的问题,我认为大部分取决于我们对这一理论所做出的阐释。假如我们坚持在字面上对柏拉图所说的亦步亦趋,并且得出结论说他相信存在一个超验的来世,其中包含了理型,哲理型在一种或多或少传统的意义上又拥有存在,那么,不会有很多人乐意信服。但是,如果我们宁愿将他视为发展了这样一种观点——没有任何时间的、空间的实例在整体上是如时间、空间本身一样完美的、可感知的,并且因此如果我们想要理解和弄清例如爱情、正义、友谊,等等,并且确实想要理解和弄清真理与知识本身,那么,我们就不应当研习友谊、正义行为或知识主张的特殊的假定的实例,而是要研究理念本身,设法澄清什么可以算作友谊、爱情,等等——如果这就是我们认为他在做的,或者如果这就是我们所强调的,那么,它的确就是一种合情合理的观点。我们不必接受这样的看法(这种看法与现存的对理型的拘泥于字义的阐释紧密结合在一起):友谊的理型已经是一个给定之物,人类必须因为本来如此而承认它——假如我们修改(或解释)这一观点,说友谊的参数在本质上完全不是给定的,那么掌握理型部分就是信赖(友谊的)实际现象,部分则是确定或决定什么应算作是必要和充足的条件,我们就不应当对柏拉图妄加非议。这里也需要谈论所有的概念是否应当一起归类的问题,并且在我看来,还需要得出结论——它们不应当是:柏拉图有关理型必然会说的话,在与例如友谊和正义联系在一起、不与泥巴和谷物联系在一起时是至关重要的。

总而言之,柏拉图正确地认为真理与谬误之间存在差别,我们必须以寻求真理为生。并且他是正确的,你不能仅通过研习代表或反映它们的实例来理解生活中的一般核心概念:你必须在思想上描画出理念、概念或理型的轮廓和标准。

是否可以获得知识的问题有所不同。这一问题可能是这样:存在真理,但我们从来不知道真理,或者,更合乎情理的是,我们从来不知道我们知道真理。柏拉图充分意识到了这一点,那么他在这里的观点如何呢?总体上,也许可以说,尽管他明显认为知识是可以获取的,但他并不十分信服我们可以最终知道我们知道——这不同于相信我们知道。不过,在一种更平淡无奇的层面上,他的观点的一个重要的言外之意是,知识是思想的对象而不是感觉的对象(这种言外之意,对有关应当如何构想和实施教育研究的争论,具有重大意义)。当然,这已经激起了历史上唯物论者和实在论者之间的进一步争论,正如他的理型观激起了唯名论者和本质主义者之间的进一步论争一样。但我们不必将这些问题极端化,甚至不必将柏拉图解释为说过例如这样的话:不应当信任经验研究,因为经验研究依赖于感觉。他所说的是,一种至关重要的可获取的知识(或多或少按传统的术语被定义为得到理性推理支持的真实信仰),是理型的知识:无论总的来说认识所有特殊的行为或事态是否正当有多么困难,我们都可以拥有一个绝对清晰的正义概念,在拥有这一概念的过程中,在把握理型的过程中,我们获得了知识。

那么,柏拉图对真理和知识的思考是重要的,因为它涉及当代对这些问题的苦思冥想的众多有力证据和貌似有理的结论。它在涉及教育时之所以至关重要,部分因为对任何事物的任何思考,都必须对这些问题取一种先在的立场,部分因为教育尤其充满各种知识观和真理观:一位教育学的教授,需要知道自己是否认为在进入争论之前有一种导致正确答案或错误答案的理性讨论的可能性,而如果将要展开一场有关教育的富有意义的讨论,就需要这样的假设:争论的目标包括开拓知识和认识,区分真理和谬误。

这产生了两个进一步的问题:知识是如何建构的,什么知识最为重要。在这里,柏拉图的直接帮助较小。尽管他意识到知识结构的问题,并且在这种问题上持有自己的看法(他在涉及逐渐进入对理型的学习的课程建议中表达过),但大多数人会感到,我们目前对知识进行分类的可能方式,已大大超过柏拉图时代;部分因为这一点,他对除了哲学思考的关键元素之外什么最值得知道这一问题的贡献,既不特别全面,也不特别具有说服力。有人猜想保罗·赫斯特(1974)在介绍自己有关知识形式的富有影响的观点时对柏拉图心怀感激(尽管他只是在普遍意义上提到古希腊哲学家),但实际上并不是当涉及社会科学是否是一种有意义的学科、它是否具有教育意义一类问题时,我们在很大程度上直接受惠于柏拉图。我们能说的不外乎是,柏拉图确实不断提醒我们,存在两个不可避免和必不可少的问题:我们可以知道什么,最值得学习的是什么。相比之下,有人事实上忽视了这些问题,有时是深思熟虑地无视这些问题,认为聚焦于其他一些问题就足够了,例如,"我们如何激发学生?""什么让他们感兴趣?他们需要什么?""就未来的就业前景来说,知道什么最为有用?"柏拉图潜在地,有时是明确地,让我们想到,除非按照一种清晰的教育概念、一种对知识本质的完美把握,这些问题不可能获得连贯一致的谈论。他也为有些人提供了支援性论据,这些人坚持,学校教育和教育的最重要问题,是围绕内容这一问题的,而不是围绕方法论或组织的,而知识,远不是像有些人所认为的那样是一种文化的虚饰,除了本身是一种目的之外,知识还是力量。不应当忘记,在《理想国》中,对教育的讨论出自对正义的探讨;正当的知识教育,要给人们提供各种途径,以一种正当的和真正有益的方式去指导自己的生活。

柏拉图
Plato

第二十四章 教育分配

需要思考,并且经常在教育思想家中加以评论,偶然也会以政治术语戏剧性地走向前台来的一个问题,是分配或供应的问题。这个问题,是我们应当处于一个连续统的何处的宽泛问题。这个连续统的一端是为所有人提供同样等级的全面教育系统,另一端是为不同学生提供相当不同的经验的差异化系统。有人习惯说(无论诚实与否),在特定一天的一个特定时间,法国学校中一个特定年龄的所有孩子都会做同样的事情。但差别化对待的可能性,或多或少是无穷无尽的,其中包括不同的学校、不同的班级、不同的设置、不同的大纲、不同的材料、不同的教学风格、不同的班级大小,等等。但有关是否要追求这种差异或是否要考虑这种或那种差异的争论,几乎差不多总是与对人们的取向、需要和兴趣的看法紧密结合在一起,而这些看法反过来也受到有关天生能力或固有品质以及环境(尤其是但不仅是社会环境)的重要性的相互冲突观点的影响。这在过去通常被随意地称为有关天性与培养的论争。有人也许肤浅地认为这种论争在最近出现了新转折:在19世纪六七十年代,特别是由于社会学的影响,存在一种强烈而广泛的信念——一个人生于斯、长于斯的环境,是决定一个人成长的关键因素。①乍看上去,我们遗传学知识最近的发

---

① 在其最极端,所谓"知识社会学"宣扬一种新马克思主义学说,在许多方面,这种学说是教育理论上的后现代主义的先驱,至少在其消极方面是如此。参见,例如扬(编)(M.F.D.Young, 1971),以及安东尼·弗卢(Antony Flew, 1976)鞭辟入里的反驳。

展，在确立基因遗传相当大，我们的大部分存在遗传因素时，表明了恰恰相反，重要的是我们与生俱来的天性，而不是我们发现自己身处其间的环境或我们所积累的经验。当然，在仔细观察的基础上，这不是从证据中得出的结论。准确说来，从证据中得出的结论是，尽管我们的确生来具有遗传基因的倾向，但基因在可能范围内存在不同的组合，基因本身有能力通过经验进行调整，以致我们的个性未受到威胁，我们实际上成为怎样的人，只能说是我们独特的基因遗传和独特的经验相结合的产物。这也就是说，虽然有遗传学上重要的科学进展，有社会学不那么保险但令人深思的各种主张，但最合理的假设却是柏拉图潜在提出的假设。这种理解反过来必然对我们有关如何分配教育的讨论有启示，而又一次，柏拉图观点的大意是，一方面，我们必须尝试理解和注意个人的脾性，但另一方面，培养、模铸或者更具体地说，塑造这些基本脾性的可能性和某些时候的必要性，依然是有效的。回想阿罗图尼安-戈登过于简化地将柏拉图的复杂性归纳为一系列所谓的矛盾，有人也许会说，柏拉图的最大贡献，在于他认识到了人类性情中的复杂多变和模棱两可，而依然坚持认知在原则上是可能的。在随后的教育思想史上，对一个复杂整体的某一方面的天真幼稚的、非现实主义的强调，取代了柏拉图的意识。在这种情况下，有人将每一事物视为基本上是环境的产物，正如许多马克思主义者所认为的那样，还有其他一些人，其中包括某种心境中的卢梭，还有某些教育心理学家，他们认为每一事物都依赖于天生的因素（无论是叫性格、心理或基因，无论被认为是遗传与否）。研究例如柏拉图这样一位思想家，一个最强有力的观点是，如此多的教育思想史都被这些虚假的两极对立和难以置信的片面观点玷污了。认为环境（无论怎么宽泛地设想它）是第一位的教育家，认为我们生来就是龙生龙、凤生凤的教育家，没有一个应当加以认真对待，即使他们偶然获得了一位B.F.斯金纳（B.F.Skinner）或一位A.S.尼尔（A.S.Neill）的名声，也是如此。

假如我们承认这一点，尽管我们粗瓷碗雕不出细花来，然而我们在教育资源提供方面所做的，依然会在塑造个人的发展方面发挥作用。随后我们必须面对这样的问题：我们认为什么是培养人值得选择和不值得选择的方向，我们可能采取何种合理的步骤以达成目标。而柏拉图对这两个问题都多有贡献。此外，还有什么技巧有可能证明是有效的这样的实证问题。在这后一个问题上，正如我们所看到的，柏拉图有话要说，他既自己利用对话形式——这种对话形式宽泛地表明了一种教学风格，这种风格有助于学生在对话展开的过程中一步一步地看到和了解一环扣一环的推理，也提倡一种方法——这种方法将会避开所有僵硬和快捷的技巧，或甚至一系列技巧，青睐一种折中主义，这种折中主义也许会在不同的时间利用出自孩童游戏中的所有东西，将其用于教师的演示或指导。不能说柏拉图以论争的方式提供了很多东西支持了这一宽泛的方法，但他坚定推进这一方法本身在我们这样一个时代具有其重大意义。在这一时代，尤其在北美，流行的学术正统是存在一系列普遍的教学技能，这种教学技能一旦掌握，则适用于所有情境，或还要糟糕的是，一招鲜，吃遍天。[1]

---

[1] 反对普遍教学技能观的更详细的论证，参见巴罗（1984）。

第四部分
柏拉图在今天的意义

第二十五章　价值问题

我们应当通过教育培养什么样的人、什么样的方法是合理的问题,是以对道德状态的看法和其他价值判断为前提的。这种问题,是更广泛的普遍意义上的客观性和真理问题的一个分支。柏拉图在这里的贡献是巨大的,因为他是第一个明确在道德范围中对真理观念和客观性表达了一种理性辩护的人,并且第一个提出道德知识(以及审美知识,还有其他类型的价值知识)是可能的。有人可能在很多地方不认同他,比如,我个人就不信服(正如苏格拉底一样)因为我生活在一个国家中,因此我在道德上就有责任至死遵守这一国家的法律。我认为,一个人是否乐意做坏事的问题,往好里说是柏拉图没有谈及,往坏里说是柏拉图说错了。但柏拉图对今天是否重要这一问题,不受诸如此类观点的影响(在此类问题上,其他人无论如何可能还会取一种不同立场)。重要的是柏拉图对价值判断方面(特别在道德方面)的相对主义和主观主义的所有依然还众所周知的观点的全面探索和考察。而在这一方面,我不仅要说他谈到了点子上,而且要说他又一次是令人信服的。的确,在读到当代人试图建立一种道德相对主义时,有人通常会感到,这些当代作家只是还没有读过柏拉图,或还没有理解柏拉图。

我们已经思考过审查和教化问题。这些问题依然是十分真实且有时是迫在眉睫的话题,而尽管在这里,有许多人不想对柏拉图亦步亦趋，但又一次，柏拉图仍然有助于我们以一种严肃而有意义的方式建立论争的框架。我的感觉是，柏拉图提倡一定程度的控制和影响，这种控制和影响是不合理的，其本身不是人们所想要的，在实践中不可能是特别有效的。但这些问题必须认真对待：今天的孩子们实际上可以接触到互联网上的任何东西，其中包括折磨和其他暴行、离奇古怪而有些人会说是可叹可悲的性行为、打扮成真理的荒唐可笑的八卦胡说。我们不得不直面这一点，并且认真考虑柏拉图所探讨的真正问题：有某些事，是因为它们的虚假、堕落或荒诞而我们应当让孩子避而远之的吗？如果有，那么，最好是由国家深思熟虑地进行审查，或是由强有力的游说团体或利益团体进行随机审查吗？而审查的标准应当是落在人们对信仰的态度或更客观的某些东西之上吗（例如，某些团体被某些事弄得心烦意乱，就足以让这些团体对其进行审查，或者，他们必须进行某些推理以证明其客观上是人们所不愿意要的）？同样，以一种不可证明的主张将信仰和信念灌输给年轻人是错误的吗？或者在某种程度上像教化？或者，当柏拉图说，人们应当甚至以非理性的方式培养诸如对同胞的爱、对国家的爱时，他是言之有理的吗？

在一个涉及两种大信仰相冲突的时代（尽管这种冲突不是双方大部分信奉者所想要的），在一个再一次让人想起以往时代爱国旗帜高扬的民族主义时代，这些都是十分真实且息息相关的问题。柏拉图的结论也许是错的，但它们并不表现为一错到底，而我们必须直面他的观点。

第四部分
柏拉图在今天的意义

第二十六章　哲学与教育理论

尽管绕了一整圈又回到了原点,我还是将我认为柏拉图个人对教育的最重大贡献留到了最后。其最大的贡献,是他对哲学本身的性质和作用的看法,这种看法意味着对教育理论和研究的一种连贯一致、切实可行的理解——就目前的状况来看,我们不具备这种理解,结果是大量教育论著被严重误解并显得毫不相关。与教育研究相关的每一学者都熟悉这样的异议——理论与实践风马牛不相及。我认为这话大抵是对的,但只因为理论总是被人误解。它不应当被误解。

为了理解柏拉图的思想在这里的持久意义,我们有必要回到前苏格拉底的古希腊哲学家及系统的哲学探索的起点。第一批爱奥尼亚思想家所面临的不解之谜,在今天仍然是不解之谜。不考虑我们的宗教观或缺乏宗教观,也不考虑最近有关世界起源的科学理论是否是大爆炸理论或是其他什么理论,我们依然面对这样的问题:某些东西(宇宙)如何可能从混沌虚无中出现?正如第一个事件必然是一个没有前因的事件一样,如何可能存在一个没有前因的事件?将上帝定位为哲学家们所说的"不动的动者"(unmoved mover),或定位为一种永恒的、不朽的、非实存的存在物,其本身不需要进入存在,却能够创造世界,与其说是解决了问题,不如说是对问题视而不见。假如我们能理解并坦然接受上帝的观念,认为上帝是一位因为无时无处不在而从来不进入存在的创造者，那么我们也就能够认可一个因为其无时无处不在而从来不进入存在的宇宙。但事实上，我们不认为这种看法是说得通的：我们想象不出虚无，我们想象不出某物总是一直存在（尽管我们明显可以解释虚无这一类的词语），我们也想象不出这样的宇宙观——宇宙出自它在其中占有"某个地方"的"乌有之乡"。

　　无论是否有希望对这一问题做出回答（这一问题不是一个科学问题，因为无论我们的科学知识现在是什么状态，这一问题都依然存在），它都是第一批思想家所苦思冥想的问题。它被表达为一个本体论的问题，一个有关"存在"的问题："存在"是如何可能存在的？如何可能既存在永恒，又存在变化？早期的爱奥尼亚人给出了准科学的回答：例如，宇宙的本原，按泰勒斯（Thales）的说法是水。可观察到的冷缩现象表明，水可以改变其形状和存在，因此有了这样的假设：世界各方面的共同成分是水，水在此化为山，在彼化为人，在此化为冰冠，在彼化为海洋。当然，无论这种回答还是其他任何回答，都没有解释"存在"的这种基本构成成分位于何处；我们很难说要到汪洋一片的水的宇宙中去寻找存在，但如果不是这样的话，又需要做出补充说明。在任何情况下，水是宇宙万物的本原的主张，都没有长时间被人们所接受。取而代之，有人提出了气和无限——到那时为止，这种最神秘莫测和含混模糊的主张可能是最看似有理的。随后的思想家们否定了只存在一种本原的假设，而提出了例如宇宙万物可能来源于土、气、火、水的观点。但这种思想路线史上的最重要时刻，是巴门尼德令人心悦诚服地向大多数人证明了人们只能说是什么就是什么之时。因此，每种东西都是本原（不可能存在不是它自身的东西），实在的本质，必然是具有一个不可分的、同质的、单

第四部分
柏拉图在今天的意义

一的实体；此外，不可能存在变或生与死，因此，变，于兴与衰之中在我们看来华丽灿烂的世界，必然是虚幻的。

我们根本不需要信奉巴门尼德的观点。考虑到它的残篇断简的性质及其诗学风格，对巴门尼德的观点做出解释十分困难。无论如何，那是在留基伯和德谟克利特提出原子论的最初主张之前不久。原子论的确（而且甚至在今天也以一种更发达的形式）力图连贯一致、合情合理地说明在物质现象中如何既存在一种不变的物质，又存在一种多变的表象：我正在上面写作的这张桌子是由原子构成的，即使这张桌子最终腐烂了，这些原子也会存在下去。巴门尼德的重要意义部分在于，在那个时代，他的推理思路说服了各持己见的人。这或多或少直接导致了两个对立的阵营：有些人相信表象的世界是不值得相信的，是欺骗性的，而另一些人则相信，表象就是一切——所见即所得。

当我们补充说，以对本体论和自然科学的兴趣开始的东西，当被扩展为对更恰当的分门别类的认识论和道德与政治哲学的兴趣时（一种与苏格拉底有极多联系的发展），正如我们所知，舞台就为柏拉图和哲学的诞生搭建了起来。柏拉图在这里正好处于是与非论争的先锋部队之中，不过他所集中关注的在于，是否可以将知识与意见、信仰、无知精确地区分开来，并且如果能够区分开来，那么尤其在道德领域里是否可能。将这一点与他所提出的涉及理念或理型的特定理论及所描绘的苏格拉底所使用的发问技巧结合起来，我们就大抵能解释怀特海为什么认为哲学是对柏拉图的一系列脚注。在一种或另一种名称之下，以一种或另一种方式，哲学中的两个主要问题通常是普遍意义上的知识问题（和特殊意义上的道德知识的问题）和哲学方法的问题。而且直到今天依然如此。在所有事物中都存在真相吗？在任何问题中都存在真理吗？假如存在，我们如何能知道它？如果我们能，我们能传达它吗？我们能确定我们知道它吗？柏拉图对这每一个问题的回答，都是毫不犹豫的、慷慨激昂的"是的"，这与例如高尔吉亚（Gorgias）等人的观点截然相反。高尔吉亚曾写过一篇论文，证明不存在任何真理，假如存在，我们也不可能知道它，而假如我们知道它，我们也不可能传达它。

哲学方法问题同样还富有活力。有关共相、实在论、唯名论、语言分析、概念分析的论争，以及是否存在真正的哲学问题或只是语言学谜题的论争，都基本是苏格拉底的实践所开启的争论和柏拉图对话录中的理念论的进一步发展。

例如，《克拉底鲁篇》（*Gratylus*）明确讨论了两种对立的观点：一种观点认为，词语适用于它们必然描绘或通过某种神圣法令所描绘的对象或现象；另一种观点认为，给万物命名只是约定俗成的问题。苏格拉底似乎赞成前一种观点，尽管到了对话的结尾，可能更公平地说，没有人声称十分确信或致力两种立场中的任何一种。的确，他们不应当这样，因为尽管前一种观点看似是不合理的（无论如何，像有人所说的那样），但后一种观点却是不得要领的。要点在于，当用一个更寻常的说法来讲，哲学家们分析一个概念时，他们认为自己正在做什么，是有争议的。柏拉图是否真的认为正义不知何故必须被称为"正义"（或事实上用希腊语称为dike，用拉丁语称为iustitia，等等），在我看来是不重要的（事实上，我真的弄不明白这么说是什么意思），而且我不相信这是他真正感兴趣的。他真正感兴趣的，是提出和保卫这样的观点：有正义这样一种东西，它要面对人们是否承认它；公正的东西在最高的、最抽象的层面不是可以协商的；你不能任性地以你所选择的方式定义这一术语。而对这一问题的这种看法，今天仍然富有活力。例如，维特根斯坦的信徒似乎相信，任何东西不可能是全红又全黄的这一事实，只不过是我们语言的一种约定俗成——只不过是考虑到我们分配给"不""红的""黄的""全"等词语的意义，我们不能前后一致地说而已，所以在另一世界中，凭借不同的语言规则，也许可以这么说。作为残存的柏拉图主义者，我必须说，我发现这么说是荒谬的。当然，有人可以想象某些人设计了一种语言，在这种语言中，"红的""黄的"等词语得到诸如此类的界定，以致说某些东西是全红又全黄的是说得通的。但这不会改变事实，确实，它绝对对事实没有任何影响，我们以"任何东西不可能是全红又全黄的"这一形式说出的这一句子，给我们提供了一个真的命题。我们不能想象一个正方形的圆圈，我们也不能想象全红和全黄的某物。我们可以说出这样的话，我们可以认为是指具有正方形的形式特性和圆的形式特性的某物的理型，我们甚至能够找到各种途径在某种意义上将一个圆圈变成正方形（例如，当一个魔术师成功地让你认为你看到他将一个圆圈变成了一个正方形，或当他确实将一个金属的正方形变为一个圆圈而你却不知道怎么回事时，就是如此），但事实上不存在一个正方形的圆圈。假如我们改变词语的意义，这也不会导致我们习惯用一个"正方形的圆圈"所指的东西会存在。正如我们争论柏拉图是否是一个唯名论者还是一个实在论者时所说的，常常用极端对立的术语来表达对哲学方法问题的争论，是一件憾事。两种对立的观念最终服从于一种或一种以上的经过修正的观念，是思想史上的一种司空见惯的现象（这是黑格尔正、反、合公式的基础，但过程不必如此系统),而柏拉图今天依然如此重要的原因在于,尽管他的确说过我们不会说且可能甚至发现难以理解的各种话,但他的确也提供了显然合情合理且依然广为人们接受的观点,与此同时还提供了支持这种观点和驳斥形形色色的另类观点的论据,这些形形色色的另类观点现在还依然流行,而其支持者常常显然没有意识到它们的漫长历史及各种相反论证。

柏拉图也许相信,也许不相信一种观念——例如正义(不论正义意味着什么)——的物质或物理存在,而他可能的确相信我们的灵魂在我们的肉体转世再生之前已经与正义的观念不期而遇。但与一个显而易见的事实相比,这根本不需要我们关注。显而易见的是,柏拉图提出,鉴于我们按照一般的说法拥有了"正义"一词,就必须认为正义一词对我们每个人来说表示同样的意思或指同样的东西(柏拉图会说"对象")。当然,在各种特殊情况下,由于各种原因,也许不会是这样:有的人是因为无知,有的人是因为懒惰,有的人则出于各种其他原因处心积虑地篡改意义。但假设必须是,由于出自一种使用共同语言的共同文化,你和我所指的是同一回事。所以头等重要的是,以一种清楚、全面地加以说明的方式设法将那一意义确定下来。从此往后,柏拉图所谈到的"永恒""真实""不可分"等的真正意义,就在于他提出了"正义"不能仅指任何东西,必然存在对所有正义的实例来说共同的某些东西,这些东西是我们应当去寻找的,因此,正义的东西不只是随意任性的看法问题。即使按当代的术语来看,我个人从来也未发现接受以下这更进一步的观点特别困难:只要我们成功地阐明了正义、婚姻或其他任何东西的理念,那么它就存在。我认为这么说是合理的:可以想象的任何东西都拥有存在,

第四部分
柏拉图在今天的意义

而不可想象的东西则不拥有存在,无论任何人是否实际上在一个特定时间掌握了概念。因此,独角兽的理念是存在的,而正方形的圆圈理念是不存在的。但与基本的论点相比,这是一种细枝末节。我们所有的认识,都最终依赖于掌握理型或理念,或者在最少的程度上,依赖于认识到构成一种特殊理型的真实实例的必要与充分标准。分歧一如既往,存在于这种观点与当代智者派思想的观点之间。后者认为,概念真实、客观上可辩护的价值判断的观念,以及诸如类似的观念,都只是柏拉图的唯心论,因此要加以否定。

正如我们已经注意到的,柏拉图哲学内部的一个主要争论点是,他是否认为对每一个共相来说都存在一种理型(是否每一事物都存在一种理型),而假如不是,那么什么是类或什么是理型的类。这里,我不能细究这一问题。但我相信,确定无疑的是,柏拉图本来会提出一种教育的理型。正因为如此,其哲学的重负在于,直到我们掌握这种理型,我们才能理智地追问所有有关教育更进一步的具体问题——课程应当如何,不同学生是否应当学习不同的东西,这种教学风格是否管用,等等。在我所提供的对理型论的阐释方面(明显淡化了其隐喻的方面而突出了其达成共识、易于理解的层面),就是说我们必须达成对我们用来定义教育的标准的共识。这听上去并不困难,并且也许的确证明并不困难,但迄今确实还没有达成这种共识。还不存在对这一概念的任何明晰、普适甚至是广为人们接受的解释。我们迄今最近的是R. S. 彼得斯(R. S. Peters,例如,1966)的著作(的确是有意或无意地用柏拉图式的术语来思考的)和他的某些同事与追随者在教育哲学领域中的著作。甚至在这一小群体中,许多时间也是花在关注条分缕析的差异点上,尽管有人可能会说,在大部分教育哲学家中,在紧密与知识联系在一起的概念系统之上,已经达成一种共识,而且这种共识是完全柏拉图式的。但由于这种概念系统并没有为许多非哲学的教育工作者——心理学家、课程设计者、教育方法论研究者、社会学家,等等——所接受,甚至在许多情况下为他们所知,因此哲学家的共识对实践目标并无任何用处。

就柏拉图绝对正确的地方来说,在缺乏对教育概念的共识的情况下,根本弄不清教育研究者的其他活动,或者能够对它们做出评价或评估。在还没有完全弄清什么算作教育成功的情况下,一个人如何可能得出一种教学策略起作用的结论?在还没有完全弄清什么算作教育成功的情况下,一个人如何可能期望确定环境的这种特征是有益于教育的?在还没有完全弄清什么算作教育成功的情况下,一个人如何可能认为一种具体的教育研究方法论是连贯一致的?没有清晰的教育理念,又何来清晰的教育成败观?没有投入哲学工作,又何来一种清晰的教育理念?

当然,事实上,每个人在教育领域的工作,都是以一种教育成败观为前提的:当实证的研究者说这"起作用"时,我们可以指且的确必须指他对教育成功的定义,与在考试方面成功或涉及其研究的工具管用是一回事。在这种意义上,他拥有一个概念。但他是否明确意识到这一概念,它是否是一个前后一致的概念,它是否是一个合情合理的概念,它是否与其他任何一个概念(特别是其研究致力这一问题的哲学家的概念)具有任何共同之处,又是更进一步的问题。

这就是说,柏拉图不仅对教育研究有所贡献,而且他理解教育的方式应当被确立为典范。在将金钱和时间倾注在实证研究而同时忽略哲学维度的过程中，我们也正在既耗费时间也耗费金钱。有一种明确无误的感觉：对教育，我们今天不比柏拉图知道得更多，尽管我们的确知道更多的科学，拥有更多的医学知识。我们的心理学知识是否更伟大，取决于我们认为心理学毫不含糊、富有成效地确立起了什么：认为答案是我们的心理学知识并不伟大多少的人，确实不是少数。我们的确了解得更多的一个领域，或涉及获得更大认知的一个领域，是在一般所说的分门别类的知识，但那也是一种具体说来的哲学上的成就。就所有研究、所有相互矛盾的声明、所有政策的变化来讲，在有关教育年轻人时我们应当尝试做些什么或如何着手付诸实践方面，我们是否比柏拉图知道得更多，远不那么清楚。

但没有什么比直面这一事实更为重要：教育学习、理论、研究与实践的第一要务，是首先确立教育本身的一个清晰概念，然后确立所有附属的相关概念，例如知识、人性、完整、勇气、兴趣、需要等。这是柏拉图首先教给我们的一课，而他也对我们认识这里所讨论的各个概念做出了贡献。问题不在"柏拉图依然对教育理论有意义吗？"而是在于"迄今为止，有哪一位思想家，对确立理想的'教育理论理念'做出了比柏拉图更大的贡献吗？"我认为答案可能是"没有"。

结 语

布鲁斯·桑顿（Bruce Thornton）最近老调重弹，力主古希腊人创造了西方文明，我们在我们的危机中丧失了与他们的联系。正如他正确指出的，因为古希腊人拥有奴隶、对待妇女的态度、抛弃羸弱的婴儿而中伤他们是没有意义的，试图在这一基础之上减少对他们的爱是荒谬透顶的。我们所知的以往的每一其他文明或国家，都做过这一类的事且更为糟糕。使古希腊人卓尔不群的是，他们（他们中的某些人）有想象力、勇气和智慧去挑战自己的行为和信仰。他们质疑，而其他人则少有这么做。在这一过程中，他们给我们提供了一般的特殊理想，给我们提供了对这些理想的争论，给我们提供了理想主义本身。而在这一方面，没有任何古希腊人比柏拉图更当之无愧。

我在第二章和第九章曾顺带提及，他的理型论本身也许可称为理想论，而这的确是可能的：因为，他的诸理念本质上是理想的想象化身。他的兴趣，用他自己的专门术语来讲，也许在"本来如何"的正义、美、教育或爱情，但如果只要我们能通过殚精竭虑并达成一种更全面的理解以获得我们的理想，那么我们也许可以名正言顺地称其为一种对正义、美、教育和爱情应当如何的兴趣。

正如H.G.威尔斯在第一次偶遇《理想国》时所发现的，"这里有令人惊奇、令人振奋的观点：看似所向披靡建立起来的法律、习俗和崇拜的整体结构，也许可以铸成一口坩埚，并加以更新"（1984：138）。"这里是一个与奥林匹斯神穿着打扮相似的人，每一个学有所成的人和每一个神职人员都会怀着一种心悦诚服或迫不得已的尊敬对他五体投地，他写下了超出自我最阴暗的喃喃自语之上的具有革命毁灭性的东西"。当然，在威尔斯的时代，柏拉图在受过教育的人中是一个家喻户晓的名字。正如我们在第二部分第十六章中所看到的，奥斯卡·王尔德曾在自己的审讯中引用过柏拉图的理论。弗雷德里克·罗尔夫（又名Baron Corvo）曾将自己的一本书命名为《全部的渴求》（*The Desire and Pursuit of the Whole*），直接引用了《会饮篇》。小说家乔治·吉辛在其日记中记载道，他在1889年、1890年、1891年、1900年阅读了柏拉图的各种对话录（主要是出于好玩，但读《斐多篇》是为了让自己冷静），并且在自己的通信中不自觉地提到柏拉图，例如建议他的妹妹阅读柏拉图。在吉尔伯特和沙利文的轻歌剧《忍耐》的一场演出中，则希望文化程度相对不高的观众欣赏剧中所提到的"按柏拉图的方式迷恋一位羞羞答答的年轻姑娘或一位不过于法国味的法国货"。（但随后，在十年之间，一首名为《哲学》的流行歌曲有可能发行！）顺便说一句，这类引证本可以多种多样、层出不穷，我这里只是征引了我所偏爱的维多利亚时代人的某些例子。

从维多利亚时代往后一百年，柏拉图依然是一个参照点，不过对大多数人来说不是这样，而阅读和研究柏拉图的人确实微乎其微。不过无论人们是否承认，柏拉图都为我们提供了一系列通往一个可能的更好未来的钥匙。他给我们提供了不断质疑的批判精神。他给我们提供了对基本问题的最全面说明，那就是所谓"真实的"世界实际上是一个表象的世界，不可能在那里发现终极真理。通过他的诸种理念、辩证法和对话录,他给我们提供了哲学(或至少是哲学的一种关键形式),使我们能够追求真理。而且他给我们提供了教育即培养我们的人性(培养我们的道德品格和智慧)的教育观。他赋予了我们理想。

附录一 有关智者派运动问题的注释

在以下两者之间要做出一个重要区分：认为柏拉图相信且至少在某些方面正确地相信智者派误导真实的认知和良性的生活；只是认为他们不具备任何历史意义而将他们轻轻地打发掉。可能毫无疑问的是，在古希腊的思想生活和政治生活中，智者派总体上是一个强有力的因素，尤其在雅典更是如此；尽管他们的著作的文本证据具有断简残篇的性质，尽管柏拉图的议程，自然涉及在创造自己的正面理论过程中要强调他认为是智者派之缺陷的东西，但即使是从柏拉图自己所提供的某些证据来看，似乎一清二楚的是，许多智者都做出了重要的思想贡献。

许多年来，有人事实上在这种或那种程度上已经认识到了这一点。很久以前，历史学家乔治·格罗特（George Grote）在其《希腊史》（1846—1856；第六版，1888）中便反对可以认定智者派是不道德的江湖骗子的观点。肯尼思·弗里曼（Kenneth Freeman）在1907年写道："毫无疑问，在次要的智者派人士中，存在害群之马，柏拉图在《智者篇》中对这些人的尖刻定义相当管用，他们是跟在年轻人之后，用伪劣教育当作他们的诱饵捕获财富和地位的猎手，他们的目标是小费，通过在私人谈话中科学地利用遁词赚钱，同时明确意识到他们所教的是错误的。但苏格拉底时代一定存在数以百计的智者……没有出现在现存的文献之中"（《希腊学派》，1932：174）。而且他在一个脚注中补充说：

"按柏拉图安在他们嘴上的观点路线来谴责波洛斯和斯拉西马库（Thrasumachos）是不公正的"。1945年，波普尔借他对例如安提丰和安提斯泰尼等许多具体智者的洞见和道德品质的论证，为自己对柏拉图的指责润色（《开放社会及其敌人》，第五版，1966）。1981年，G.B.克福德（G.B.Kerferd）在《智者派运动》(*The Sophisti Movement*)中，提供了对智者派及其成就与影响的特别明晰和动听的陈述。

当然，尽管他的书名是《智者派运动》，但我并不认为克福德为一场"运动"提供了充分理由（尽管公平地说，虽然标题为"运动"，但这一问题对他有多重要并不清楚）。并没有任何明显证据支持普罗泰戈拉"以如此多的方式……担当了作为一个整体的智者派运动的带头人"（1981：104），我依然不信服这样的看法：雅典的某些官方政策吸引了智者派，而伯里克利充当了这一运动的保护人（尽管毋庸置疑，他对某些智者有兴趣，且和他们有交往）。这明显在某种程度上依赖于我们所说的"运动"是什么意思。确实没有任何证据表明，在稍后通过学园可以说发展起了一个柏拉图主义的学派的意义上，或新柏拉图主义随后可以说是一种运动一样，智者派是一场运动。同样，也没有任何明显的理由像马克思主义一样被认为是一场运动，尽管马克思主义经常存在分裂和对抗，但仍然可以说在某一时间是一场运动。这只是说，虽然智者派对许多共同主题感兴趣，并且具有某些共同的思想趋向，但却没有任何证据表明具有组织乃至有意识的认同，也没有任何共同的政策或纲领。仅仅这么说似乎会更为合理：作为个人的智者们都在哲学中发挥了作用（尽管听上去相当勉强，但他们确实是那一时代哲学运动的一部分）。因为克福德以肯定的方式回答自己的问题"但他们是哲学家吗"确实是正确的——尽管事实上，柏拉图在力图突出他们的缺点时，选择将"智者"与"哲学家"对立起来，而不是简单声称他们的哲学在各种意义上是不充分的。

也许可以与今日教育理论批判思维领域做一种恰当的比较。有许多人对这一广泛话题及其中的各种特殊层面感兴趣，正如许多雅典的思想家对人类知识的广泛问题及有关语言本质、表象与现象之间的区别、道德知识的可能性等特殊问题感兴趣一样。但在那些对批判思维感兴趣的人中，不仅存在差异，而且有时还存在对立的立场，而有时理论的差异还会导致对有关实际的教育危机的判断，并因此导致等量的对腐蚀年轻人或使年轻人误入歧途的判断。因此，在一个极端，有的人主要兴趣似乎是将提高批判思维的计谋市场化，其中某些人试图追求利润，似乎更热衷于名声而不是真理；但也有人将批判思维的事业视为一个培训的问题，并且因此认为"销售"技巧和计谋是正当的。在另一个极端，则有人认为"技能"途径是以概念错误为基础的——没有认识到批判思维的真正本质，特别是，认识到它必然受到上下文的限制，不是基于推理的技能，而是基于一个学科化认知的语料库；也有人鄙视那些主要兴趣是私利或名声的人。在这样一种情境中，后一种极端的人，认为他们自己是真正的哲学家而其他人则是形形色色的头脑混乱、自私自利、游走江湖的人，难道不是最自然而然的吗？

那么，问题不在于是否存在一个智者派运动，而在于是否和何种程度上单个的智者说过某些重要的、真实的和富有影响的话。顺便说一句，也许要同意这样的看法——苏格拉底本身也应算作是智者派运动的一部分，考虑到我们知道这是说他卷入了被广泛认为是公元前5世纪雅典的典型化思维的论争和思想议题。而最终,柏拉图对话录中的苏格拉底,当然还有柏拉图本人,宁愿像马克思支持自己时代的哲学一样支持"诡辩":采取了一种如此不同和颠覆性的视角,以致重新对这一活动做出了定义,甚至同时部分是其产物。作为一位哲学研究者,马克思走上了一种超越哲学的立场,并且因此以社会学(更为特定的说法来讲,马克思主义)而著称。以同样的方式,苏格拉底和柏拉图在全力对付智者派的问题和观点的同时,带着一种独特性出现在人们面前,当这种独特性全面呈现出来时,人们再也不可能满意地将其描绘为智者内部的差异,更准确地说来,他们是区别于智者的哲学家。我们知道,柏拉图的意图正好是要确立这种区分,但这并没有使它成为一种不合理的或可以质疑的区分,即使当我们可能还承认许多智者的思想品质时也是如此。在提出理念论的过程中,柏拉图摆出了他的观点与他那一时代所有其他著名思想家的观点之间的质的分歧。

重要的是,尽管他的确认真对待过普罗泰戈拉和高尔吉亚的观点,也许也表达过对他们的某种尊敬,但他真诚地相信他那一时代的主流思想是不充分的,而且危险地将人引入了歧途。这当然是定论,这种定论从表面来看是历史所记载的定论,本质上则是柏拉图著作幸存的一个结果(尽管这会无视这种幸存的多种原因的问题)。不过,尽管克福德和其他人都有权利去质疑这种定论,尽管在我看来他们成功地提出了作为一个整体的智者派拥有某些强有力的观点并且不能被轻易地打发掉,但我们也许仍然可以认为,柏拉图的思想具有压倒一切的意义。他不仅正确地反对哲学领域里(今天也许有人会说,学术界)作秀的能力、自我的宣传、赢利的动机、对名声的追逐,而且如果我们暂且不论任何具体个人受到诸如此类的指控是否正确,那么,他在基本问题上也是正确的——所谓基本问题,就是真理不是相对的,可以将知识与意见区分开来。

克福德(1981:2)对相对主义和主观主义进行了区分,但并没有真正细究这种区分。有形形色色做出这类区分的方式,其中最基本的方式就是,一种观点认为个人相信的东西使它如此(主观主义),一种观点认为一个社会所相信的东西使它如此(相对主义)。但是,虽然后者表面上看是更为合情合理的,因为我们既能看到各个社会的确具有不同的信仰,而且能够看到在许多情况下有各种绝佳的理由让他们这么去做,但无论哪种立场最终都不像知识论一样站得住脚,而知识论是柏拉图的立场。今天很少有人会争论与不同的社会习俗和信仰联系在一起的社会学和人类学的数据(例如苏格拉底时代希罗多德所收集的数据)。但是,在我们承认这一事实的同时,我们也认识到一种差异:各种社会具有怎样的信仰、它们受到怎样的刺激去坚守这些信仰的社会学问题,与一种特定信仰是否在理性上具有合理性的哲学和认识论问题之间,存在差异。柏拉图将这种差异带上了前台,而且对许多人来说,即使他们不接受他的全部理论,也会认定存在客观性、真理和知识的可能性。

我要补充说,尽管有前面的段落,但克福德的看法和我的看法并无太大差异。他指出(1981:67),"柏拉图同意智者派关于现象的观点。柏拉图要对他们提出异议的唯一基本观点是,他们没有认识到现象流不是故事的终点……柏拉图对智者派心怀敌意的真正基础,不是他们全部错了……而是他们通过混淆事物的根源及其结果,将半真夸大成了全真。"又一次,我要将当下的情境与批判思维加以比较:哲学家认同那些说批判性思维至关重要的人,并且一般说来,支持在学校培养批判性思维的各种动议,但哲学家认为这只是故事的一半——假如"培养批判性思维"不和引导学生形成对实质的学科化思想体系的批判性理解结合到一起,那么,比起无视理念可能带来的破坏,它可能在实践中会带来更大破坏(通过产生错误的观点、无端的自负,等等)。

克福德说智者派不具有"有限的重要性"而仅仅为柏拉图开辟了道路,这是正确的。他也正确地得出结论说,他们"持续地试图运用理性以取得对理性进程和非理性进程的理解"。我认为,说这是"作为一个整体的智者派的一个典型特征"(1981:174)是毫无裨益的,但它的确是大多数智者的典型特征——对这些智者,我们多少有一点了解,更宽泛地说,对他们所生活的时代,我们多少有一点了解。而"按概率来说,智者派是伯里克利时期的雅典成就的一个杰出而重要的部分"(1981:175)。

但柏拉图综合了他们各种各样的贡献,将总体的贡献带上了一个更高的平台,而且他的著作幸存了下来,影响并主宰了西方思想。通过确定智者派的相对主义还是柏拉图的客观主义是否更为合理,谁是"真正的"哲学家的问题,一定会得到解决。

更值得特别注意的是,我在正文(第一部分第一章)曾提出,例如希庇亚也许是"一个完全次要的人物(也就是说,同其他智者相比)"。当然,克福德将他当作一个严肃的人物,尽管证据微乎其微(至少可以这样讲)。我不能肯定如何可以论证他"发展了某种他自己的一般哲学立场"(除非引用同样含混且是晚期的资料),我也不能肯定如何可以恰当地评估这种观点。克福德没有出示或引用"对此类主体（包括他们的历史）研究的一种例外的学术兴趣的证据"，尽管他说它"可能毋庸置疑"。可以肯定的是，希庇亚自己声称对每一事物都感兴趣，而苏格拉底称他为一个博学之人，但我在柏拉图那里读到的希庇亚形象却是极度讽刺的，如果不说是彻底荒唐可笑的话。普罗泰戈拉被明确要求比较自己和其他智者，而这种比较对其他智者不利，他观察希庇亚时也是如此。将这一段落解读为不是贬低希庇亚（《普罗泰戈拉篇》，318e），是困难的（此外，鉴于指控本身就是柏拉图本人即宣扬这一错误形象的人，那么，将柏拉图当作辩护的证据，也将是奇怪的）。但是，在任何情况下，柏拉图主要反对的，是像希庇亚这样存在教学缺点以致误人子弟的人。在相信他总体上大错特错的同时，仍然尊重一位思想家，是完全可能的，正如许多人对例如马克思、弗洛伊德、福柯的感觉一样。

附录二　有关柏拉图著作的真实性和分类的注释

一般认为，柏拉图在50多年的时间里写了27篇对话录（其中包括《申辩篇》，苏格拉底在接受审判时的辩护词，它实际上不是一篇对话录），它们都幸存了下来。此外，还有一些对话录流传至今，古代的评注者认为是柏拉图所做，但今天却认为是伪造的。正如我们的正文所解释的，确定这些对话录的写作时间并不简单，无论人们尝试追踪其风格或哲学观的发展还是外部的证据，都是如此。不过，格思里（Guthrie, 1975: 50）认为，康福德的整理"代表了一般被人们所接受的结论"。

按康福德的看法，《申辩篇》《克里托篇》《拉凯斯篇》《吕西斯篇》《卡尔米德篇》《欧绪弗洛篇》《小希庇亚篇》《大希庇亚篇》《普罗泰戈拉篇》《高尔吉亚篇》《伊安篇》属于早期，它们大体上以寻求定义道德术语为典型特征，往往是无定论的。中期的对话录是《美诺篇》《斐多篇》《理想国》《会饮篇》《斐德罗篇》《欧绪德谟篇》《美涅克塞努篇》《克拉底鲁篇》，这些对话录的特征包括：较少试图描绘真实的对话（而是在某些地方，代之以苏格拉底的独白，再附以其同伴的坦率评论），并且明确涉及理型或理念论。晚期的对话录，被许多评注者认为比以往的对话录更有技巧，它们包括：《巴门尼德篇》《泰阿泰德篇》《智者篇》《政治家篇》《蒂迈欧篇》《克里底亚篇》《斐莱布篇》《法律篇》，尽管举例来说，赖尔（Ryle 1967）认为《蒂迈欧篇》《斐莱布篇》属于中期的作品——假如这是真的,那么,就可以认为柏拉图在走近他生命的晚年过程中,有效地抛弃了理型论。

还有现存的一组13封信被认为出自柏拉图之手。对它们的真实性,人们尚存怀疑,不过肖里(Shorey, 1933)认为,如果柏拉图没有写这些信,这些信也是由熟知柏拉图及其真相的某些人所编撰的。这种看法被广泛接受(参见,例如,Filed,1967,以及Finley, 1968:80:"假如柏拉图自己没有写这些信,那么也是他死后不久由他的某个门徒所写的")。因此,尤其是第七封信和第八封信,也许可以被当作合理的历史原材料。第七封信告诉我们,柏拉图卷入了叙拉古的狄奥尼修朝廷的实际政治活动。总体上,这种经验不是一种愉快的经验,在诸多方面,柏拉图对"现实"世界中的政治状况的悲观主义是显而易见的——他深深感到,除非哲学家执政,否则世界便没有任何希望,与此同时,他又担心哲学家执政的情况永远也不会出现。

第七封信也包含了一段著名的对那些自称能够将其(柏拉图的)哲学思想以书面形式记下来的人(著名的有狄奥尼修二世)的指责——坚称"我根本没有写过这些问题的书,今后也不会"(341c)。这一段落自然引出了这样的问题:他所指的确切是什么问题(也许,是善的观念)?他说自己根本没有写过这种主题的书是什么意思,是因为显然有一些论他的大多数哲学观的读物吗?

对柏拉图实际的政治和哲学活动的全面讨论,请参见G.C.菲尔丁的《柏拉图和他的同时代人》(*Plato and his Contemporaries*)(1967)。

最后,应当注意安娜斯(1999)的看法——如果过于相信柏拉图的观点有一个发展过程的看法,我们也许会误入歧途。

附录三　有关实在的注释

问题是，在何种意义上，理念（譬如说，友谊的理念）可以说是真实的？（我处心积虑地写下以小写字母开头的"理念"而不是以大写字母开头的"理念"，是因为我们都有点熟悉友谊的理念，而我所关心的，是力图弄清我们如何来理解柏拉图的"理念"的含义）。有各种各样的非实在性。塑料花不是真花（尽管理所当然，它们是真正的塑料花）；人工培养的珍珠不是天然的珍珠，但它们仍然是珍珠，而塑料花不是花；独角兽不是现实的，因为它们既不像塑料花也不像人工培养的珍珠，它们不曾拥有物理的存在；另一方面，别人也许认为我温文尔雅，但我的温文尔雅仍然可能是假装的；同样，我看到的弯曲的棍子也许事实上是一根半浸在水里的笔直的棍子；一个不幸的截肢者，也许会更加感到那已经不再在自己身上了的肢体的痛苦。

那么，关于柏拉图的理念是否是真实的争论，涉及什么呢？大概既不涉及它们是否有躯体、能否四处走动，也不涉及人们是否可以拿起它们并进行细察。显而易见，它们不具备物理的属性；但同样明显的是，人们会想友谊、爱情、善良等的理念和现实性，在某种并不令人困惑的意义上都是真实的；友谊的理念存在，友谊的现实也存在。我认为，需要做出某种回答的问题，是在何种程度上，理念可以说是真实的，或是存在的，而不是人类设计的一种随心所欲的建构。这也就是说：友谊本质上基本是给定的某种东西,或者是我们所发明的某种东西吗?

与公共图书馆的分类体系做一类比,也许是有用的。一个图书馆必须储藏和整理大批图书。它在原则上也许会采用许多分类体系中的一种,其中包括按大小、颜色、重量、入馆的日期、页码的多少、以音序排列的作者或标题的次序、图书馆管理员所偏爱的次序、这套或那套体裁所进行的分类。因此,从表面来判断,认为一个特殊的分类体系是"给定的"或"正确的"看法,是一个错误——也许可以说,不存在任何这样一个体系的理念,只存在着无数相互竞争的理念。

不过,细细想来,这也明显不对:举一个极端的例子,假如书籍只是任意地摆放在书架上,那么,我们就不可能允许根本上存在一个分类体系:任意和体系是矛盾的。不过,不仅如此,在我们凭自己的目的和随机的事实而视为分类体系的东西之上,还存在诸多限制。某些分类体系,例如按颜色或大小进行分类(在私人家庭的不同语境中,也许可以认为能服务于某些目的),在公共图书馆的语境中讲不通——在公共图书馆,目标是为读者提供某种能轻易索取到图书的途径。现实是,合情合理的分类体系,充其量是十分罕见的,并且是可以通过客观的推理表明是合情合理的。作为对不同的地方情境的反应,各图书馆之间为某些变化留有余地。例如,一个喜爱神秘故事的群体,也许会从一个为神秘故事设立的独立分类获益;而另一个群体,可能会乐于见到神秘故事与其他轻松的虚构作品摆放在一起。不过,例如传记、小说、诗歌、历史和艺术一类的目录,似乎是基本的和"给定的",即使当我们争论是否要区分传记和自传或是否要拥有一个独立的社会学子目时,也是如此。是否应当将新时代的通神论视为哲学，或我们是否需要一个有关古典文化的独立子目，也许是有争议的（并且在某种程度上，依赖于库存和读者圈）。但一个对小说和历史、传记和诗歌或诸如此类的东西不加区分的图书馆，不会对我们的目的做出应答。这会让例如传记、诗歌和小说一类的目录变得"真实"吗？这种分类是"历史"而不是一种偶然的文化偏好吗？我认为回答是"是的"。我们不一定要有公共图书馆，并且我们也不一定要玩分类的游戏，但是，如果我们有了或玩了，那么考虑到我们易于索取图书的目标，我们就必须承认这些区分是给定的。在理论上，也许正好存在一种不在乎注意传记和小说之间的区分的文化，但是没有做出这种区分（无论出于什么原因），就是无视一种现实，并且正如某些人将会做的那样，不只是采用了一种不同的文化标准（我们应当区分"不在乎注意区分"，是在没有看到有必要使用这种区分的意义之上，还是在没有看到这种区分或不理解这种区分的意义之上）。我的观点是，没有看到有必要使用这种区分也许有时是合理的，但没有看到这种区分则陷入了一个错误，因为它是一种要加以区分的区分。

以同样的方式，友谊的理念是真实的，它存在于其中的东西在很大程度上是给定的和无可商议的。又一次，我们不必评价甚至拥有友谊，我们表达我们友谊的确切方式也许会因很多理由而千变万化。不过，友谊的理念，不是我们能简单地编造并且也许不能编造的东西。无论我们是否拥有友谊，或是否想到友谊，友谊现在都是且过去通常都是我们能够拥有的某种东西。而尽管友谊的详尽礼节可能合乎情理地互有差异，但它拥有某些基本特征。没有这些基本特征，则不称其为友谊。友谊的理念，不亚于虚构作品的理念，是给定的，不是被设计出来的，并且正如虚构故事总是被人讲述一样（甚至在任何人讲述一个虚构故事之前也是如此），友谊也总是作为一种理念在那儿，等着被人想象并依其行事，即使在它于人类之中彰显自身之前也是如此。换言之，留待我们去设计的东西只不过是，我们是否选择去追求友谊，以及我们将什么样的礼节理解为"友好的""中立的"或"不友好的"等诸多细节。但友谊的理念依然是真实的，无论我们是否拥有友谊，无论我们是否选择去思考友谊。塑料花朵，人工培养的珍珠，装模作样的温文尔雅，视觉上的变形扭曲，感觉上的大错特错，独角兽，在友谊的理念是真的意义上都不是真的，因为它们在友谊的理念不是不真实的意义上，以各种不同方式都是不真实的。

缩 写

亚里士多德：

An. Post. 《后分析篇》

Eth. Nic. 《尼各马科伦理学》

Mag. Mor. 《大伦理学》

Metaph. 《形而上学》

Part. an. 《论动物部分》

Ph. 《物理学》

Pol. 《政治学》

Rh. 《修辞术》

Top. 《论题篇》

Diog. Laert. 第欧根尼·拉尔修

DK H.迪尔斯、W.克劳兹《前苏格拉底残篇》（第六版）

Hdt. 希罗多德

贺拉斯：

Ars P. 《诗艺》

柏拉图：
Alc. 《阿尔基比亚德篇》
Ap. 《申辩篇》
Chrm. 《卡尔米德篇》
Grg. 《高尔吉亚篇》
Hp.mi. 《小希庇亚篇》
Phlb. 《斐莱布篇》
Prt. 《普罗泰戈拉篇》
Symp. 《会饮篇》
Tht. 《泰阿泰德篇》
Ti. 《蒂迈欧篇》

普鲁塔克：
Quaest.conv. 《席间闲谈》

塞克斯都·恩披里柯：
Math. 《反对数学家》

Thuc. 修昔底德

色诺芬：
Ap. 《苏格拉底的申辩》
Mem. 《回忆苏格拉底》

参考文献

Adam, J. (1965), *The Republic of Plato* (2 vols). Cambridge: Cambridge University Press.

Adams, J.W.L. (1976), 'Platonism and education'. *Paideia: Special Plato Issue* Brockport, NY: State University College.

Adkins, Arthur W.H. (1960), *Merit and Responsibility: A Study in Greek Values*. Oxford: Clarendon Press.

Allen, R.E. (ed.) (1965), *Studies in Plato's* Metaphysics. London: Routledge and Kegan Paul.

Allen, R.E. (1970), *Plato's* Euthyphro *and the Earlier Theory of Forms*.London: Routledge and Kegan Paul.

Allen, R.E. (1980), *Socrates and Legal Obligation*. Minneapolis: University of Minnesota Press.

Anderson, W.D. (1966), *Ethos and Education in Greek Music*. Cambridge, MA: Harvard University Press.

Annas, J. (1976), 'Plato's Republic and feminism'. *Philosophy*, 51, 307–21.

Annas, J. (1981), *An Introduction to Plato's Republic*. Oxford: Clarendon Press.

Annas, J. (1982), 'Plato on the triviality of literature', in J. Moravesik and P. Temko (eds), *Plato on Beauty, Wisdom, and the Arts*. Totowa, NJ: Rowman & Littlefield, pp. 1–28.

Annas, J. (1999), *Platonic Ethics, Old and New*. London: Cornell University Press.

Annas, J. (2002), *New Perspectives on Plato, Modern and Ancient*. Cambridge,

MA: Harvard University Press.

Annas, J. (2003), see Hornblower and Spawforth (2003).

Baldwin, A. and Hutton, S. (eds) (1994), *Platonism and the English Imagination*. New York: Cambridge University Press.

Bamborough, R. (ed.) (1967), *Plato, Popper and Politics*. Cambridge: Cambridge University Press.

Barker, E. (1918), *Greek Political Theory: Plato and his Predecessors*. London: Methuen.

Barnard, H.C. (1947), *A History of English Education*. London: University of London Press.

Barnes, J. (1979), *The Presocratic Philosophers* (2 vols). London: Routledge and Kegan Paul.

Barrow, R. (1975), *Plato, Utilitarianism and Education*. London: Routledge and Kegan Paul.

Barrow, R. (1976), *Plato and Education*. London: Routledge and Kegan Paul.

Barrow, R. (1979), *Plato: The Apology of Socrates*. London: Joint Association of Classical Teachers.

Barrow, R. (1984), *Giving Teaching Back to Teachers*. Brighton,

Sussex: Wheat-sheaf.

Barrow, R. (1990), *Understanding Skills: Thinking, Feeling and Caring*. London, ON: Althouse Press.

Barrow, R. (1991), *Utilitarianism: A Contemporary Statement*. Hants: Edward Elgar.

Barrow, R. (1999), 'The need for philosophical analysis in a postmodern era'. *Interchange*, 30 (4), 415–32.

Barrow, R. and Foreman-Peck, L. (2005), *Empirical Research in Education: For and Against*. Impact: The Philosophy of Education Society of Great Britain.

Barrow, R. and Milburn, G. (1990), *A Critical Dictionary of Educational Concepts* (2nd edn). London: Harvester Wheatsheaf.

Barrow, R. and Woods, R. (2006), *An Introduction to Philosophy of Education* (4th edn). Abingdon: RoutledgeFalmer.

Benson, H.H. (1990), 'The priority of definition and the Socratic elenchus'. *Oxford Studies in Ancient Philosophy*, 8, 19–45.

Benson, H.H. (ed.) (1992), *Essays on the Philosophy of Socrates*. New York: Oxford University Press.

Benson, H.H. (2000), *Socratic Wisdom: The Model of Knowledge in Plato's Early Dialogues*. New York: Oxford University Press.

Beversluis, J. (1974), 'Socratic definition'. *American Philosophical Quarterly*, 11, 331–6.

Blank, D.L. (1985), 'Socratics versus sophists on payment for teaching'. *Classical Antiquity*, 4, 1–49.

Bloom, A. (1968), *The Republic of Plato*, translated with notes and an interpretative essay. New York: Basic Books.

Bluck, R.S. (1961), *Plato's Meno*. Cambridge: Cambridge University Press.

Bolotin, D. (1979), *Plato's Dialogue on Friendship*. Ithaca, NY: Cornell University Press.

Bosanquet, B. (1900), *The Education of the Young in Plato's Republic*.Cambridge: Cambridge University Press.

Boudouris, K.J. (ed.) (1991), *The Philosophy of Socrates*. Athens: Kardamitsa.

Bowen, J. (1972), *A History of Western Education*. London: Methuen.

Boyd, W. (1947), *The History of Western Education*. London: A. & C. Black.

Bremer, J. (2002), *Plato and the Founding of the Academy: Based on a Letter From Plato, Newly Discovered*. New York: University Press of America.

Brickhouse, T.C. and Smith, N.D. (1994), *Plato's Socrates*.New York:Oxford University Press.

Brickhouse, T.C. and Smith, N.D. (2000), *The Philosophy of Socrates*. Boulder, CO: Westview Press.

Burnyeat, M. (1979), 'Conflicting appearances'. *Proceedings of the British Academy*, 65, 69–111.

Bury, J.B. (1937), 'The theory of education in Plato's Laws'. *REG*,304–20. Bury,J.B.and Meiggs,R. (1975), *A History of*

Greece (4th edn). London: Macmillan.
Butler, C. (2002), *Postmodernism*. Oxford: Oxford University Press.
Butler, S. (1922), *The Authoress of the* Odyssey. London: Cape.

Canfora, L. (1989), *The Vanished Library*. London: Hutchinson.
Carson, A. (1986), *Eros the Bittersweet*. Princeton: Princeton University Press.
Cassirer, E. (1953), *The Platonic Renaissance in England*. Edinburgh: Nelson.
Casson, L. (2001), *Libraries in the Ancient World*. New Haven, CT: Yale University Press.
Castle, E.B. (1961), *Ancient Education and Today*. Harmondsworth: Penguin.
Cawkwell, G. (2003), see Hornblower and Spawforth (2003).
Cherniss, H. (1944), *Aristotle's Criticism of Plato and the Academy*. Baltimore: Johns Hopkins University Press.
Chroust, A.H. (1957), *Socrates, Man and Myth*. London: University of Notre Dame Press.
Cobb, W.S. (1993), *Plato's Erotic Dialogues*. Albany: State University of New York Press.
Cohen, D. (1987), 'Law, society, and homosexuality in classical Athens'. *Past and Present*, 117, 3–21.
Colaiaco, J.A. (2001), *Socrates Against Athens: Philosophy on Trial*. London: Routledge.
Collingwood, R.G. (1925), 'Plato's philosophy of art'. *Mind*, 34,

154–72.

Cooper, J.M. (1977), 'The psychology of justice in Plato's Republic'. *American Philosophical Quarterly*, 14, 151–7.

Cornford, F.M. (1932), *Before and After Socrates*. Cambridge:Cambridge University Press.

Cornford, F.M. (1935), *Plato's Theory of Knowledge*. Cambridge: Cambridge University Press.

Coventry, L. (1990), 'The role of the interlocutor in Plato's Dialogues', in C. Pelling (ed.), *Characterization and Individuality in Greek Literature*.Oxford: Clarendon Press, pp. 174–96.

Crombie, I.M. (1962/1963), *An Examination of Plato's Doctrines* (2 vols). London: Routledge and Kegan Paul/New York: Humanities Press.

Cross, R.C. and Woozley, A.D. (1964), *Plato's Republic: A Philosophical Commentary*. London: Macmillan.

Crossman, R.H.S. (1971), *Plato Today* (2nd edn). London: Unwin Books.

Curtis, S.J. and Boultwood, M.E.A. (1953), *A Short History of Educational Ideas*. London: University Tutorial Press.

Dancy, R.M. (1991), *Two Studies in the Early Academy*. Albany: State University of New York Press.

Dancy, R.M. (2004), *Plato's Introduction of Forms*. Cambridge: Cambridge University Press.

Davidson, D. (1985), 'Plato's philosopher'. *The London Review of Books*, 7 (14), 15–17.

Davidson, T. (1894), *The Education of the Greek People*. New York: Appleton.

Davidson, T. (1971), *A History of Education*. New York: Burt Franklin.

Day, J. M. (ed.) (1994), *Plato's Meno in Focus*. New York: Routledge.

Despland, M. (1985), *The Education of Desire: Plato and Philosophy of Religion*. Toronto: University of Toronto Press.

Dillon, J. (1977), *The Middle Platonists*. Ithaca, NY: Cornell University Press.

Dillon, J. and Gergel, T. (eds) (2003), *The Greek Sophists*. London: Penguin.

Dobson, J.F. (1963), *Ancient Education and its Meaning to Us*. New York: Cooper Square Publisher.

Dodds, E.R. (1951), *The Greeks and the Irrational*. Berkeley: University of California Press.

Dodds, E.R. (1959), *Plato: Gorgias. A Revised Text with Introduction and Commentary*. Oxford: Clarendon Press.

Dover, K.J. (1974), *Greek Popular Morality in the Time of Plato and Aristotle*. Oxford: Basil Blackwell.

Dover, K.J. (1978), *Greek Homosexuality*. London: Duckworth.

Dreyer, J. (1912), *Greek Education*. Cambridge: Cambridge University Press.

Field, G.C. (1945), 'Plato's *Republic* and its uses in education'. *Journal of Education*, 161–2.

Field, G.C. (1949), *The Philosophy of Plato*. Oxford: Oxford University Press.

Field, G.C. (1967), *Plato and his Contemporaries: A Study in Fourth Century Life and Thought* (3rd edn) London: Methuen.

Findlay, J.N. (1974), *Plato: The Written and Unwritten Doctrines*. New York: Humanities Press.

Fine, G. (1993), *On Ideas: Aristotle's Criticism of Plato's Theory of Forms*. Oxford: Clarendon Press.

Finley, M.I. (1968), *Aspects of Antiquity*. London: Methuen.

Finley, M.I. (ed.) (1981), *The Legacy of Greece: A New Appraisal*. Oxford: Clarendon Press.

Fisher, N.R.E. (1992), *Hybris*. Warminster: Aris & Phillips.

Flew, A. (1976), *Sociology, Equality and Education*. London: Macmillan.

Fontenrose, J. (1978), *The Delphic Oracle*. Berkeley: University of California Press.

Frede, M. (1988), 'Being and becoming in Plato'. *Oxford Studies in Ancient Philosophy*, Supplementary vol., 37–52.

Freeman, K.J. (1932), *School of Hellas* (3rd edn). London: Macmillan.

Gaiser, K. (1980), 'Plato's enigmatic lecture *On the Good*'. *Phronesis*, 25, 5–37.

Gallop, D. (1975), *Plato:* Phaedo. Oxford: Clarendon Press.

Geach, P.T. (1966), 'Plato's *Euthyphro*: an analysis and commentary'. *Monist*, 50, 369–82.

Gerson, L. (1991), *God and Greek Philosophy*. London: Routledge.

Gomez-Lobo, A. (1994), *The Foundations of Socratic Ethics*. Indianapolis: Hackett.

Gosling, J.C.B. (1973), *Plato*. London: Routledge and Kegan Paul.

Gosling, J.C.B. and Taylor, C.C.W. (1982), *The Greeks on Pleasure*. Oxford: Clarendon Press.

Gottlieb, A. (1997), *Socrates*. London: Phoenix.

Gould, J. (1955), *The Development of Plato's Ethics*. Cambridge: Cambridge University Press.

Gould, T. (1963), *Platonic Love*. New York: Free Press of Glencoe.

Gouldner, A.W. (1967), *Enter Plato: Classical Greece and the Origins of Social Theory*. London: Routledge and Kegan Paul.

Gower, B.S. and Stokes, M.C. (eds) (1992), *Socratic Questions: New Essays on the Philosophy of Socrates and its Significance*. London: Routledge.

Graves, F.P. (1914), *A History of Education Before the Middle Ages*. New York: Macmillan.

Griswold, C.L., Jr. (ed.) (1988), *Platonic Writings, Platonic Readings*. New York: Routledge.

Grote, G. (1867), *Plato and Other Companions of Sokrates* (2nd edn) (3 vols). London: J. Murray.

Grote, G. (1888), *A History of Greece* (6th edn). London:

Routledge.

Grube, G.M.A. (1980), *Plato's Thought* (2nd edn). Indianapolis: Hackett.

Gulley, N. (1962), *Plato's Theory of Knowledge*. London: Macmillan.

Gulley, N. (1968), *The Philosophy of Socrates*. London: Macmillan.

Guthrie, W.K.C. (1962, 1965, 1969, 1975, 1978, 1981), *A History of Greek Philosophy* (vols 1–6). Cambridge: Cambridge University Press.

Hackforth, R. (1975), *Plato's* Phaedo. Indianapolis: Bobbs-Merrill.

Hammond, N.G.L. and Scullard, H.H. (eds) (1970). *The Oxford Classical Dictionary* (2nd edn). Oxford: Clarendon Press.

Hare, R.M. (1982), *Plato*. Oxford: Oxford University Press.

Haroutunian-Gordon, S. (1994), see Husen, T. and Postlethwaite, T.N. (1994).

Harrison, P.R. (1994), *The Disenchantment of Reason: The Problem of Socrates in Modernity*. Albany, NY: State University of New York Press.

Havelock, E. (1963), *Preface to Plato*. Cambridge, MA: Harvard University Press.

Hirsch, E.D. (1987), *Cultural Literacy*. Boston: Houghton Mifflin.

Hirst, P.H. (1974), *Knowledge and the Curriculum*. London: Routledge and Kegan Paul.

Honderich, T. and Burnyeat, M. (1979), *Philosophy As it Is*.

Harmondsworth: Penguin.

Hornblower, S. (1983), *The Greek World 479–322 BC*. London: Methuen.

Hornblower, S. and Spawforth, A. (eds) (2003), *The Oxford Classical Dictionary* (3rd edn revised). Oxford: Clarendon Press.

Husen, T. and Postlethwaite, T.N. (eds) (1994), *International Encyclopedia of Education* (2nd edn). Oxford: Pergamon.

Hussey, E. (1972), *The Presocratics*. London: Duckworth.

Hyde, H.M. (1956), *The Three Trials of Oscar Wilde*. New York: University Books.

Irwin, T. (1995), *Plato's Ethics*. Oxford: Oxford University Press.

Jaeger, W. (1939, 1944, 1945), *Paideia: The Ideals of Greek Culture* (trans. Gilbert Highet) (3 vols). Oxford: Oxford University Press.

Jones, A.H.M. (1957), *Athenian Democracy*. Oxford: Basil Blackwell.

Jordan, W. (1990), *Ancient Concepts of Philosophy*. London: Routledge.

Jowett, B. (1953), *The Dialogues of Plato Translated into English* (4 vols). Oxford: Oxford University Press.

Kahn, C.H. (1966), 'The Greek verb "to be" and the concept of being'. *Foundations of Language* (2), 245–65.

Kahn, C.H. (1981), 'Did Plato write Socratic dialogues?' *Classical Quarterly*, 31, 305–20.

Kahn, C. H. (1996), *Plato and the Socratic Dialogue: The Philosophical Use of a Literary Form*. New York: Cambridge University Press.

Kerferd, G.B. (1981), *The Sophistic Movement*. London: Cambridge University Press.

Kimball, B.A. (1995), *Orators and Philosophers: A History of the Idea of Liberal Education*. New York: College Entrance Examination Board.

Kirk, G.S., Raven, J.E. and Schofield, M. (1983), *The Presocratic Philosophers* (2nd edn). Cambridge: Cambridge University Press.

Kirwan, C.A. (1965), 'Glaucon's challenge'. *Phroncsis*, 10, 162–73.

Klosko, G. (1986), *The Development of Plato's Political Theory*. New York: Methuen.

Kohlberg, L. (1970), 'Education for justice: a modern statement of the Platonic view' in W.F. and R.T. Sizer (eds), *Moral Education: Five Lectures*. Cambridge, MA: Harvard University Press.

Kramer, H.J. (1990), *Plato and the Foundations of Metaphysics* (edited and translated by John R. Caton). Albany: State University of New York Press.

Kraut, R. (1973), 'Egoism, love and political office in Plato'.

Philosophical Review, 82, 330–44.

Kraut, R. (1983), 'Comments on Gregory Vlastos, "The Socratic elenchus".' *Oxford Studies in Ancient Philosophy*, I, 59–70.

Kraut, R. (1984), *Socrates and the State*. Princeton: Princeton University Press.

Kraut, R. (ed.) (1992), *The Cambridge Companion to Plato*. Cambridge: Cambridge University Press.

Levinson, M., Morton, A.Q. and Winspear, A.D. (1968), 'The Seventh Letter of Plato'. *Mind*, 77, 309–25.

Levinson, R.B. (1953), *In Defence of Plato*. Cambridge, MA: Harvard University Press.

Lloyd, A.C. (1990), *The Anatomy of Neoplatonism*. Oxford: Clarendon Press.

Lodge, R.C. (1947), *Plato's Theory of Education*. London: Kegan Paul.

Lutz, M.J. (1998), *Socrates' Education to Virtue: Learning the Love of the Noble*. Albany: State University of New York Press.

Lynch, J.P. (1972), *Aristotle's School: A Study of a Greek Educational Institution*. Berkeley: University of California Press.

Lytton, H. (1971), *Creativity and Education*. London: Routledge and Kegan Paul.

McKirahan, R.D., Jr. (1994), *Philosophy Before Socrates*. Indianapolis: Hackett.

McPeck, J. (1981), *Critical Thinking and Education*. Oxford: Martin Robertson.

Mahaffy, J.P. (1883), *Old Greek Education*. London: Kegan Paul.

Markus, R.A. (1971), 'The dialectic of Eros in Plato's *Symposium*', in G. Vlastos (ed.), *Plato: A Collection of Critical Essays* (vol. 2). New York: Anchor Books.

Marrou, H.I. (1982), *A History of Education in Antiquity*. Madison: University of Wisconsin Press.

Matthews, G.B. (1999), *Socratic Perplexity and the Nature of Philosophy*. Oxford: Oxford University Press.

Meinwald, C.C. (1991), *Plato's Parmenides*. New York: Oxford University Press.

Mikalson, J.D. (1983), *Athenian Popular Religion*. Chapel Hill: University of North Carolina Press.

Morrish, I. (1967), *Disciplines of Education*. London: Allen and Unwin.

Morrow, G.R. (1960), *Plato's Cretan City: A Historical Interpretation of the Laws*. Princeton: Princeton University Press.

Murdoch, I. (1990), *The Fire and the Sun: Why Plato Banished the Artists*. New York: Viking.

Murphy, N.R. (1951), *The Interpretation of Plato's Republic*. Oxford: Clarendon Press.

Nehamas, A. (1985), 'Meno's paradox and Socrates as a teacher'. *Oxford Studies in Ancient Philosophy*, 3, 1–30.

Nehamas, A. (1987), 'Socratic intellectualism', in J.J. Cleary (ed.), *Proceedings of the Boston Area Colloquium in Ancient Philosophy* (vol. 2). Lanham, MD: University Press of America, pp. 275–316.

Nehamas, A. (1992), 'What did Socrates teach and to whom did he teach it?' *Review of Metaphysics*, 46 (2), 279–306.

Nehamas, A. (1998), *The Art of Living : Socratic Reflections from Plato to Foucault*. Berkeley: University of California Press.

Nehamas, A. (1999), *Virtues of Authenticity: Essays on Plato and Socrates.* Princeton: Princeton University Press.

Nehamas, A., and Woodruff, P. (1989), *Plato: Symposium*. Indianapolis: Hackett.

Nehring, C. (2001), 'The higher yearning: bringing Eros back to academe'. *Harper's Magazine*, vol. 303; issue 1816.

Nettleship, R. (1935), *The Theory of Education in Plato's Republic*. Oxford: Oxford University Press.

Nettleship, R. (1962), *Lectures on the Republic of Plato* (2nd edn). London: Macmillan.

Nussbaum, M. (1980), 'Aristophanes and Socrates on learning practical wisdom'. *Yale Classical Studies*, 26, 43–97.

Nussbaum, M. (1986), *The Fragility of Goodness*. Cambridge: Cambridge University Press.

Ober, J. (1989), *Mass and Elite in Democratic Athens: Rhetoric, Ideology and the Power of the People.* Princeton, NJ: Princeton

University Press.

Ogilvie, R.M. (1964), *Latin and Greek: A History of the Influence of the Classics*. London: Routledge and Kegan Paul.

Osborne, C. (1994), *Eros Unveiled: Plato and the God of Love*. Oxford: Clarendon Press.

Osborne, C. (2004), *Presocratic Philosophy*. Oxford: Oxford University Press.

Pangle, T.L. (1980), *Plato:* The Laws (translated, with notes and an interpretative essay). New York: Basic Books.

Parke, H.W. (1967), *Greek Oracles*. London: Hutchinson.

Parker, R. (1983), 'Greek religion', in J. Boardman, J. Griffin and O. Murray (eds), *The Oxford History of the Classical World*. Oxford: Oxford University Press, pp. 254–74.

Pater, W. (1973), *Plato and Platonism: A Series of Lectures*. Oxford: Basil Black-well.

Penner, T. (1973), 'The unity of virtue'. *Philosophical Review*, 82, 35–68.

Peters, R.S. (1966), *Ethics and Education*. London: Allen and Unwin.

Peters, R.S. (1974), *Psychology and Ethical Development.* London: Allen and Unwin.

Peters, R.S. (1975), 'Was Plato nearly right about education?' *Didaskalos*, 15 (1), 3–16.

Phillips, D.C. (1985), 'Philosophy of education', in T. Husen and T.N. Pasthethwaite (eds), *International Encyclopedia of*

Education (1st edn). Oxford: Pergamon Press.

Popper, K.R. (1966), *The Open Society and Its Enemies* (vol. 1). *The Spell of Plato* (5th edn). London: Routledge and Kegan Paul.

Price, A.W. (1989), *Love and Friendship in Plato and Aristotle*. Oxford: Clarendon Press.

Ravitch, D. (2003), *The Language Police*. New York: Alfred A. Knopf.

Rees, D.A. (1967), 'Platonism and the Platonic tradition', in P. Edwards (ed.), *The Encyclopedia of Philosophy*. New York: Macmillan and Free Press, 6, pp. 333–41.

Reeve, C.D.C. (1988), *Philosopher-Kings: The Argument of Plato's Republic*. Princeton, NJ: Princeton University Press.

Reynolds, L.D. and Wilson, N.S. (1968), *Scribes and Scholars*. Oxford: Clarendon Press.

Ridley, M. (2003), *Nature v Nurture*. London: HarperCollins.

Roberts, J.W. (1984), *The City of Sokrates: An Introduction to Classical Athens*. London: Routledge and Kegan Paul.

Robinson, R. (1953), *Plato's Earlier Dialectic*. Oxford: Clarendon Press.

Robinson, R. and Denniston, J.D. (1970), 'Plato', in N.G.L. Hammond and H.H. Scullard (eds), *Oxford Classical Dictionary* (2nd edn). Oxford: Clarendon Press, pp. 839–42.

Ross, W.D. (1953), *Plato's Theory of Ideas* (2nd edn). Oxford: Clarendon Press.

Rowe, C.J. (1986), *Plato:* Phaedrus. Warminster: Aris and Phillips.

Rudebusch, G. (1999), *Socrates, Pleasure, and Value*. New York: Oxford University Press.

Rusk, R.R. (1954), *The Doctrines of the Great Educators*. London: Macmillan.

Russell, B. (1946), *A History of Western Philosophy*. London: Allen and Unwin.

Russell, B. (1950), 'Philosophy and politics', in *Unpopular Essays*. London: Allen and Unwin.

Rutherford, R.B. (1995), *The Art of Plato*. Cambridge, MA: Harvard University Press.

Ryle, G. (1966), *Plato's Progress*. Cambridge: Cambridge University Press.

Ryle, G. (1967), 'Plato', in P. Edwards (ed.), *The Encyclopedia of Philosophy*. New York: Macmillan and Free Press, 6, pp. 314–33.

Ryle, G. (1971), 'Teaching and training', in M. Brown (ed.), *Plato's* Meno. Indianapolis: Bobbs-Merrill, pp. 243–61.

Santas, G. X. (1979), *Socrates: Philosophy in Plato's Early Dialogues*.London: Routledge and Kegan Paul.

Saunders, T.J. (1970), *Plato:* The Laws (translated with an introduction). Harmondsworth: Penguin Books.

Schofield, M., and Nussbaum, M. (1982), *Language and Logos*. Cambridge: Cambridge University Press.

Scott, G. A. (2000), *Plato's Socrates as Educator*. Albany, NY: State

University of New York Press.

Sedley, D.N. (2004), *The Midwife of Platonism: Text and Subtext in* Theaetetus. Oxford: Clarendon Press.

Seung, T.K. (1996), *Plato Rediscovered: Human Value and Social Order.* Lanham, MD: Rowman and Littlefield Publishers.

Shorey, P. (1933), *What Plato Said*. Chicago: University of Chicago Press.

Shorey, P. (1960), *The Unity of Plato's Thought*. Chicago: University of Chicago Press.

Sidgwick, H. (1905), 'The sophists', in *Lectures on the Philosophy of Kant and Other Philosophical Lectures and Essays*. London: Macmillan.

Skemp, J.B. (1976), *Plato*. Oxford: Clarendon Press.

Smith, N.D. (1983), 'Plato and Aristotle on the nature of women'. *Journal

of the History of Philosophy*, 21, 467–78. Smith, N.D., and Woodruff, P.B. (2000), *Reason and Religion in Socratic

Philosophy*. Oxford: Oxford University Press.

Smith, W.A. (1955), *Ancient Education*. New York: Philosophical Library.

Snell, B. (1982), *The Discovery of the Mind in Greek Philosophy and Literature*. New York: Dover.

Solmsen, F. (1975), *Intellectual Experiments of the Greek Enlightenment*.Princeton, NJ: Princeton University Press.

Stalley, R.F. (1983), *An Introduction to Plato's Laws.* Oxford: Basil

Blackwell.

Starnes, C. (1990), *The New Republic: A Commentary on Book I of More's* Utopia *Showing its Relation to Plato's Republic*. Waterloo, ON: Wilfrid Laurier University Press.

Stokes, M.C. (1986), *Plato's Socratic Conversations: Drama and Dialectic in Three Dialogues*. Baltimore: Johns Hopkins University Press.

Stone, I.F. (1988), *The Trial of Socrates*. Boston: Little, Brown.

Taylor, A.E. (1948), *Plato the Man and his Work* (5th edn). London: Methuen.

Taylor, C.C.W. (1976), *Plato's* Protagoras (translated with notes). Oxford: Clarendon Press.

Teloh, H. (1987), *Socratic Education in Plato's Early Dialogues*. South Bend, IN: University of Notre Dame Press.

Thomas, J.F. (1980), *Musings on the* Meno. The Hague: Martinus Nijhoff.

Thorton, B. (2000), *Greek Ways: How the Greeks Created Western Civilisation*. San Francisco: Encounter Books.

Tigerstedt, E.N. (1977), *Interpreting Plato*. Uppsala: Almquist & Wiksell International.

Turner, F. (1980), *The Greek Heritage in Victorian Britain*. New Haven, CT: Yale University Press.

Tyler, R.W. (1949), *Basic Principles of Curriculum and Instruction*. Chicago: University of Chicago Press.

Vander Waerdt, P. A. (ed.) (1994), *The Socratic Movement*. Ithaca, NY: Cornell University Press.

Versenyi, L. (1963), *Socratic Humanism*. London: Yale University Press.

Vlastos, G. (ed.) (1970), *Plato: A Collection of Critical Essays* (vol. 1). *Metaphysics and Epistemology*. Garden City, NY: Anchor Books, Doubleday.

Vlastos, G. (ed.) (1971), *The Philosophy of Socrates*. New York: Doubleday.

Vlastos, G. (1981), *Platonic Studies* (2nd edn). Princeton, NJ: Princeton University Press.

Vlastos, G. (1985), 'Socrates disavowal of knowledge', *Philosophical Quarterly*, 35, 1–35.

Vlastos, G. (1991), *Socrates, Ironist and Moral Philosopher*. Ithaca, NY: Cornell University Press.

Vlastos, G. (1994), *Socratic Studies* (edited by M. Burnyeat). Cambridge; New York: Cambridge University Press.

Wallis, R.T. (1972), *Neoplatonism*. London: Duckworth.

Weingartner, R.H. (1973), *The Unity of the Platonic Dialogue*. Indianapolis: Bobbs-Merrill.

Weiss, R. (2001), *Virtue in the Cave: Moral Inquiry in Plato's* Meno. New York: Oxford University Press.

Wells, H.G. (1984), *Experiment in Autobiography* (vol. 1). London: Faber and Faber.

Whibley,L. (1906), *A Companion to Greek Studies*. Cambridge: Cambridge University Press.

White,N.P. (1976), *Plato on Knowledge and Reality*. Indianapolis: Hackett.

Wild, J.D. (1953), *Plato's Modern Enemies and the Theory of Natural Law*. Chicago: Chicago University Press.

Williams, B. (1973), 'The analogy of the city and the soul in Plato's *Republic*',

in E.N. Lee, A.P.D. Mourelatos and R.M. Rorty (eds), *Exegesis and Argument: Studies in Greek Philosophy Presented to Gregory Vlastos*. Assen, Netherlands: van Gorcum & Comp, pp. 196–206.

Williams, B. (1998), *Plato*. London: Phoenix.

Williams, D. (1971), *Trousered Apes*. London: Churchill Press.

Winspear, A. and Silberberg, T. (1939), *Who was Socrates?* New York: Russell and Russell.

Woodruff, P., (1982), 'What could go wrong with inspiration? Why *Plato's poets fail*', In J. Moravcsik and P. Temko, *Plato on Beauty, Wisdom, and the Arts*. Totowa, NJ: Rowman and Littlefield, pp. 137–50.

Woozley, A.D. (1979), *Law and Obedience: The Arguments of Plato's Crito*. London: Duckworth.

Young, M.F.D. (ed.) (1971), *Knowledge and Control*. London: Collier-Macmillan.

总索引

（条目后的页码为本词条出现在原英文版书中的页码）

Academy 7, 8, 31, 43, 86, 129—131, 138, 174

Analogy, use of 67, 70, 73, 105, 122, 154

Appearance and reality, distinction between 14, 15, 16, 18, 26, 27—28, 51—52, 55, 59—60, 68, 165, 172, 174

Aptitude 42, 64, 66, 86

Arts（see also Humanities, Literature） 11, 17, 39, 53, 89, 93—96, 143

Athens 3—7, 37, 59, 61

Athletics 38—40

Autonomy 144, 152—153, 170

Beauty 6, 48, 49, 53, 54, 88—90, 114

Censorship 18, 26, 40, 47, 83, 87—88, 91—93, 95, 161—162

Character（see also Education, contrasted with Training） 10, 31, 40, 43, 70, 153—154

Communism 10, 43, 47, 48

Cosmology 14, 16, 18—19, 20, 27, 45, 48, 179, 224

Creativity 96

Critical Thinking 64, 107, 154, 170, 174, 176

Curriculum 43, 45, 47, 60, 63, 65, 76, 85—86, 121, 138, 158, 168

Definition 20, 50, 59
Democracy 10, 27
Democracy, Athenian 3, 5, 6—8, 10, 11, 22, 25, 31, 153
Desires (Appetites) 46, 100—101, 113, 120, 151, 153
Developmental Theory 81, 154
Dialectic 32, 104—108, 121, 124, 154, 172

Education, concept of 37, 45, 61—66, 75—76, 84, 97, 103, 108, 119, 122, 123, 136, 142—144, 149—150, 157—158, 168—170, 172
Education, contrasted with Training 24, 32, 47, 62—64, 75, 122, 123, 139
Education, differential provision of 41—42, 63—65, 69—70, 150, 152, 159—161
Education, elementary (Primary), 37—40, 61—62, 69, 75
Education, secondary 41—47
Educational Theory, See Theory
Environment, social (see also Nature/Nurture) 22, 38, 40, 41, 42, 68, 97, 120, 159—160, 169
Eros, See Love

Forms, Theory of, See Ideas, Theory of

God(s) 18, 25, 55, 62, 83—84, 93, 111, 132, 135, 164

Good, Idea of the 6, 28, 44, 47, 48, 50, 53, 54, 57, 75—79, 93, 104, 108, 130, 131, 142

Harmony 19, 20, 41, 86, 88—90
Homosexuality 9, 110—113, 125
Humanities (see also, Arts, Literature) 11, 48, 85—96, 155

Ideas, Theory of 4, 15, 16, 18, 20, 31, 43—46, 48—60, 61, 66, 85—86, 92, 102—103, 104, 108, 114, 117, 120—121, 130—133, 156—157, 166, 167, 168, 171, 172, 175, 180—182
Indoctrination 47, 83—84, 124, 161—162

Justice 28, 37—38, 46, 57, 158

Knowledge, importance of 7, 11, 24, 75, 157—158
Knowledge, nature of 15, 17, 18, 24—29, 44, 53, 59—59, 68, 73, 77—78, 86, 92, 95, 117, 136, 144, 149—150, 152—153, 154, 155—158, 166, 176

Language 25, 39, 40, 52, 53, 54, 55, 56, 59, 166—168
Learning 72, 85, 136
Literature (see also Arts, Humanities) 11, 87—88, 91—96
Love 109—115, 138, 153

Marriage, at Sparta 9, 10

Mathematics 19, 45, 47, 54, 65, 86, 106

Mind 15—16, 47, 50, 62, 65—66, 70, 73, 75, 100, 102, 119—120

Moral Education 17, 29, 72, 75—84, 95, 140, 150

Morality 17, 25, 27, 39, 47, 78—80, 162

Multiculturalism 30, 81, 82

Music 19, 20, 38—40, 45, 62, 65, 88—89, 122

Myth of Metals 38—40, 42, 67, 81

Nature/Nurture (see also Environment) 23, 37, 67—74, 159—160

Opinion, compared to knowledge 26, 27, 28, 77, 81, 95, 150, 166, 176

Philosophy 43, 45, 48, 58, 60, 66, 86, 105, 107, 115, 133, 135, 164—170, 172, 174—177

Plato, Educational Theory 35—125, 129

Plato, Historical Background 3—7

Plato, Influences on his thought 3—33

Plato, Legacy 127—146

Plato, Relevance Today 129, 146, 147—172

Plato, Syracusan Visits 7, 179

Pleasure 88—91, 115, 130

Polarisation of Argument 67—68, 71, 167

Postmodernism 58, 78, 155—156, 170

Presocratics 3, 13—21, 27, 45, 48, 62, 156, 164

Psychology 81, 119—120, 151—154, 169

Reality 55—60, 92, 108, 114, 168, 172, 180—182

Reincarnation 19, 48

Relativism 18, 24—28, 37, 58, 78—79, 155, 156, 162, 176, 177

Relevance 129, 146, 149—150

Religion, See God(s)

Rhetoric 5, 25, 28, 32, 33, 45, 140

Science 86, 118, 122

Sexual Relations (see also Love) 9, 10, 43

Skills 5, 7, 11, 24, 31, 33, 40, 45, 61, 64, 66, 69, 73, 107, 123, 136, 154, 161, 170, 174

Socrates, Historical Figure of 3, 4, 23, 32, 136

Sophists 3, 4—6, 17, 24—26, 28, 29, 31, 37, 43, 45, 62, 77, 140, 141, 156, 168, 173—177

Soul 20, 27, 33, 38, 46, 47, 50, 72, 73, 85, 97—103, 114, 119—120, 131, 135, 138, 142, 151, 167

Soul, Transmigration of 19, 50, 58, 68, 72

Sparta 3, 6, 8—12, 23, 27, 30, 37, 42, 43, 45, 59, 62, 134

Specialisation, Principle of 10, 11, 137

Subjectivism, See Relativism

Sun, Line, Cave Analogies 43—45, 81, 106

Teaching Methodology (see also Love) 29, 33, 40, 67—74, 85, 107, 121—122, 135, 136—137, 144, 145, 149, 158, 160—161, 169

Theory 7, 13, 27, 29, 116—122, 129, 138—146, 150, 164—170

Third Man Argument 55

Thirty, rule of 3, 6, 22, 23, 32

Training, See Education, contrasted with Training

Transcendentalism   55—60

Truth 6, 15, 18, 24, 26, 27, 28, 29, 58—60, 68, 80, 108, 136, 149—150, 155—158, 162, 172, 176

Tyrant 6, 47

Understanding 60, 64, 65—66, 75, 81, 84, 93, 107, 108, 120—121, 144, 152, 160

Value Judgments 162—163

Will

Will, Weakness of 80

Women, role of 30, 43, 61, 76, 86, 123, 139, 171

希腊人名索引

（条目后的页码为本词条出现在原英文版书中的页码）

Academus 7

Adeimantus 37, 78

Aeschylus 22, 91

Alcibiades 22, 110, 111, 112

Anaxagoras 15

Anaximander 14, 16

Anaximenes 14, 15

Antisthenes 43

Archelaus 15, 28

Archytas 19

Aristophanes 4, 8, 18, 22, 25, 28, 39, 73, 87, 91, 123, 124

Aristotle 4, 11, 14, 16, 17, 18, 20, 21, 30, 31, 33, 39, 49, 54, 55, 80, 89, 91, 92, 102, 104, 105, 112, 116－8

Callicles 28

Cephalus 78

Charmides 3, 6

Cleon 22

Critias 3, 6

Damon 39
Democritus 16, 17, 165
Dionysius 6, 19, 179

Empedocles 14, 15
Epicurus 16
Eudoxus 130
Euripides 22, 28, 91

Glaucon 37, 78, 104
Gorgias 5, 14, 19, 25, 28, 166, 175

Heraclides Ponticus 130
Heraclitus 15, 17, 25, 124
Herodotus 5, 18, 33, 62, 123, 124, 140, 176
Hesiod 18, 124
Hippias 5, 177
Homer 13, 18, 29, 39, 40, 47, 87, 91, 92, 93, 94, 98, 112, 124

Isocrates 7, 31, 32, 45, 140

Leucippus 16, 165
Lycurgus 9

Nicias 22

Old Oligarch 88

Parmenides 14, 15, 55, 62, 112, 114, 165

Peisistratus 6, 13

Pericles 3, 8, 22, 76, 174

Philo 132

Plotinus 131

Plutarch 131

Polemarchus 78

Polus 173

Porphyry 132

Posidonius 131

Proclus 132

Prodicus 5

Protagoras 4, 17, 18, 19, 24, 25, 26, 28, 39, 174, 175, 177

Pythagoras (and Pythagoreanism) 15, 16, 19, 20, 27, 43, 86, 118, 130

Sophocles 22, 91

Speusippus 130

Thales 14, 15, 165

Theodorus 19

Thrasymachus 37, 78, 173

Thucydides 3, 8, 28, 91

Xenocrates 130

Xenophanes 17, 18, 25, 62

希腊术语索引

（条目后的页码为本词条出现在原英文版书中的页码）

Agoge（Spartan） 11, 37

Agora 4, 7

Akolasia 81

Akrasia 81

Apeiron 14

Arche 14

Arete 29, 30

Atomos 16

Cosmos 16

Dialektike 105

Dianoia 44, 106

Didaskaloi 73

Didaskein 91

Dike 166

Doxa 44

Eidos 49

Eikasia 44

Einai 53, 56

Ephoroi (ephors) 10

Episteme 106

Epithumia 100, 101

Eros 109—115

Eudaimonia 41, 114

Gerousia 10

Gnothi seauton 48

Grammatistes 62

Heilotai (helots) 9, 42, 43

Homoioi 9, 32, 42

Hubris 22, 33

Idea 49

Kalos 53, 114

Kaloskagathos 28, 31, 65, 76

Kitharistes 62

Mousike 39

Noesis 44, 106

Nomos 28, 34

Nous 15, 44, 50, 100, 102

Paidagogos 62

Paideia 143

Paidonomos 11

Paidotribes 师 62

Panta rhei 17

Perioeci 9, 42

Philia 113

Philos 113

Phusis 28

Pistis 44

Polis 30, 31

Psyche 97, 98, 151

Sophistai 4

Sophos 4

Sophrosune 20

Syssition 9

Techne 5, 31

Theoria 116

Thumos 100, 101

致 谢

我感谢丛书主编理查德·贝利(Richard Bailey)、统一(Continuum)出版公司的安东尼·海恩斯(Anthony Haynes)、菲利普·盖斯福德(Philip Gaisford)、戴维·麦哈迪(David Mirhady)以及一位匿名审稿人的有益评论。我尤其感谢迪瓦·帕布拉(Devi Pabla),没有帕布拉,文字处理和实务组织工作将永远得不到开展。多谢所有这些慷慨大度的人。